"格局+碎片化"的
汉语作为第二语言教学语法研究

刘振平 著

本书的出版获南宁师范大学教育学部教育学国家一流学科建设经费、教育学博士点建设经费、广西高校科技创新和服务能力提升工程(人文社科重点研究基地)经费的资助。

序

今年（2024年）5月，振平打电话给我，希望我能给他的专著《"格局＋碎片化"的汉语作为第二语言教学语法研究》写个序，随即寄来了已经交付出版社的书稿。振平是著名学者赵金铭教授的高足，"格局＋碎片化"的学术思想又是赵老师提出的，由振平担纲撰写这本专著，是十分合适和恰当的。而我自己，在2017年的下半年，申请的国家社科基金重大项目"对外汉语教学语法大纲研制和教学参考语法书系（多卷本）（17ZDA307）"获批，之后2018年上半年赵老师就发表了《汉语作为第二语言教学语法：格局＋碎片化》这篇论文。可以这么说，做课题的过程就是伴随着学习"格局＋碎片化"理论的过程，在漫长的长达五年多的研制项目的岁月里，我不止一次地捧读赵老师的这篇论文。所以振平让我写这个序，事实上也是让我再次获得了重温这篇论文的学习机会。长年来，赵老师对我多有指导、帮助和提携，是我学术和人生的指导教师，不说别的，单就我承担的国家重大课题来说，从申请开始，然后开题、研制，直至结题，都是赵老师指导着我们一步一步走过来的。所以，能给振平的这部专著写序，我是十分愿意的。

前面说了很多自己的事，权当是写序的一个背景介绍吧。

2018年，赵金铭教授在《语言教学与研究》第2期上发表论文《汉语作为第二语言教学语法：格局＋碎片化》，第一次提出了"格局"和"碎片化"的概念。此后，"格局＋碎片化"的理论逐渐为学界同仁理解和熟悉：对汉语学习者来说，汉语语法的基本框架，可以称作"语法格局"；而支撑这个语法格局的是大量的语法事实，这些语法事实则为"碎片化语法"。"格局＋碎片化"在教学语法体系的建构过程中具有很大的启发和指导作用，是汉语作为第二语言教学语法研究的一个影响深远的重要理论。振平的《"格局 + 碎片化"的汉语作为第二语言教学语法研究》一书，对"格局 + 碎片化"这种语法思想做出了全面而深入的解读：既有对语法格局的解析，又有对碎片化语法点的选取和描述，更有对"格局 + 碎片化"整个语法思想的合理性和优越性的阐述。特别在对英语和汉语的语法特点做了详细比较的基础上，真正贯彻了赵老师一贯提倡的"立足汉语本质特点，融入世界二语教学"的研究方法：既强调建构具有汉语特色的教学语法体系，又坚持国际化的研究视野，和世界二语教学理论发展同步，以实例为世界的二语教学理论的完善提供支持。相信这本书的出版，一定会引起全球众多的从事汉语作为第二语言教学工作教师的关注的，对弘扬"格局 + 碎片化"的学术思想会起到相当大的作用。

2018 年 10 月中下旬，北京语言大学与浙江师范大学联合举办"不同区域汉语国际传播研究"研讨会，我在会议上做主题演讲，介绍我正在从事的国家社科基金重大项目的研发情况，有一段发言就是谈赵老师"格局 + 碎片化"理论对我研究的指导和影响。当时赵老师的文章刚刚发表，因此我的认识还是很肤浅的。后来在我长达五年多的重大项目的研究过程中，我不止一次地学习了赵老师的这篇文章，从而更进一步地加深对"格局 + 碎片化"理论的理解。我认为，"格局 + 碎片化"是赵老师学术思想的总结，理论的精髓体现为以下三点：

1. 揭示汉语作为第二语言语法教学的规律以及语法教学的顺序；

2. 对汉语作为第二语言语法教学中的语言共性的教学和目的语个性的教学做出了区分，清楚展现语言共性教学和目的语个性教学的辩证关系；

3. 突出符合教学规律的第二语言"碎片化"的语法教学观。

我的项目的顺利结项，可以说是赵老师"格局 + 碎片化"学术思想指导的结果。《"格局 + 碎片化"的汉语作为第二语言教学语法研究》一书，在实践赵老师学术思想的三点上，都有很清楚的体现，读者在专著的目录中就可以看到这样的"体现"。也因为这个原因，我想这本书不仅会得到从事二语教学的教师们的欢迎,也一定会引起许多研究者的重视和喜爱。

　　建构具有汉语特色的教学语法体系,碎片化语法则很好地体现出汉语语法的特点。碎片化语法并不考虑教学的难易顺序,而注重使用频率。对外国学生二语习得状况的考察和分析的结果,证明了"碎片化"语法在问题设计上的重要性。二语学生有关语法项目的习得与偏误状况,相关研究虽然已经取得了一定的成果,但是,目前的习得和偏误分析依然存在两方面的问题,一是我们只能从学生的语言产出发现他们已经习得或尚未掌握的语言点,却无法掌握学生刻意回避以及完全没有习得的部分;二是学习者来源多样,母语各异,会给我们分析偏误原因、确定习得顺序造成困难。因此,在选择偏误类型、确定语法项目难易度时,"碎片化"语法就发挥了作用。《"格局+碎片化"的汉语作为第二语言教学语法研究》一书,在"碎片化"语法点的选取和描述上,颇下了一番功夫。在确定碎片化语法点的目的、原则和方法的基础上,将语素到复句各级语法单位的语法点一一列出。这种清单式的列举方法,考虑到了读者的理解和应用,起到了教科书和语法词典的作用,无疑会受到读者的普遍欢迎。也可以这么认为,这本专著在为目标人群的服务上,充分地考虑到了应用性、时效性的问题,这种写法特别值得倡导。

　　由此看来,振平写的这本书的特点就十分明显了,可以归纳为"立足汉语本质,注重研究方法;描写解释细致,问题意识明确"。我想,这就是我着力推荐这本书的原因。

　　我和振平相识于2011年的新加坡。那一年9月下旬,我应新加坡南洋理工大学华文教学研究所邀请,作为客座教授到那里做为期三个月的研究。振平当时正受聘于南洋理工大学国立教育学院,10月中旬,他就和同在一个单位工作的邵洪亮一起到研究所来看我。与振平虽然是初次见面,但没说几句话,我们就如同旧相识了。倒不是光因为他是赵老师的学生,而是振平热情,话又多,一下子拉近了我们之间的距离。振这篇"序"写了好多天，终于到了完稿的时候。刚铺开稿纸的时候，窗外院子里的月季和玫瑰花苞初现，娇艳欲滴；这些天，盛开的大红的、紫红的、奶黄的、纯白的花儿已是朝开夕凋，落英缤纷了。初夏时分，水流花谢、绿肥红瘦本是自然规律；而生生不息、创新永续才是人类发展进步的正确注解。很希望振平百尺竿头更进一步。

是为序。

齐沪扬

2024 年 6 月 2 日于美国波士顿

目 录

第一章　绪　论 ··· 1
　第一节　研究对象和目标 ··· 1
　第二节　研究内容和方法 ··· 4
　第三节　教学语法及相关概念的辨别 ······································ 6
第二章　汉语作为第二语言教学语法体系的发展 ····················· 18
　第一节　汉语作为第二语言教学语法体系构建历史 ················· 18
　第二节　汉语作为第二语言教学语法内容及其编排的发展 ········ 24
　第三节　汉语作为第二语言教学语法大纲的编制和发展 ··········· 47
　第四节　汉语作为第二语言教学语法内容和编排的历史经验借鉴 ··· 66
第三章　汉语作为第二语言教学语法研究现状 ························ 70
　第一节　教学语法内容选择和描述的相关研究 ······················· 70
　第二节　语法内容编排的相关研究 ······································ 91
第四章　"格局+碎片化"语法编排思路的理据 ····················· 103
　第一节　"语法格局""碎片化语法"及其关系再论 ················ 105
　第二节　"格局+碎片化"语法编排思路的认知理据 ··············· 111
　第三节　"格局+碎片化"语法教学与编排思路的萌动 ············ 116
　第四节　"格局+碎片化"语法编排模式的现实需求 ··············· 125
第五章　面向英语背景学习者的汉语语法格局构建 ················ 147
　第一节　汉英语法对比及汉语语法特点 ······························ 148
　第二节　英语背景学习者汉语语法学习的特点和难点 ············ 164
　第三节　汉语语法格局的基本内容 ···································· 183
　第四节　面向英语背景学习者的汉语语法格局 ····················· 213
第六章　面向英语背景学习者的汉语碎片化语法资源库建设 ···· 232

第一节　碎片化语法点的选取……………………………………233
　　第二节　碎片化语法点的描述……………………………………283
　　第三节　碎片化语法点慕课教学课件的整理和设计……………296
第七章　结　语……………………………………………………………302
　　第一节　发现问题并确定研究目标………………………………302
　　第二节　梳理和分析已有成果从中获取启示……………………304
　　第三节　深掘"格局+碎片化"语法编排思路的理据……………308
　　第四节　构建汉语语法格局………………………………………310
　　第五节　建设碎片化语法资源库…………………………………310

参考文献……………………………………………………………………313
附录　对"格局+碎片化"语法编排模式需求的调查问卷………………330
后记…………………………………………………………………………334

第一章

绪 论

第一节 研究对象和目标

一、研究对象

2018年，赵金铭先生在《汉语作为第二语言教学语法：格局+碎片化》一文中，正式提出了"格局+碎片化"的语法教学理念和编排思路。

"格局+碎片化"的汉语作为第二语言教学语法编排思路，是基于对汉语作为第二语言基础教材（初级综合教材）语法内容编排现状的不满，为了解决当前教材中语法编排存在的瓶颈问题而提出的。因此，这一思路如得以用于教材编写实践，将会改变当前教材语法内容的编排方式，推动教材中语法点的选取和编排的创新，也将为充分选用自然语言编写课文提供保障。依据"格局+碎片化"语法编排思路，面向汉语作为第二语言的初学者，一开始先介绍汉语"语法格局"，后面的教学和课文编写就不再受语法点顺序的束缚，课文的编写以交际需要摘取自然语言，可以避免课文因必须呈现某个语法点而造成的语言难以生动活泼、生涩拗口、不够流畅自然等问题。

"格局+碎片化"的汉语作为第二语言教学语法编排思路也将改变传统语法教学模式。该思路主张教完语法格局后完全从交际需要出发选择课文语料，不强求哪个语法点一定要在哪个语法点之前出现，而是尽可能地展现自然语言中常用语法事实，依据语料的常用性编写的课文中先出现哪个语法点就教哪个语法点，这将有助于改变以结构主义为主的语法教学模式，为探索功能主义的语法教学模式奠定基础。

"格局+碎片化"语法编排思路主张构建一个适用于初学者的汉语"语法格局"和一个支撑该格局的"碎片化语法"资源库。如果这种思路得以深入研究，将会推动汉语作为第二语言教学的研究重点从一直纠结于如何确定语法点的难易、如何给语法点分级等问题，转向探索一个简明扼要的语法格局和一个服务于交际需要的碎片化语法资源库上。在当前学界还找不到一个大家都认可的标准来判断语法点难易顺序的情况下，这种转向无疑为解决汉语作为第二语言教学语法编排问题新开了一扇窗。

　　"格局+碎片化"语法编排思路也能为理解与诠释汉语作为第二语言教学语法体系提供新的视角。语法体系包括两个部分："语法规律"和"语法事实"（朱德熙，1985）。纵观汉语作为第二语言教学语法体系的发展，我们不难发现，学界主要关注的是语法体系中的语法事实，而对是否应为初学者提供一个简约的语法框架（即语法格局）少有思考，更少有人去专门构建这个框架。虽然学界对当前的汉语作为第二语言教学语法体系提出了很多改革建议，但多针对语法事实的调整。"格局+碎片化"的汉语作为第二语言教学语法编排思路，让人们认识到语法体系中语法框架的构建也是必要的，语法格局是语法体系的一个重要组成部分。另外，借助信息技术构建碎片化语法资源库，并为碎片化语法点制作用于慕课教学的微型课件，可以为创新教学平台提供支持。

　　基于上述认识，我们拟对"格局+碎片化"语法编排思路进行深入研究，并探讨如何将该思路付诸汉语作为第二语言教学和教材编写实践之中。而要以该思路开展汉语作为第二语言教学和教材编写，必须要完成两项重要的工作：

　　一是构建一个适用于初学者的汉语"语法格局"，即一个在语言对比基础上尽显汉语语法特点的、符合外国人学习汉语语法认知过程的、服务于汉语作为第二语言教学的简约的汉语语法框架。

　　二是建立一个支撑语法格局的、可供教学者随时检索的动态化"碎片化语法"资源库。它是一部包容各种汉语语法现象的、介绍词和句子用法并带有解释和一定数量例句的大型语法参考资源库,是一个动态标注的语法知识语料库,教师在教学中可随时提取所需语法点进行教学和解释。碎片化语法点的选取当依据语法格局的框架,服从于交际的需要,最重要的是依据频率原则,尽可能地展现自然语言中常用语法事实,不囿于由易到难的教学顺序。碎片化语法在教学中可随时补充、丰富、细化语法格局。

二、研究目标

在第二语言教学中,针对不同语言背景的学习者,我们教授的内容和方法应有所不同,这已经是无须争论的规则和事实。"根据目前我们对语言教学规律的认识,语言能力形成的过程,同时也是不断克服来自母语和母语文化对学习目的语干扰的过程。在这里,语言和文化的差异应该成为教学全过程的注视点。""在这种形势下,用一种不变的教材模式,去对付语言不同、国别不同、文化背景不同、心理状态不同的学习者,实在是显得'不合时宜'。"(任远,1995)

不同语言背景的汉语学习者,语法学习的难点也会不尽相同;如"同样是学习汉语的主谓谓语句,日本学生比欧美学生就要容易理解得多,因为日语中也有类似句型(……は……か……谓语动词),虽然它同汉语不尽相同;而英语中却看不到此类语法现象"(龙青然,1990)。因此,适用于不同语言背景学习者的汉语语法格局和碎片化语法也不可能完全相同,我们应该限定学习者的语言背景来构建汉语语法格局和碎片化语法资源库。为了使得研究成果能够有针对性地用于教学,本课题将构建一个面向英语背景学习者(默认为初学汉语的成人)的汉语作为第二语言教学语法格局和一个支撑该格局的碎片化语法资源库,作为最终的研究目标。

总而言之,本课题将进一步论证"格局+碎片化"的汉语作为第二语言教学语法编排思路的科学性和优越性，深入探讨汉语作为第二语言教学语法格局和碎片化语法资源库的构建问题，并最终致力于为英语背景的初学汉语者构建一个汉语语法格局和一个支撑这个语法格局的碎片化语法资源库。

第二节 研究内容和方法

深入探讨"格局＋碎片化"的汉语作为第二语言教学语法编排思路的科学性和优越性，在此基础上，构建面向英语背景学习者的汉语作为第二语言教学语法格局和碎片化语法资源库，这是本课题的研究重点。围绕着研究重点，本课题将采用文献法、统计法和比较法等进行以下几项具体内容的研究：

一、对教学语法与语法教学、教学语法体系、理论语法、教学参考语法等概念的内涵及其相互关系进行界定和辨析，为确定"格局＋碎片化"语法编排思路所涉及内容的性质、范围、来源、用途等提供依据。

二、分析汉语作为第二语言教学语法内容选取和编排实践方面取得的成绩和存在的问题。全面审视汉语作为第二语言教学语法内容选编的历史和现状，认清已有实践反复验证的合理经验并加以继承，找出已有实践中纠结的问题进而思考如何解决，从而能够为提高教学语法点选择和描述的科学性、针对性奠定基础，为"格局＋碎片化"的语法编排思路提供历史和现实依据。有鉴于此，我们挖掘历史文献，系统梳理从目前见到的最早的汉语作为第二语言教材《中国文法》（卫匡国，1653／2011）到奠定当前汉语作为第二语言教学语法体系的《汉语教科书》（北京大学外国留学生中国语文专修班，1958）之间的代表性教材对语法内容的选择、描述和编排以及呈现出来的共性和差异。进而分析时至今日学界出台的 9 个含有基础汉语教学语法点的大纲内容及其之间的关系，从而认识清楚汉语作为第二语言教学语法内容及其编排的继承与发展情况，为我们选择、描述语法点以及构建语法格局和碎片化语法资源库提供参考。

三、分析汉语作为第二语言教学语法内容选取和编排研究方面取得的成绩和存在的不足。我们分别梳理汉语作为第二语言教学语法内容选择、描述和编排的相关研究成果，提取共识、辩证分歧、发现不足，以为我们依据"格局＋碎片化"的理念选取和编排教学语法内容奠定基础。

四、对如何构建汉语作为第二语言教学语法格局进行理论探讨。首先，在赵金铭（2018）的基础上，进一步阐释"语法格局""碎片化语法"及其关系；其次，分析人类认知事物和语言学习的基本规律，为"格局＋碎片化"语法编排思路提供认知依据；再次，梳理前辈学者对"格局＋碎片化"语法编排思路的认识和实践，为"格局＋碎片化"语法编排思路提供历史依据；最后，调查学习者和教学者对"格局＋碎片化"的需求情况，为"格局＋碎片化"语法编排思路提供现实依据。

五、构建面向英语背景学习者的汉语语法格局。首先，对汉语和英语的语法进行对比，重点说明汉语语法的特点；其次，通过分析英语背景学习者汉语习得的研究成果，总结其语法学习的特点和难点；再次，综合分析理论语法体系和教学语法体系的研究成果，并结合学习者已掌握的母语语法体系，来确定适用于英语背景学习者的汉语语法格局的基本内容；最后，综合上述分析结果，构建出一个揭示汉语语法基本组织与结构、尽显汉语语法特点、符合英语背景学习者汉语语法认知过程、满足其汉语语法学习基本需求的语法格局。

六、对如何建设一个支撑汉语作为第二语言教学语法格局的碎片化语法资源库进行理论探讨，并建设一个面向英语背景学习者的汉语碎片化语法资源库。首先，明确碎片化语法资源库的建设任务和思路；其次，阐述选择碎片化语法点的目的、原则和方法，设计选择碎片化语法点的技术路线，并据此选择出语素、词类、短语、句子成分、单句、复句等各个层面的语法点；再次，阐述每类语法点的描述方法和描述过程中考虑的相关因素,并展示具体语法点的描述结果;最后,收集、整理、改写以及根据教学需求补充语法教学课件,并将这些课件链接在对应语法点的描述之后,最终建成一个支撑语法格局的、满足面向英语背景学习者汉语语法教学需求且易检索的碎片化语法资源库。

第三节 教学语法及相关概念的辨别

汉语作为第二语言教学中需要进行语法教学已为共识,语法教学的目标已经明确(陆俭明,2000;崔希亮,2003;张旺熹,2010)。在此基础上,我们应该进一步思考语言教学过程中语法应该"教什么"和"怎么教"的问题。"教什么"主要涉及三个问题:(1)教学中应该选择哪些语法点?(2)如何描述(说明和解释)这些语法点?(3)如何在教学和教材中编排这些语法内容?学界一般将这些问题看作"教学语法"的研究内容,而把"怎么教"的问题看作"语法教学"的研究内容(赵金铭,2002;邓守信,2003;吴中伟,2016)。"教学语法""语法教学""理论语法""教学语法体系""教学参考语法"等,是本课题研究中涉及的几个相互联系而又本质不同的概念。当前学界对这些概念的理解既有共识也有分歧。为了更清晰地阐述本课题的研究内容,我们重视共识,但也有必要对分歧加以辨别,进而对每个概念做出准确的界定,对它们之间关系进行更为清晰的说明。

一、教学语法及与语法教学的关系

汉语作为第二语言教学界运用"教学语法"这一术语概括的内容是比较宽泛的,涵盖了学界所用的一些术语,如"教材语法""教学语法体系""教学语法大纲""教学参考语法""学生语法""教师语法"等所涉内容,甚至还包括了"语法教学"。如刘月华(2003)对"对外汉语教学语法"所下的定义是:"对外汉语教学语法指的是对外汉语教学中有关语法的方面。"并指出了它的几种表现形式:"教材中的语法注释、练习,教学参考语法,主要为学生自学复习用的语法书或教材(包括练习),课堂教学语法,教学语法理论。"这里所说的"课堂教学语法",实为语法教学(赵金铭,2002)。卢福波(2002)对"教学语法"下的定义是:"所谓教学语法,就是依据学习者的学习目的选择语法内容,再把教与学的规律、方法融入其中,使之形成一个水乳交融的整体。"这实际上也包括了语法教学。

我们把语言教学过程中需要向学习者直接教学的语法内容叫作"教学语法",它包括各课型(综合、口语、听力和阅读等)教学过程中教师详细讲授、操练或提醒学习者注意的语法点及其相关的解释说明,反映在教材中就是各课型教材中专门介绍的语法点、用脚注形式所做的语法解释以及语法练习等。需要注意的是,教学语法不仅仅包括一个个具体的语法点(罗列教学语法点并安排它们的教学阶段是制定教学语法大纲时应做的工作),还要有对每个语法点的简要解释说明,也就是说,要提供相关信息帮助学习者理解和运用语法结构:语法点的形式、意义和用法(Ellis,2006)。因此,教学语法的研究内容,不仅包括语法点的选择、编排,还包括语法点的形式、意义和用法的描述(说明和解释)。

简言之,"教学语法"是一个偏正式名词短语,指的是用于教学的语法内容,解决的是语言教学中在语法方面应该"教什么"的问题。教学语法属于静态层面的知识,至于采取什么样的原则、过程和方法等使得学习者能够熟练掌握语法点的形式、意义和用法,获得语法能力,则是语法教学的任务。"教学语法说的是'道',是客观的存在;语法教学讲的是'术',是教学中具体的策略与方法。"(赵金铭,2002)

根据教学对象的不同,可以将教学语法分为"母语教学语法"和"第二语言教学语法";再根据目的语的不同,可以进一步分为"汉语母语教学语法""英语母语教学语法""泰语母语教学语法"和"汉语作为第二语言教学语法""英语作为第二语言教学语法""泰语作为第二语言教学语法"等。

语言教学过程中到底需要向学习者直接教授哪些语法内容呢？也就是说，教学语法的内容到底有哪些？这一问题并不容易回答。理论上讲，确定教学语法内容的原则是明确的，即如果讲了这些语法内容，学习者能够更快地理解和运用跟这些语法内容相关的表达；如果不讲的话，学习者则需要花费更多的时间和精力才能理解和运用相关的表达。简言之，选出来的教学语法内容要能够"在最短的时间内解决学习者的语法问题"（崔希亮，2003）。这也就决定了教学语法不必追求系统性，不是要把目的语的整个语法系统都教给学习者，而是追求实用性，有些语法内容讲了比不讲的效果更好，那才会去讲。另外，教语法是为了语言学习，而不是为学语法而教语法，因此教学语法"当尽可能地简易，不宜烦细。应当在不违反科学的前提下，力求通俗、浅显"（张志公，1982），"过繁学生无从记忆，遑论使用"（佟秉正，1985）。但是，具体去确定某一个语法项目在教学实践中到底要不要讲（讲是不是比不讲好）时，不同的教学者面对不同的教学对象，可能会有不同的认识，这从目前语言教材中所选取的语法点并不完全一致便可获知。

不过，目前学界对汉语作为第二语言教学语法的内容还是有着一定的共识的，课堂教学和教材编写中选择的语法内容都大同小异。这主要是因为1958年出版的《汉语教科书》奠定了新中国成立以来汉语作为第二语言教学语法的基础。后来的教学、教材编写和教学语法大纲的制定，都是在该教材所讲语法内容的基础上结合教学者或教材、大纲编写者的教学经验稍做调整的（柯彼德，1991；吕文华，2008：24—53）。但是，这样的现状是有问题的。因为面对不同语言背景的学习者，教学的语法内容却差不多，这样的教学无疑缺乏针对性。因此，我们有必要进一步深入研究如何面向不同语言背景的学习者选择不同的教学语法内容。

二、教学语法与教学语法体系的关系

语言教学者基本上都认可这样的事实：无论语言学习者是否接受过

显性的语法教学，只要是获得了一种语言的交际能力，那必然是已经掌握了这种语言的语法系统、具有了自如组合语法单位的能力，虽然一般情况下他们并不能将这个语法系统对外描述出来。基于这样的认识，语言教学研究者非常希望搞清楚学习者掌握的这个语法系统到底什么样，以便在语言教学中直接针对这个语法系统进行教学和实践训练。

然而，现如今，限于人脑科学发展的不足，人们尚不能通过分析人脑了解学习者脑海里的语法系统，只能借助外部的观察和分析来推知其大概。因此，语言教学研究者主要通过分析目的语语法单位的组合和聚合规则，并结合教学中的观察，来推测学习者掌握哪些语法点才能获得该语言的语法能力。教学研究者推测得出的语法点集合，就是该语言的教学语法体系。

总而言之，教学语法体系指的是：语言教学中，无论是通过显性语法教学（explicit grammar teaching）还是隐性语法教学（implicit grammar teaching）的方式，最终必须使学习者掌握的所有语法点集合，是学习者构建目的语语法系统、获得目的语语法能力和交际能力必不可少的语法知识体系。

理论上讲，教学语法体系应该是客观存在的，面向背景相同的学习者的教学语法体系应该具有统一性。但目前学界对显性语法教学内容的认识尚存在分歧，对隐性+显性语法教学内容之和的认识更是模糊不清。因此，研究者构建出来的教学语法体系也就各有差别。

从学术研究的角度来看，不同学者构建的教学语法体系不尽相同是正常现象。但是，在对同样背景的学习者进行教学时，如果存在多个教学语法体系，无论教学者和学习者都会感到无所适从。为了教学的方便，面向同样背景的学习者构建的教学语法体系最好能够统一。基于这样的认识，语言教学界要么联合起来共同商定教学语法体系，要么在教学中主动向某一种教学语法体系靠拢。前者如汉语的母语教学语法体系，学界经过多次会议讨论，于1956年拟定了《暂拟汉语教学语法系统》，后又结合教学中发现的问题加以修订，于1984年拟定了《中学教学语法系统提要（试用）》。后者如汉语作为第二语言教学语法体系，1958年出版的《汉语教科书》是新中国成立后正式出版的第一本汉语作为第二语言教科书，教材中构建了汉语作为第二语言教学语法体系，此后的汉语作为第二语言教学一直都是以这个教学语法体系为基础，一方面教材编写多参照该教材选取语法点，另一方面为指导教学和教材编写而研制的语法大纲也多参照这个体系（吕文华，2008：47；孙德金，2012；李泉，2016）。

"教学语法体系"与"教学语法"是两个既有关联又有区别的概念。教学语法体系的内容包含教学语法，教学语法体系中需要显性教学的那部分语法内容就是教学语法。教学语法体系是教学语法的基础，教学语法体系关注的是一个正常的语言学习者——无论是有意识学习还是无意识习得一种语言——必须要掌握、内化的语法知识系统。这个系统显然是全面而有序的。如果它不系统、不全面，那表明学习者脑海中尚未完全构建出所学语言的语法系统，也就不可能完全理解和生成该语言的结构。而教学语法关注的是语言教学中必须对这个系统中的哪些内容加以明确提示、讲解或训练，学习者才能更容易掌握进而内化。

教学语法体系能够较为全面地反映语法单位基本的组合和聚合关系，是一个能够支撑语言理解和生成的规则系统。教学语法虽然讲求内部的一致性，即相同性质的语法成分要保持解释上的统一性，不能完全地"就事论事"，"零散甚至片面"（郭熙，2002；肖奚强，2017等）。比如说，不能在讲"被"字句时，按照成分的位置，把"钱被偷走了"里的"钱"描述为主语；而在讲受事主语句时，又依据语义，把"药吃完了"里的"药"描述为宾语。但是，一般情况下，教学语法不能反映出目的语语法系统的概貌，只是一些零散的语法点集合。有些学者强调教学语法必须要系统、全面、细致，显然是把"教学语法体系"和"教学语法"两个概念完全等同了（孙德金，2015等）。

如果学界或官方对教学语法体系做了统一规定,那么教学语法体系便体现在有关单位或学术组织发布的指导性文件中。例如当下使用的汉语母语教学语法体系,主要体现在学界集体讨论后发布的《中学教学语法系统提要(试用)》中。如果学界或官方没有做出统一规定,那么不同学者所拟定的教学语法体系主要体现在他们所编写的语法教材中。例如汉语作为第二语言教学语法体系,学界和官方并没有做出统一规定,目前学者们都是在《汉语教科书》所编选的教学语法内容的基础上构建教学语法体系,并在此基础上拟定教学语法大纲、编写语言教材和语法教材。适用于具有一定汉语基础的学习者的汉语语法教材,如赵永新(1992)、孙德金(2002)以及李德津、程美珍(2008)等,较为系统地展现了汉语作为第二语言教学语法体系。

在汉语作为第二语言教学界,很多学者都把"教学语法"和"教学语法体系"看作同一事物,把语言教材中编选的教学语法内容和为指导教学、教材编写而制定的教学语法大纲都称作教学语法体系。根据我们对"教学语法"和"教学语法体系"的定义,语言教材中所编选的语法点是教学语法的内容,不是教学语法体系;学界所制定的各类教学语法大纲,也只是表明语言教学中应该教学哪些语法点以及如何分级,并不是以全面展现教学语法体系为目的。

不过,如果语言教材以结构(语法)为纲编排内容,就会以语法教学为中心,强调对目的语语法系统的学习,这种教材中所编选的教学语法内容,也就基本上能够体现出教学语法体系。同样,如果我们编制的大纲用于服务以结构为纲的教学,那大纲内容也基本上能够体现出教学语法体系。而长期以来,汉语作为第二语言教学界确实是主要以结构为纲来编写教材和制定语法大纲,因此也就不区分"教学语法"和"教学语法体系"这两个概念。也正是因为这样,吕文华(2015)才说:"对外汉语教学语法系统主要体现在对外汉语教材的语法教学中,因此教材是'语法体系'的载体,也是我们考察、分析'语法体系'的对象和依据。"

汉语作为第二语言教学语法体系的奠基者——1958年出版的《汉语教科书》，虽然是语言教材，但它是以语法为纲编写的。因此学界普遍认为《汉语教科书》构建了汉语作为第二语言教学语法体系。这个教学语法体系包括词类、句子、时间和情貌、句子成分、表达等5部分，共170条语法点，"主要依据的是《暂拟汉语教学语法体系》(1956)，并参考了《现代汉语语法讲话》（丁声树等）、《中国语法理论》（王力）、《中国文法要略》（吕叔湘）等的语法思想"（孙德金，2012）。

时至今日，汉语作为第二语言教学及其教材编写、语法大纲制定等，依然是以《汉语教科书》构建的语法体系为基础（当然，也不能否认有些学者做了一些创新）。对此，学界越来越感到不满，呼吁对现用的体系加以修订、改革，如崔永华(1990)、柯彼德(1991)、吕文华(2008：50)以及齐沪扬、张旺喜(2018)等。

对于如何修订或构建汉语作为第二语言教学语法体系，一些学者就如何选取语法点并修订其具体表述提出了建议，如吴中伟(2016)、高顺全(2016)、黄南松(2017)等；还有一些学者论述了教学语法体系应具有的特点、构建的标准和原则等，如崔希亮(2003)、李泉(2016)以及齐沪扬、韩天姿、马优优(2020)等。

已有研究取得的基本共识是：(1)在选取和解释说明具体的语法点时应注重引入语言研究的新成果；(2)汉语作为第二语言教学语法体系应具有简明、实用、规范、可操作性、针对性和突出汉语语法特点等特点，这些特点也是构建新体系的重要标准和原则。

我们认为，构建一个适应当前汉语作为第二语言教学的语法体系是必要的，也是汉语作为第二语言教学语法研究的主要目标之一。如果这个教学语法体系构建得好，它就相当于一个仓库，不管面向哪个语言背景的学习者开展课堂教学或编写语言教材，都可以直接从中选择教学语法（当然，针对不同背景的学习者选择的内容肯定是有所不同的）。但是，正如我们前文所说，教学语法体系实际上是把语言学习者头脑里构建的语法系统反映出来,限于目前的技术,我们只能通过静态分析语言结构和观察语言学习过程推测出这个系统,推测的结果是否符合事实,目前还无法完全得到确证。

相比而言,确定语言教学过程中应该直接教学哪些语法内容(即教学语法的内容)要容易一些,我们只要多观察教学实践,多进行教学实验,随着教学实践经验的积累,最终应该能够搞清楚哪些语法点是学习者的学习难点,即哪些语法点在教学中不讲学习者不明。而且,确定教学语法的内容,对于语言教学也更为重要,它可以直接指导教学和教材编写。另外,教学语法内容确定下来后,在其基础上再加上一些语法知识(隐性语法教学的内容)把语法框架构建完整,应该也就能够构建出教学语法体系。因此,我们主张从确定教学语法内容入手开展教学语法体系的研究,先研究清楚面向不同语言背景的学习者应该直接教学哪些语法内容。

三、教学语法与理论语法的关系

对于理论语法,虽然学者们的表述不尽相同,但一般都认可下面的认识:"语法学家按照自己的语言观和方法论对某种语言的语法所做的分析和描述。他们从不同的角度提出各自不同的语法学说,形成不同的体系,因此可分为不同的流派。如《语法讲义》(朱德熙)、《中国话的文法》(赵元任)等著作所描述的语法就是汉语的理论语法。"(郭熙,2002)语言学界所说的"传统语法""结构主义语法""生成语法""认知语法""功能语法""浮现语法"等等,都是指理论语法。虽然人们学习理论语法后,理解和运用语言的能力一般情况下能有一定的提高,但理论语法追求的是"理论的提高"(王力,1956),最终目的是对语法现象做出解释,能够最大限度地解释语法现象,它具有理论的假设性、系统性和方法上的一致性(金立鑫,2003)。

对于教学语法与理论语法的关系,很早就有人论述。如王力(1956)指出教学语法(学校语法)与理论语法不是互相排斥的,而是相互依存的;

理论语法是教学语法的源泉，而理论语法又要以教学语法为出发点。赵金铭（1994）指出："理论语法是把语言作为一种规律的体系来研究，目的在于揭示通则，对语法的系统和语法的规律做出理论的概括和说明。教学语法又称'学校语法'，它是利用理论语法科学研究的成果，专为教学目的服务的语法。"崔希亮（2003）既指出了理论语法与教学语法的不同：教学语法可以不依附于任何一种理论语法，两者的目标不同；又指出了两者的联系：教学语法可以为理论语法提供研究课题和动力，也可以从理论语法那里汲取营养。另外，郭熙（2002）、赵金铭（2002）、李泉（2016）等都阐述了理论语法和教学语法的关系。齐沪扬（2010）指出下面的观点为学界普遍接受："理论语法是教学语法的来源与依据，教学语法的体系可以灵活变通，以便于教学为准；教学语法在不断吸收各种语法研究成果中迈步发展，并不断完善。"

综观学界对教学语法和理论语法之间关系的认识，我们可以得出这样的结论：

第一，理论语法的研究成果为教学语法点的解释说明提供了源泉，我们在对语法点进行解释时可以对比各种语法理论的研究成果，从中吸收能够用于教学的相关解释。

第二，有些语法理论偏重于形式的描写，如结构主义语法、生成语法，有些语法理论偏重于意义、功能的解释，如认知语法、功能语法，我们在语言教学中对语法点的解释"不仅要注重形式，而且要注重不同语法结构的意义和用法"（Ellis，2006），因此，仅仅依靠形式语法或功能语法都难以达到清楚解释语法点的目的。"曾经有人试图从生成语法理论中获得一些见解（如 Bright，1965），但总的来说，教学大纲的设计者和教师并没有发现这些模型有用，他们更倾向于依赖现代描述性语法"，"详细描述语言的形式—意义关系的描述性语法方兴未艾"（Ellis，2006）。

第三，教学语法的内容必须是共时层面的，因此解释语法点时应慎用旨在探讨语法演变规律的语法化理论等历史语法学的研究成果（孙德金，2011）。

四、教学语法与教学参考语法的关系

汉语作为第二语言教学研究中还频频使用一个术语"教学参考语法"。汉语作为第二语言教学界一开始提出"教学参考语法"时，主要是指为教师开展对外汉语教学提供参考的描写性语法著作。如较早提出这个概念的赵金铭（2002）指出："无论是教师编写教材，还是从事课堂教学，或是备课与批改练习，都应有一部详细描写汉语语法规则和用法的教学参考语法，作为依据。"刘月华（2003）指出："教学参考语法主要对象是对外汉语教学的教师。供教师备课、改作业、编写教材时参考，某些高年级学生也可以用。"这类语法书对语法点的解释往往不能直接用于面向语言学习者的教学或直接编入语言教材中，只要教师看得懂就行，对语法点的解释具有包容性强、解释力强、应用型强的特点（赵金铭，2002；郭熙，2002）。语言教师掌握了教学参考语法后，在面向学习者讲授语法或编写语言教材时，还需进一步依据学习者的语言水平、语言背景对教学参考语法的内容进行精选，并运用学习者能够接受的语言表述出来。

然而，为教师编写的语法书，语言水平高的学生也可以参考，用以进一步系统化自己内在的语法知识系统，进而提升自己的语言水平；而为学生编写的语法教材或辅导材料，教师备课、批改作业或编写教材时也可以参考，因此目前汉语作为第二语言教学界出版的语法著作、教材或辅导材料多是宣称既可以为教师的教学提供参考，也可以供有一定语言水平的学生学习语法所用。学界也就逐渐把这些材料都笼而统之称作教学参考语法。这些所谓的"教学参考语法"，从主要适用对象、内容、语言和体例等方面综合来看，大致可以分成以下几类：

第一类较为全面地描写教学语法体系，主要是为教师教学提供参考或为师资培训所用。如李英哲、郑良伟、Larry Foster 等（1990），齐沪扬主编（2005），房玉清（2008），以及刘月华、潘文娱、故韡（2019）等。这类语法书的特点是讲求体系的完整性，基本上是全面描写汉语语法单位的组合和聚合关系以及相关的表达方式，涵盖了语言教学过程中隐性和显性教学的基本语法内容。

第二类主要是对教学中的一些语法重难点进行描写，为教师教学提供参考或为师资培训所用。如吕叔湘主编（1999）、金立鑫主编（2005）主要是对虚词的意义和用法进行辨析和描写；Bai（2009）描写了150个基本的、常用语言点的结构特征、语义和用法；黄南松、胡文泽、何宝璋（2015）解析了美国汉语学习者语法学习的30个难点问题；冯胜利、施春宏（2015）详细描写了264个初中级语法点的形式结构、功能作用和典型语境。此类语法书不讲求语法体系的完整性，只选择汉语作为第二语言教学中的某类语法现象或某些重难点进行较为详细的描写、辨析，教师能够看懂，但学习者读起来会有一定的难度，所以教师在语言教学中一般不会照搬这些语法书里的内容，而是会有所取舍、有所改编。

第三类主要是为有一定汉语基础的学习者（高年级）编写的、较为全面地描写教学语法体系的语法教材。如赵永新（1992）、孙德金（2002）和李德津、程美珍（2008）等。这类教材系统、全面地介绍教学语法体系，注重语言表述与学习者的语言水平相一致，力求简明、扼要，有些还用学习者母语加以解释，并配有大量的练习题。这类教材一般用于为汉语作为第二语言学习者专门开设的语法课上，也可用于学习者自学，有助于学习者巩固语言学习过程中获得的语法知识并将其系统化。

第四类主要是将一些教学语法点集中起来加以解释说明，有些还设计了相关的练习，编册成书，供学习者在语言学习过程中查阅、加深理解、加强练习。如彭小川、李守纪、王红（2004），姜丽萍主编（2010），应晨锦、王鸿滨、金海月等（2022）以及王鸿滨、金海月、应晨锦等（2022）。这类语法书主要是对教学语法点进行解释、说明和练习，供学习者学习过程中随时参考，并不是只供高年级学习者所参考，因此力求做到内容生动有趣、简明扼要，表达形式通俗易懂，很多还使用外语、形象化的图示等辅助解释。实际上，这类书主要是把基础汉语教学或教材中直接教学的语法内容抽出来编订而成。所以，不仅学习者可以看得懂、学得会，教师在教学或教材编写时也可以直接搬用其中的一些内容。当然，这类书当中也有一些虽宣称力求语言浅显明白、内容简单易解，但实际上并没有很好地做到，"即使高年级的学生使用起来也不见得没有困难"（刘月华，2003）。

由上可见，目前学界编撰的汉语作为第二语言教学参考语法，大多既能供教师参考，也能供学生学习。有些侧重为教师教学或编写教材所用，即前两类著作或教材；有些则侧重为学习者进一步学习、巩固教学语法点或系统化自己的语法知识所用，即后两类著作或教材。侧重服务学习者的这些著作和教材，刘月华（2003）又称作"学生语法"，郭熙（2002）称作"学生用的语法"，并认为它只不过是"教师用的语法"的简写本。

教学参考语法与教学语法、教学语法体系又有着一定的对应关系，有些教学参考语法主要是对教学语法体系进行详细介绍的，让教师和学生对语言教学中所涉及的语法形成全局观，全面掌握显性和隐性教学的语法内容，如第一类和第三类；有些是对教学语法点进行详细介绍，为教师在语言教学中进行显性语法教学奠定知识基础，或者帮助学习者进一步学习、巩固课堂上所学的语法点，如第二类和第四类。

第二章
汉语作为第二语言教学语法体系的发展

无论是构建汉语作为第二语言教学语法格局,还是建设碎片化语法资源库,都首先要明确汉语作为第二语言教学中需要教学哪些语法内容,也就是说,要以解决以下两个问题为前提:(1)教学中应该选择哪些语法点?(2)如何描述(说明和解释)这些语法点?而要想较为准确地回答这两个问题,我们有必要分析汉语作为第二语言教材所构建的教学语法体系以及学界所制定的教学语法大纲。因为它们能够系统反映教学者在汉语作为第二语言教学语法点选择和描述上的探索结果。只有了解历史和现状,借鉴已有经验,才能更好地推动事物的创新发展。因此,本章将分析各个时期一些代表性的汉语作为第二语言教材和教学语法大纲,梳理其中教学语法体系和语法编排方式的发展变化,以为提高教学语法点选择和描述的科学性、针对性奠定基础,为"格局+碎片化"的语法编排思路提供历史和现实依据。

第一节 汉语作为第二语言教学语法体系构建历史

一、明末清初西方来华传教士开其先

汉语作为第二语言教学的历史悠久,有人通过分析史料认为汉语作为第二语言教学不晚于商末周初,即公元前12世纪(董明,2002:4),而更多的人则认为有组织的汉语作为第二语言教学开始于汉代(鲁健骥,1998)。但由于缺乏相关史料,我们对相当长一段历史时期内的汉语作

为第二语言教学中教不教语法、教哪些语法以及如何教语法等问题都不得而知。

直到明朝后期,一些西方传教士陆续来到中国,为了能够顺利传教,他们开始学习汉语,并留下了一批教材和相关文献。根据相关文献记载,早期来华传教士多是跟随中国人学习汉语(利玛窦、金尼阁,1983：144/171),接受的是中国传统语文教育,因此重诵读、抄录而轻语法,主要靠背诵和抄录一些常用词语、句子和汉语经典著作(如"四书五经"),来逐渐获得运用汉语进行日常交际和传教的能力(瓦罗,1682/2003：F48)。与此同时,早期来华传教士流传下来的学习材料,如罗明坚(Michele Ruggleri,1543—1607)于1584—1588年之间写成的《葡汉词典》、利玛窦(Matteo Ricci, S. J.,1552—1610)于1606年出版的《西字奇迹》和金尼阁(Nicolas Trigault,1577—1627)于1626年写成的《西儒耳目资》等,也都是主要关注汉语语音、词语和汉字,用他们熟悉的语言来注释汉语词语和给汉字注音,并没有特别关注语法(刘振平,2013：7—52)。

但这种不关注语法的局面很快就发生了改变。"传教士们都通晓拉丁语,熟知拉丁语的语法分类"(瓦罗,1682/2003：F36),他们在总结汉语学习经验、不断探寻学习方法的过程中不免会去尝试借鉴拉丁语的学习经验。而传统的拉丁语教学法是以背诵语法和范文为其特点的,17世纪左右在这种教学法的基础上发展出的语法翻译法,更是讲求语法的系统学习,把语法学习作为语言学习的起点和重心。于是,传教士们就开始以拉丁语教学语法框架为基础来构建汉语教学语法体系,并将汉语语法知识的讲解和训练作为所编教材中的重要内容。

目前,我们能见到的第一本以语法为主要内容的汉语作为第二语言教材,是意大利传教士卫匡国(Martinus Martini,1614—1661)于1653年用拉丁文写成的《中国文法》(*Grammatica Sinica*),该教材在汉语与拉丁语对比的基础上,借助拉丁语教学语法术语,简单介绍了汉语语法的基本情况。随后,传教士们编写的汉语教材大都把语法作为重要的内容加以讲解和训练。如西班牙传教士瓦罗(Franciscan Varo,1627—1687)于1682年用西班牙文写成的《华语官话语法》(*Arte De La Lengua Mandarina*)、法国传教士马若瑟(Joseph Henri Marie de Prémare,1666—1736)于1728年用拉丁文写成的《汉语札记》(*Notitia Linugae Sinicae*)等。

二、西方汉学家、驻华外交官踵其后

越来越多的来华传教士编写汉语作为第二语言教材,由于这些教材都是以语法内容的介绍为主要内容的(即"以结构为纲"),也就都构建了汉语教学语法体系。这些教材不仅方便了来华传教士的汉语学习,也引起了欧美汉学家对汉语语法的关注,同时也为其他行业的人士编写汉语教材提供了借鉴。进入19世纪以后,随着来华传教士、外交官、商人和欧美汉学家的人数不断增多,参与编写汉语作为第二语言教材的人数也在不断增加,汉语教学语法体系也随之不断发展。这个时期,汉语作为第二语言教学语法体系的理论基础发生了重大变化,很多的教材编写者参照本民族语言的教学语法体系来构建汉语教学语法体系,教材中讲解汉语语法的媒介语以及与汉语做对比的语言也由拉丁语转变为本民族语言。

这个时期来华传教士编写的教材,如英国传教士马礼逊(Robert Morrison,1782—1834)写成于1811年的《通用汉言之法》(*A Grammar of the Chinese Language*)、英国传教士艾约瑟(Joseph Edkins,1823—1905)于1857年出版的《汉语官话口语语法》(*A Grammar of the Chinese Colloquial Language Commonly Called the Mandarin Dialect*)、美国传教士高第丕(Tarleton Perry Crawford,1821—1902)和中国学者张儒珍合编于1869年的《文学书官话》、美国传教士狄考文(Calvin Wilson Mateer,1836—1908)于1892年首次出版的《官话类编》(*A*

Course of Mandarin Lessons, Based on Idiom)等。

来华外交官编写的汉语教材,如英国外交官威妥玛(Thomas Francis Wade,1818—1895)于1867年首次出版的《语言自迩集——19世纪中期的北京话》、英国外交官禧在明(Walter Caine Hillier,1849—1927)于1907年首次出版的《华英文义津逮》(*The Chinese Language and How to Learn It: A Manual for Beginners*)等。

欧美汉学家出版的一些汉语教材,如英国汉学家马士曼(Joshua Marshman,1768—1837)于1814年出版的《中国言法》(*Elements of Chinese Grammar*)、德国汉学家甲柏连孜(Georg von der Gabelentz,1840—1893)于1881年出版的《汉文经纬》(*Chinesische Grammatik*)等。

三、赵元任、邓懿定当下教学语法体系之基

(一)《汉语教科书》所建语法体系沿用至今

虽然西方人编著的汉语作为第二语言教材数量不算少,而且有些教材的质量也不错,但是这些教材并没有对现代的汉语作为第二语言教学产生太大的影响,这主要是因为这些教材的使用范围有限。传教士所编教材的使用对象主要是来华的传教士,外交官所编教材的使用对象主要是驻华外交官,西方汉学家所编教材的使用对象主要是他们本国的汉语爱好者,这些人群的数量在当时都非常有限,因此这些教材只是在很小的范围内使用和流传,影响自然也就很有限。

新中国成立后,清华大学于1950年开启了留学生的汉语教学事业,最早的教学对象主要是来自东欧国家的学生,"大多是成年人,一般都达到了高中(或以上)文化知识水平"(李景蕙,2008:9)。邓懿先生是第一批师资中的核心,负责编订教学内容,一开始是编一课上一课,后来逐渐积累,形成教材的雏形,最终在多年教学实验和教学团队反复讨论的基础上,于1958年在时代出版社出版了新中国史上的第一部汉语作为第二

语言教材——《汉语教科书》(钟梫,2010:63)。

"《汉语教科书》是对外汉语教学史上成就最大、影响最久远、最广泛的经典教材"(吕文华,2019),为后来的教学者和教材编写者选定教学内容奠定了良好的基础,如今的汉语作为第二语言教学理念、方法以及教材内容编选原则和方式等都与该教材具有一定的继承关系。尤其是该教材所构建的教学语法体系,沿用至今依然是汉语作为第二语言教学语法的主要内容,因此该教材是"对外汉语教学语法体系的奠基之作"(吕文华,2008:2)。很多学者,在对比分析该教材与后来的教材、语法大纲的基础上,都明确指出了这点。

如任远(1985)对比分析了《汉语教科书》和其后出版的《基础汉语》(1971)、《汉语课本》(1977)、《基础汉语课本》(1980)、《实用汉语课本》(1981),认为"这五套教材具有一定的典型性,能够大体反映出到八十年代为止,北京语言学院基础汉语教材的演进和变化"。该文对各套教材设置或注释的语法点进行统计和对比,得出的结果是:《基础汉语》118条、《汉语课本》107条、《基础汉语课本》110条、《实用汉语课本》153条,与《汉语教科书》(170条)基本相同的语法点,分别占本书语法点总数的82.2%、91.6%、84.5%、90.2%。这些数据充分反映了《汉语教科书》对后来基础汉语教材语法点选取的影响。

吕文华(2008:24—53)在此基础上,又加上两部教材——《初级汉语课本》(1986)、《现代汉语教程》(1988)进行对比分析,结果显示这两部教材的语法点与《汉语教科书》的重合率分别为89.5%和89.2%,并得出结论说:"综观对外汉语教学语法体系发展的历程,我们不得不承认半个世纪来其发展是缓慢的、变化是局部和微小的。可以说1958年《汉语教科书》创建的语法体系大同小异地保留在历代更迭的教材中。"李泉、金允贞(2008)在梳理了这些统计数据之后,进而指出:"可见,这些在当时并对后来有重要影响的教材,有80%—90%的语法内容与《汉语教科书》相同相近。事实上,此后出版的一些有影响的主干教材,如

《新编汉语教程》(商务印书馆国际有限公司,1996)、《新实用汉语课本》(北京语言大学出版社,2002)、《发展汉语·初级汉语》(北京语言大学出版社,2006)等,根据我们的初步观察,其语法点与《汉语教科书》也都是大同小异。"

吕文华(2002)指出,《汉语教科书》创建的语法体系,经过几十年的发展和完善,一直也是"汉语水平考试制定语法大纲的主要依据,而且也影响到全世界"。黄南松(2017)具体阐述了《汉语教科书》对教学大纲的影响,指出《汉语教科书》的问世标志着中国大陆对外汉语教学语法体系开始建立,此后出版的几部对对外汉语教学影响很大的大纲,除了加入了"语素"和"语段"等单位外,整个对外汉语教学语法体系并没有发生太大的改变。

(二)《汉语教科书》借鉴了《国语入门》

邓懿在负责"东欧交换生中国语文专修班"的汉语教学工作之前,曾于20世纪40年代在美国作为赵元任先生的助教从事汉语教学,她的汉语作为第二语言教学经验主要是在那个时期积累的(钟梫,2010:7)。邓懿在美国主要教的是汉语水平零起点的美国军人,而20世纪50年代在清华、北大主要教零起点的东欧学生,教学对象都是印欧语背景的零起点成人。因此,邓懿在清华、北大的汉语作为第二语言教学中,势必会借鉴之前在赵元任先生那里学得的一些经验,最明显的借鉴体现在教学模式上,同样都采用一个老师主讲(也有一定的练习)、几个助教负责带领学生练习的模式。

另外,对赵元任先生当时上课用的教材,即1948年出版的《国语入门》(Chao,1948),邓懿在编《汉语教科书》过程中也不太可能不加以参考。无论是她的同事,还是后来的教材研究者,都指出《汉语教科书》深受《国语入门》的影响。如她在清华大学东欧交换生中国语文专修班的第一批同事钟梫回忆说:"我常常说新中国对外汉语的源头应该是赵元任,从赵元任到邓懿,邓懿从五十年代初开始编《汉语教科书》,这条路是这么下来的。邓懿非常忠实于赵元任的教材,她是赵元任的助教,从他那儿她学了不少语音、语法的知识,我们最开始用的教材就是邓懿翻译赵元任的。"(钟梫,2010:66)鲁健骥(1993a)也认为:"对《汉语教科书》影响最为直接的应推赵元任《国语入门》,这是因为它也是一本教外国人(美国人)说汉语的教材。"

对于《汉语教科书》中的教学语法体系,也有学者专门指出了其与《国语入门》之间的关系。如吕文华(2008:11—12)指出,"《汉语教科书》吸取了其问世前中国语法学界各家研究的成果,博采各家之长,不囿于一家之说,毫无偏见地择善而从",但"赵元任先生的《国语入门》对该书的影响更为直接"。孙德金(2007a)认为,《汉语教科书》的教学语法体系,主要是在赵元任《国语入门》教学语法体系的基础上,吸收当时的一些语法著作里的相关语法描述而构建的。

我们对比《国语入门》和《汉语教科书》中的语法体系发现,虽然两者的理论基础不同,前者主要采用的是结构主义语言学理论,后者跟指导中小学语法教学的《暂拟汉语教学语法系统》一样,也是一个综合了多家语法理论的"语法拼盘",基础是传统语法(孙德金,2011a),但是两者都以语法结构的描写为主,都有明显的语法对比意识,注重汉语与印欧语语法的对比,以汉语语法不同于印欧语的特点为教学的重点。而且,《国语入门》中的语法点基本上都被《汉语教科书》所继承,《汉语教科书》中约三分之一的语法点(57个)与《国语入门》的描写基本一致。

第二节 汉语作为第二语言教学语法内容及其编排的发展

一、早期来华传教士所编汉语教材的语法内容及编排

早期来华传教士多是依据传统的拉丁语教学语法框架来构建汉

语教学语法体系。一般认为，早期来华传教士构建汉语教学语法体系所依据的拉丁语语法框架，可以溯源到公元前1世纪希腊著名学者狄奥尼修斯·赛拉克斯(Dionysius Thrax)编写的《读写技巧》(*Téchnē Grammatiké*)。这本书中构建了希腊语语法体系，随后人们再构建希腊语、拉丁语的主流语法体系都是以此为基础(郑梦娟，2008)。其中，5世纪左右的罗马学者普利西安(Priscian)在《语法原理》(*Institutiones Grammaticae*)里以这一希腊语语法体系为基础构建的拉丁语语法体系，则成为中世纪以后人们一直尊崇的拉丁语语法体系(瓦罗，1682/2003：F35)。

拉丁语在西方社会曾长期作为课堂教学语言，同时也是教会活动语言，所以，早期来华传教士都系统学过拉丁语。传统的拉丁语教学一般都要求学生背诵拉丁语语法规则，因此，这些传教士都熟悉拉丁语语法系统。而且，在这些传教士的心目中，"拉丁语似乎具有某种'更高的威望'，而这种'威望'会进一步影响他们对汉语的认识，以及选定拉丁语作为比较的对象"(瓦罗，1682/2003：F36)。在这样的背景下，19世纪以前的来华传教士，如卫匡国、瓦罗、马若瑟等，都是基于普利西安《语法原理》中的拉丁语语法体系来构建汉语作为第二语言教学语法体系的。

在内容的编排上，这个时期的汉语作为第二语言教材主要是用拉丁语、西班牙语等传教士熟悉的语言来介绍汉语的语音、文字和语法。大多只是对各个方面做知识性的介绍，对汉语语法内容的介绍也非常简单，只是简单展示了汉语语法的框架，没有太多的例句、课文和练习等用于语言操练，跟如今的语言教材相差较大。语法部分，更像当今面向汉语作为第二语言学习者并用其母语编写的语法书。学习者学完教材，能够对汉语语法系统有个基本的了解，对汉语与拉丁语、西班牙语等学习者熟悉的语言之间在语法上的主要异同点也会有一定的认识。但学习者要想真正学会汉语，不能仅仅靠这么一本教材，还要阅读、翻译大量的经典文学作品等(瓦罗,1682/2003:4,145)。

  这个时期,内容编排上比较特殊的一部教材是马若瑟编写的《汉语札记》,教材中出现了大量的例句,这些例子"上至经籍,旁及诸子,下涉元曲、明清小说,提供的例子超过12000条"(李真,2014:322)。马若瑟认为单纯学习语法规则会比较枯燥乏味,如果教材能够提供大量的例句,学习者就可以通过多个例句的学习来强化语法规则的记忆、增强运用能力(李真,2014:324)。然而,这种做法在19世纪中期以前是很少见的,因此遭到了傅尔蒙(Étienne Fourmont,1683—1745)、雷慕莎(Jean-Pierre Abel-Rémusat,1788—1832)等汉学家的非议(李真,2014:323)。下面具体分析这个时期汉语作为第二语言教学语法体系。

  (一)注重"格""数""级"等语法范畴在汉语中的表达形式

  因为汉语的词语"缺乏形态变化"这一特点非常明显,所以明末清初来华传教士普遍认识到了汉语没有"格""数""级""性""时态""式"等方面的词形变化。但是他们并不否认汉语中也存在这些语法范畴,认为汉语主要是依靠一些"小词"或"虚词"来表达这些语法范畴。因此,又都努力找寻汉语中表达这些语法范畴的手段,并详加阐明。

  卫匡国《中国文法》第二章分别介绍了汉语中表达名词、代词"数"和"格",表达动词"时"(现在时、过去时、将来时)和"式"(主动式、被动式、祈愿式)的一些具体手段;第三章第五节具体介绍了形容词"级"在汉语中的一些表达形式,第六节补充说明了代词"格"的一些表达形式。瓦罗《华语官话语法》第三章详细介绍了汉语名词、代词如何与"小词"配合表达"格""数"等语法范畴;第四章第三节、第四节分别介绍了形容词"比较级""最高级"的一些具体表达形式;第八章介绍了动词"时态"(现在时、未完过去时、过去完成时、先过去时、未完将来时、将来完成时等)和"式"(祈愿式、虚拟式和不定式)的表达形式;第九章介绍了"被动式"的表达形式。马若瑟《汉语札记》在第一编第一章第一节里,首先明确指出了汉语没有表达"性""数""格"等语法范畴的词形变化，然后介绍了名词"格""数"和动词"式""时态"在汉语中的表达形式；在第一章的第二节里介绍了汉语中表达形容词"级"的一些手段。

"因为第二语言学习者，头脑中已建立起母语的语法体系"（赵金铭，2018），当再接触一种新语言的语法体系时，势必要从母语中寻找一些可遵循的理据。针对学习者的这一特点，"格""数""级""性""时态""式"等语法范畴在汉语中的表达方式，便成为了各时期汉语作为第二语言教学语法体系的重要内容。19世纪汉语作为第二语言教学语法体系如此，现行汉语作为第二语言教学语法体系的奠基之作《国语入门》《汉语教科书》亦是如此。指导汉语作为第二语言教学和教材编写的多个教学语法大纲，也一直把"动作的态"作为一项重要内容，如《汉语水平等级标准和等级大纲（试行）》《汉语水平等级标准与语法等级大纲》，在甲级大纲中专门设置了"动作的态"的语法点；《对外汉语教学语法大纲》在"词类"部分专门讲了"时""态"等语法范畴在汉语动词上的表现；《对外汉语教学初级阶段教学大纲》对动作的完成、持续、进行、变化、经历等都设立了专门的语法条目（见大纲的第11、14、41、42、43、75、76、81、82条）；《高等学校外国留学生汉语言专业教学大纲》和《高等学校外国留学生汉语教学大纲（长期进修）》，分别在《一年级语法项目表》和《初等阶段语法项目（二）》专门设置了"动作的态"的语法点；《国际中文教育中文水平等级标准》在一级和二级语法点中都有"动作的态"这一条目，分别列出了"【一40】变化态""【一41】完成态""【一42】进行态"和"【二70】持续态""【二71】经历态"5个语法点。

（二）借用拉丁语语法术语，对术语不做过多解释

明末清初来华传教士所编的汉语作为第二语言教材，普遍以学习者已经具备拉丁语语法知识为背景来讲解汉语语法。因此，教材在介绍汉语语法时，会直接使用拉丁语语法体系中已有的术语，而不会对这些术语做过多的讲解。如拉丁语语法体系中有"名词、代词、动词、分词、介词、副词、感叹词以及连词"（瓦罗，1682/2003：30），无论是卫匡国

的《中国文法》，还是瓦罗的《华语官话语法》和马若瑟的《汉语札记》，都是首先分析汉语中是否有对应的词类，在发现汉语中有对应的词类后，便直接用这些术语来称说，根本不去对这些术语进行解释说明。

从现在的语言教学理念来看，该时期的教学语法在这方面具有一定的合理性。主要是因为长期以来的教学实践和研究表明：少用语法术语是描述语法点时应遵循的一个重要标准。如朱德熙（1987）指出："讲语法概念的目的，只是为了说明语法规律。我们不能本末倒置，把解释概念本身当成教语法的目的。"学习者的语言能力跟掌握多少语法术语没有密切的关系（Garrett，1986），因此，不应引导学习者把注意力放在语法术语和分类上（王力，1956），描述语法内容时也不应过多地使用语法术语。过多地使用语法术语，会增加学习者的负担，使其疲于理解和记忆一些晦涩难懂的术语概念。吕叔湘（1953）指出："很多人要求语法学家不用术语讲语法。这当然是理想的办法，可就是不容易办到。虽然不容易办到，跟一般人讲语法的确应该尽可能这样办。"因此，在描述每一个词的用法时，应"力求少一个术语，多用简单的文字说明"（吕叔湘主编，1999：4）。

（三）具有语言对比意识，重点介绍汉语语法特点

明末清初来华传教士所编写的汉语作为第二语言教材，对汉语与拉丁语语法的相同之处未做过多的介绍，而是重点讲解其不同于拉丁语语法的地方（即汉语语法特点）。这表明这一时期的来华传教士在一开始确定汉语教学语法的内容时就具有了语言对比的意识。如汉语跟拉丁语语法之间最为明显的不同——汉语缺乏形态变化，而拉丁语可以通过形态变化来表达"格""数""级""性""时态""式"等语法范畴，来华传教士不难发现这一点。因此，他们就在教材中详细地介绍汉语表达"格""数""级""性""时态""式"等语法范畴的手段，以让学习者认识到汉语在这些语法范畴表达上的特点。又如，汉语拥有丰富的量词，这也与拉丁语明显不同。明末清初来华传教士对此也都很重视，卫匡国、

瓦罗就把量词作为一个独立的词类进行了详细的介绍。马若瑟虽把量词作为名词的一个附类，但也同样用了大量的篇幅来讲解。

第二语言习得的研究结果表明，成人汉语学习者在语言学习过程中，能够利用已有的语言系统、知识结构和思维能力对汉语的语法进行逻辑思辨，从而产生一系列语言迁移现象。例如，学到一个语序排列，他们会马上跟母语里相对应的排列比较有什么不同（卢福波，2002）。因此，进行语法对比是选择汉语作为第二语言教学语法内容的一个重要步骤，也是学界的共识。

如吕叔湘（1992）指出："英语的语法跟汉语的语法比较，有很多地方不一样。当然，相同的地方也不少，不过那些地方不用特别注意，因为不会出问题，要注意的是不同的地方。"赵金铭（1994）指出："给外国人讲汉语语法，不能就事论事，只讲汉语本身。因为外国学生的头脑里早已先入为主地有了其母语或所学外语的语法规律，他们会时时拿来比附。如果通过语际对比来讲，就会更加显露汉语语法的特点。只有突出汉语语法特点并讲透了，外国学生才易于理解。"后来的这些研究证明，明末清初的来华传教士在构建汉语教学语法体系时，能够具有语言对比意识，重点介绍汉语语法的特点，是非常正确的做法。

（四）认识到了语序和虚词在汉语中的重要性

汉语的词语缺乏形态变化，因此词语之间的语法关系需要依靠语序和虚词来标明。《中国文法》里有如下一些表述："由于位置的变化，同一个词可分别做名词、形容词和副词"，"如果不是因为位置不同的话，形容词与名词的区别不大"（卫匡国，1653/2011：110），这表明卫匡国认识到了汉语语序的重要性。

《华语官话语法》在第一章"若干戒律"中明确指出："为了说好这种语言，有三件事要牢记于心：……第三，一个要素在句子里必须有适当的位置。这三点都是必要的，尤其是词序（word order），因为如果词不在适当的位置上，句子就会变得不能理解。"（瓦罗，1682/2003：12—

13)"我们的教士不要忘记这一点：措辞和词序是汉语的精要所在，缺了它们就不可能正确地说这种语言。"（瓦罗，1682/2003：17）

马若瑟同样注意到了汉语词序对意义表达的影响，即词序不同所表达的意义也不同。他在《汉语札记》中明确指出，形容词放在名词前和名词后，意思迥然不同，如"大房子"和"房子大"，"恶人"和"人恶"，等等（李真，2005）。

此外，明末清初来华传教士也都认识到了汉语中虚词的重要性。这从他们都努力寻找汉语中表达"格""数""级""性""时态""式"等语法范畴的虚词（卫匡国称作"助词"、瓦罗称作"小词"）就能看出。

明末清初来华传教士能够认识到汉语词序和虚词的重要性，这对他们学好汉语具有重要的意义。因为汉语中虚词数量众多，且用法复杂，功能多样，是表达语法意义的重要手段之一。一直以来的教学实践业已表明，学习者大量的语言偏误与虚词的使用有关，如虚词缺失、虚词误用、虚词搭配不当、虚词的摆放位置不当等（李泉，2017）。因此，掌握虚词的意义和用法也就成了学好汉语语法，乃至学好汉语的关键（陆俭明，1980）。

（五）重词法轻句法，以词法为纲

卫匡国的《中国文法》主要是用拉丁文写成的，有三章内容。第一章是讲汉语语音的，第二章和第三章才是讲汉语语法的。第二章有三节，分别为"名词及其变位""代词"和"动词的变位"；第三章有七节，分别为"介词""副词""感叹词""不常用连词""名词的原级、比较级和最高级""代词附录"和"数词和数量词"。这两章的内容基本上属于词法范畴。

瓦罗的《华语官话语法》对句法有所注意，单独设置了一章来介绍一些句法内容，即第十一章构句方式。但这一章的内容很有限，只是简单介绍了汉语的四种基本句型（两种主动句型：施动者+动词+受动者，施动者+动词；两种被动句型：受动者+表被动的小词+施动者+动词+

"的",受动者+施动者+动词),以及领属格、与格、宾语、离格、副词等在句中的位置。另外,第八章讲动词的变位时对祈使句式的结构有所介绍。

马若瑟的《汉语札记》对句法论述的严重不足是其一大缺憾(叶锋,2014)。虽然第一编第一章第二节名为"句法",但实际讲解的内容却是"级"范畴在汉语中的表达形式。第二编第一章名为"书本中的语法和句法",但下面三节的内容分别是"表多数的词""代词""字类活用",依然属于词法内容。整体而言,全书跟句法有关的内容不多,只是在讲有些词时会涉及一些句式和语序问题,如讲"把"的用法时,根据"把"的意义将它出现的句子分为了三类。但是,做此分类并不是为了深入认识"把"字句,而是为了突出"把"这个词的多义性。

明末清初来华传教士只注重汉语词法内容的讲解,显然是沿袭了古希腊—拉丁语语法教学和研究的传统。因为无论是狄奥尼修斯的《读写技巧》,还是普利西安的《语法原理》,都是只论述了词法。希腊语和拉丁语都是具有丰富形态的语言,只讲词法足以能够帮助人们理解和生成句子。因为词形变化能够清楚地表明词语在句中的位置和功能。但是,汉语中的词语缺乏形态变化、靠语序和虚词标明词语之间的组合关系,分析这种语言的结构规律,只讲词法显然是不够的。

(六)混淆名词和形容词的界限

明末清初来华传教士基本上都是将汉语名词和形容词混作一类。如卫匡国、马若瑟都是将形容词归入名词类当中。卫匡国在《中国文法》第三章第五节中主要介绍的是形容词"级"的表达,却命名为"名词的原级、比较级和最高级";马若瑟的《汉语札记》认为物质名词加上"的"就有了形容词的意思;瓦罗的《华语官话语法》第四章认为名词和形容词同属静词(nominal,西班牙文 nombre),静词有格但无时态,有比较级和最高级的区别。

明末清初来华传教士未能厘清名词和形容词的界限,主要原因有以下两点:

一是"在早期拉丁语法中，名词包括实体名词（noms substanties）和形容名词（noms adjectives）。形容名词也称为'附加名词'，是名词的一个附类，可变格，但要附加在实体名词上"（李真，2014：153—154）。传教士受拉丁语语法的影响，将拉丁语中实体名词和形容名词的关系套用在汉语中的名词和形容词的区分上，认为二者也理应同属一类。

二是汉语中词语缺乏形态变化，传教士们无法通过形态来判断汉语的词类。由于拉丁语中每类词充当的句子成分是基本固定的，通过观察词充当的句子成分也能判断出词类，因此当无形态可据时传教士势必会转而通过观察词语充当的句子成分来判断其类别。然而，汉语的词类与句法成分之间并非是一一对应的关系，名词和形容词都可以做定语、主语、宾语、谓语、状语，因此他们也就很难把两者区别开来。

（七）介词和副词的界定脱离汉语语法实际

明末清初来华传教士对汉语介词和副词的认识也比较模糊。比如，将一些方位词视为介词。汉语方位词的主要语法功能是放在名词后面构成方位短语，而方位短语"名词（名词性短语）+方位词"基本对应拉丁语的介宾短语"介词+名词（名词性短语）"，因此，明末清初来华传教士们就都简单地将汉语方位词看作介词。《中国文法》里介绍的介词基本上都是方位词，《华语官话语法》介绍的介词一大半都是方位词，《汉语札记》介绍的介词有10个，其中6个（里、中、上、下、前、后）都是方位词。

再比如，把时间名词和一些形容词、指示代词、数量短语等视为副词。这主要是因为明末清初来华传教士是依据拉丁语中副词的判定标准来判定汉语副词的。具体来说，一是靠句法位置，在句子中能够修饰动词或形容词的词语被认定为副词；二是靠语义，如果汉语句子中的某个词语翻译成拉丁语是副词，或者与拉丁语中的副词语义相近，那它也会被认定为副词。

正是因为简单地运用拉丁语中的副词判定标准，从而把汉语中很多能够做状语的形容词、指示代词、时间名词、数量短语等都误认为是副词。

如《中国文法》副词分为 19 类，其中实际上包含了一些时间名词、指示代词、形容词、数词和数量词等，如"今日、明日、昨日、前日、后日、后来""这里、那（哪）里、各处""善、妙、好、巧、多、少""一次、二次、十年多、十多年、第一"等。

《汉语札记》同样是简单靠句法位置和语义来判断副词的，只不过举例更多，还把一些文言疑问代词（"如何、何如"等）也看作了副词。而《华语官话语法》除了把动词前后、语义上修饰动词的词语看作副词，甚至还把名词的一些修饰成分和做主语的时间词也都看作副词，如把"年边来了""月尾采取"中的"边""尾"，以及"将暮来了""半夜来了"中的"将暮""半夜"，也都看作副词。

由于中国当时并没有出现系统的汉语语法著作，传统语文学的研究并没有对副词和介词进行划类（多以"虚字""助字"等统称），明末清初的传教士们无现成的研究成果可据，便简单地对照翻译进而依据自己母语中两类词的界定标准来区分汉语的副词和介词，最终做出不符合汉语词类实际的判断也就在所难免。

（八）对语气词的认识不充分

明末清初来华传教士并没有认识到汉语中的"语气词"的特殊性。在他们所编写的汉语教材中，有些对语气词根本不予理睬，如瓦罗的《华语官话语法》。有些虽对语气词有一定的关注，但并未将其视为一个独立的类，而是与其他类词混杂在一起，如《中国文法》把语气词混在了感叹词和连词中。该书第三章第三节"感叹词"，总共列出了 6 个词，其中实际上只有"嗳呼"是感叹词，"苦、苦恼、可怜、奇"是形容词，"哉"是语气词；这一章的第四节讲"不常用连词"，其中却讲了"也矣"，并又称它为"语气助词"。《汉语札记》构建的汉语词类系统中，语气词和连词、助词都没有作为独立的词类，而是跟一部分副词合在一起统称"虚词"。该教材中例解的虚词，有一些（如"也、耶、邪、阿、呵、呀、哩、呢、波、那、与、耳、焉、哉"等）应当归为语气词。可见，明末清初来华传教士对汉语语气词关注不够，没有认识到其是独立的一类词，这应该跟拉丁语里没有语气词有很大的关系。

二、以英语教学语法框架为基础构建的汉语教学语法体系

进入19世纪以后，外国人在编写汉语教材时普遍采取在本民族语言教学语法框架的基础上构建汉语教学语法体系的做法。19世纪来华的英美传教士、外交官和商人等数量不断增加，很多英美人开始编写汉语教材，于是就出现了很多以英语教学语法框架为基础构建的汉语教学语法体系（郑梦娟，2008）。而在19世纪，默里（Lindley Murray）的《英语语法》（*An English Grammar*）构建的英语教学语法体系影响比较大，1795年首次出版后就受到普遍欢迎，该书被认为是19世纪英语教学语法的一部力作（罗宾斯，1997：138）。因此，很多人都主要参照这本书里的语法体系来构建汉语语法体系。《英语语法》包括"正字法"（orthography）、"词源学"（etymology）、"句法"（syntax）、"韵律"（prosody）四个方面的内容，一些影响较大的教材，如马礼逊的《通用汉言之法》、马士曼的《中国言法》、艾约瑟的《汉语官话口语语法》等，其内容也都是由这四部分构成。

在内容编排上，19世纪的汉语教材虽然还是以系统教授汉语语法知识为主，但所提供的例句和语料已经较为丰富了。19世纪中期以后，很多教材已经采取将语法点编入课文中的方式，每课围绕几个语法点来编写课文，利用课文来操练语法和语言技能，并在注释中对语法点加以解释。有些教材还会编写一些练习对语法难点加以操练。在是否讲求语法内容编排的系统性上，教材主要表现出两种不同的取向：有的教材依然很注重语法知识的系统性，基本的语法点在课文中都得到了呈现，并在注释中得到了解释，同时还有单独的章节集中呈现语法点，如《语言自迩集——19世纪中期的北京话》等；有的教材则不是很注重语法知识

的系统性，而是注重让学习者通过课文的学习来获得语言能力，因此，通常只注释那些对汉语学习来说比较重要的或难度大的语法点，即编写者认为能够帮助学习者更容易地理解、运用课文中的句子以及生成一些常用结构的语法点，如《官话类编》《华英文义津逮》等。

由于我们最终要构建的是面向英语背景学习者的汉语作为第二语言教学语法格局和碎片化语法资源库，因此依据英语教学语法框架而构建的汉语作为第二语言教学语法体系，对我们来说更有参考价值。我们下面就着重分析这类教学语法体系。

以英语教学语法框架为基础构建的汉语教学语法体系，多是直接借用英语语法中的一些术语概念，并不做过多的介绍，如英语中有名词、动词、形容词，当时的汉语作为第二语言教材编写者就直接运用英语中这三类词的定义和判定标准来给汉语词语分类，并不去介绍这三类词具体的定义和判定标准。同时，对英汉相同的语法现象也不做过多的介绍。除此之外，这种汉语教学语法体系还有以下几个主要特点：

（一）"格""数""级"等语法范畴的汉语表达仍是体系的主要内容

西方语言中靠形态表达的"格""数""级""性""时态""式"等语法范畴，在汉语中是靠什么方式表达的？19世纪的英美学者对此做了更为深入的探讨。

马礼逊的《通用汉言之法》第二章《名词》包含五节内容，前两节分别讲了量词和后加小词"者"的名词，后三节则分别讲了名词的"数""格"和"性"；第三章《形容词》包含三节内容，分别介绍了形容词原级、比较级和最高级的表达方法；第四章《动词》包含六节内容，较为详细地介绍了不同语气类别的句子中动词时态的表达方式。

威妥玛的《语言自迩集——19世纪中期的北京话》明确指出，专门介绍语法的第一卷第八章"不是讲语法，也没有当作语法来写"，"只是企图在有屈折变化（inflected）的英语和无屈折变化（uninflected）的汉语这一语法条件下，给学生提供一些主要的参照和类比"（威妥玛，

1886 / 2002：18）。

另外，马士曼的《中国言法》、艾约瑟的《汉语官话口语语法》、狄考文的《官话类编》等，也都详细介绍了汉语里表达名词的"数""格""性"、形容词的"级"和动词的"时态""式"的具体方式。高第丕、张儒珍的《文学书官话》虽然没有用"格""时态""式"等术语，但该书所讲的六个"地步"、三个"时候"和三个"行法"，实际上就是在分别阐释名词的六个"格"、动词的"现在时、过去时、将来时"和"主动态、被动态"的表达方式。

直到20世纪初期，英美人编写的一些汉语教材依然如此。如郭利霞（2017）指出，禧在明的《华英文义津逮》最大的不足就是"套用西方语法体系来分析汉语，如现在时、过去时、将来时、'态'的描写"。

（二）认识到句末语气词的语气表达功能

《通用汉言之法》的第六章（《动词》），在探讨动词的态（情态、时态和语态）时，将动词的语气（mood）分为五种：陈述语气、祈使语气、可能语气、虚拟语气、不定式语气；《中国言法》则将动词的情态分为了六种，即在《通用汉言之法》的基础上增加了"祈愿语气"；《语言自迩集——19世纪中期的北京话》也将动词的情态分为六种，即在《通用汉言之法》的基础上多了"分词"；《汉语官话口语语法》分了四种：陈述、祈使、可能、祈愿；《文学书官话》也分了四种：陈述、疑问、祈使、感叹。值得注意的是，这些教材里所说的"mood"，并不是指句子的语气，而是因为英语语法中对动词有"mood"上的区分，这些教材的编写者便套用英语语法中动词"mood"的分类来对汉语动词进行分类。

然而，英汉在"mood"的表达上差异很大，英语中动词的"mood"决定了句子的语气，不管什么语气类型的句子末尾都没有单独的形态变化或词语来辅助表达语气，而汉语中不同语气的句子末尾往往会带有一些语气助词。19世纪有一些英美学者注重分析了汉语句子末尾出现的一些小词（particles）在句子语气表达上的作用。如《汉语官话口语语法》发现"哩"既用于陈述又用于询问,"呢、哪"等用作"陈述句尾词","么、呢、吗"等用作"疑问词";《官话类编》中把"吗"称作"直接疑问小词"(direct interrogative particle),认识到了"喇、咯、啊、哪、咧、哩、呀、哇"等"句尾小词"(final particle)在表达语气上的作用,把"呢"看作"间接问句的标志"(the sign of an indirect question),等等。但是,这些教材中都是把语气词和其他词类(叹词、疑问词)的一些词杂合为一类,未见有学者明确将语气词独立成类。

(三)增加了语素和短语两个层面

19世纪以前来华传教士所编汉语教材中,语法部分主要关注词的语法功能,也有一些涉及句子结构和语序等句法层面的内容,但对语素和短语这两个层面基本上未做关注或者关注甚少。就语素构词来说,由于西方语言以"词根+词缀"的派生构词为主要的构词方法,早期来华传教士也都不同程度地关注汉语派生造词的情况。如卫匡国(1653 / 2011:111)指出:"不可能成为形容词的名词,常常加上助词'子'。"这表明卫匡国认识到了汉语中有一些带有词缀"子"的名词。瓦罗(1682 / 2003:43)指出:"在汉语里,名词性的静词通常由一个单音节的词项构成,例如:风、水、人,有时候也可以在后面加'子''儿''头'三个小词,例如:桌子、面头、女儿。"然而,对于汉语中更常见的"词根+词根"复合或重叠的构词方式,19世纪以前的汉语教材中却鲜有论述。

进入19世纪后,一些汉语教材对汉语的构词方式进行了较为详细的介绍,尤其是对合成词的结构做了深入的分析。如《中国言法》对合成词的构造做了如下分析:名词后加"人、匠、子"构成表示阶层和职业的词,如"庖人、木匠、桌子、夫子"等;重复相同汉字构词,如"巍巍、战战兢兢";两个近义汉字构词,如"疾病、畏惧";"然"加在其他汉字后面构成副词,如"默然、欣欣然";两个不同的汉字构成的不同结构类型的词,如"天下、规矩、执鞭"等。

《汉语官话口语语法》对汉语的构词方式分析得更为深入和全面,

在第二部分词类的第四章《名词》、第六章《形容词》、第八章《动词》和第十章《副词》中，都是先较为详细地介绍该类词的构成和类别，主要分析了由两个或两个以上语素（字）构成名词、动词、形容词和副词性合成词的方式，以及它们的结构类型。如第四章将名词性合成词的结构分为："种+属"，例如"闰月、母亲、洋货"等；"整体+部分""领有者+领有物""本质+偶有属性"，例如"家伙、家庭、脚跟、脚底、刀尖儿、刀把儿、桌帷、桌面、耳珠"等；"物质+形式"，例如"账房、脑袋、铜盆"等；重叠词，例如"哥哥、太太、妹妹"（关系名词"relative nouns"）、"一点点、一丝丝儿"（指小词"diminutives"）等；借助韵律、对偶或其他一些手段构成的名词，例如"祸福、家乡、天地神佛、笔墨纸砚"等；"头、儿、子、夫、匠"等词缀、类词缀与词根构成的派生词，例如"木头、雀儿、箱子、马夫、木匠"等。

无论是马士曼的《中国言法》，还是艾约瑟的《汉语官话口语语法》，在介绍两个或两个以上的语素构成的合成词时，实际上都把一些短语当作了合成词，在一定程度上也可以说明这两部教材都对短语的结构已有所论述。不仅如此，《汉语官话口语语法》还在第三部分句法中单列两章——第四章《字组的内部结构》和第五章《字组的外部关系》对短语的内部结构和句法功能做了专门的介绍。高第丕、张儒珍的《文学书官话》明确表明短语是由词构成的高一级单位，认为汉语的语法单位分"字—读—句头"三级（即我们现在所说的词、短语和句子），并依据内部结构和外部（句法）功能的不同，将短语分为六类：纲读、目读、余读、枢读、用目读、扣目读。

（四）将方位词从介词中分立出来

19世纪以前，汉语方位词一直被视为介词。进入19世纪后，马士曼的《中国言法》首先认识到了汉语方位词的特殊性，不再因为它对应于西方语言中表地点的介词，就简单地把它看作介词，而是把它从介词里分立出来，叫作后置词（postposition）。狄考文的《官话类编》也将方位词看作后置词的一类。能将方位词从介词中分出来，这表明他们在对方位词的认识上挣脱了拉丁语语法体系的束缚，开始立足汉语实际来分析方位词的性质问题。

1857 年出版的《汉语官话口语语法》虽然还将单音节方位词（如"中、后、下、里、内、上、前、外"等）看作介词的一类——后置介词，但至少是把方位词跟其他介词分开了。该教材出现了"方位词"的概念，但主要指的是"面、方、首、边、头"等。实际上，这些所谓的"方位词"与我们现在所说的合成方位词的后缀所指相同。这些后缀与"东、西、南、北、左、右、前、后、里、外"等构成的合成方位词，在该教材里被看作"复合名词"（艾约瑟，1857 / 2015：126），这表明艾约瑟已经认识到合成方位词实际上是名词的一类。

高第丕、张儒珍的《文学书官话》将方位词（包括单纯的和合成的）从介词中分立出来，作为一个词类——示处言，而且明确表示它是"名头"（即名词）的一类。这种认识已经跟现在学界的主流认识一致了。

（五）将形容词从名词中独立出来

英语中名词和形容词的区别非常明显，受母语教学语法体系的影响，英美的汉语学习者会先入为主地认为汉语中也应该有名词和形容词这两类词，所以，19 世纪的汉语作为第二语言教材普遍没有再把形容词和名词混为一类。如《通用汉言之法》指出："在汉语中，形容词跟名词一样，都是不可拆分的单音节词。"（马礼逊，1811 / 2018：43）《中国言法》划分词类的标准主要有两个：一是根据词所处的句法位置和所表达的意义来判断，做主语和宾语、表示事物的是名词，放在名词前做定语、表示事物性质的是形容词；二是靠翻译，如果汉语词所对应的英语词是形容词，那么就判定它在汉语中也是形容词。依靠这两个标准，马士曼将汉语名词和形容词较为清晰地区分开来。

虽然《汉语官话口语语法》认为汉语中一个词既可以用作名词，也可以用作动词或形容词，只能宽泛地将汉语的词类分为实词和虚词，但是该书还是较为明确地区分了名词、动词和形容词。分析全书，我们可以发现，该书之所以能够把名词、动词和形容词区分开来，主要是借用了英语的词类判断标准，即"形态+意义"。一方面依据意义来辨别词类，另一方面依据该词前后表达"性、数、格、时态"等语法范畴的辅助词。由于借助英语词类判断标准辨别出来的汉语词类，不能与汉语句子成分一一对应，该书就又得出了这样的结论：汉语词的词性随着它在句子中位置的变化而发生变化。

另外，《语言自迩集——19世纪中期的北京话》《文学书官话》《官话类编》等也主要是依据英语词类判断标准来辨别汉语词类的，对名词和形容词都做了较为明确的区分。

（六）发现量词的分类功能，将动量词从副词中剥离出来

早期的汉语作为第二语言教材主要关注的是量词的计数功能，如瓦罗（1682/2003：126）将量词称作"de los numerale"。进入19世纪后，《通用汉语之法》《汉语官话口语语法》依然关注的是量词的计数功能，所以分别将量词命名为"numerals"和"numeratives"。但是，19世纪很多的汉语作为第二语言教材对量词的内涵和外延都有了更深的认识。

在对量词内涵的认识上，很多教材已经不局限于关注量词具有计数功能，还发现了量词的分类功能。如《中国言法》把量词称作"generic particles"；《官话类编》把量词称作"classifiers"；《文学书官话》把量词称作"分品言"，解释为"分出名头的品类"（高第丕、张儒珍，1869/1877：19）；《语言自迩集——19世纪中期的北京话》虽然把量词命名为"numeratives"，但又指出："细察那陪衬字（即量词）的使用，像是把一切能分不能分的名目（即名词）明白指出的意思"，"指出所说名目为总类之哪一项"（威妥玛，1886/2002：406）。这些命名及解释表明学者们已经认识到了量词的分类功能。

在对量词外延的认识上，很多教材不仅关注名量词，还将原来一直被视作副词的动量词剥离出来，纳入了量词。如《通用汉言之法》所

说的"数量词"（numerals）虽然主要指名量词，但该书对名量词的意义和作用已经有了更深的认识，认为"它们的作用不但可以用于计算，而且用于指称一类事物"，"数量词暗示了名词的一些性质或意义"（马礼逊，1811/2018：20）。有一点值得特别注意的是，该书所例举的数量词中有一个是动量词"下"，并明确指出"下"是"用来称量用手或者棍棒敲击的数量词，例如：打一下，他打那个人不过是一下"（马礼逊，1811/2018：26—27）。这表明马礼逊并没有将自己所说的"数量词"完全限定于名量词。但是，马礼逊对汉语动量词性质的认识还不是很清楚，虽正确认识到"（一）下"是数量词，却把典型的动量短语"一次""二次""三次"看作"次数副词"（adverbs of number）。

《汉语官话口语语法》则明确把动量词归入了量词类。该书将"量词"（numeratives）看作第二类名词，并将量词分为了以下几类：普通名词的量词、物质名词的量词、集体量词、表示种类或者方式的量词、适用于动词的量词，这不仅对名量词做了更为详细的分类，而且明确地把动量词看作量词中的一类。

（七）对副词的分析更为深入但判定标准存在问题

19世纪，编写汉语作为第二语言教材的英美学者主要是按照英语中判定副词的标准来判断汉语副词的。这与19世纪前来华传教士的判定标准一样，即主要依据意义和翻译来判别，只不过是参照的语言由拉丁语、西班牙语等换成了英语。正因为如此，《通用汉言之法》列举的副词包括了动词前后出现的一些形容词，如"快、慢慢、明白、多、少"；数词，如"第一、第二"；数量短语，如"一次、两次、三次"；代词（指示代词、疑问代词），如"这里、那里、如何、怎么样"；时间名词，如"今天、从前、将来"。从整体上看，《通用汉言之法》跟《中国文法》对副词的判断标准基本上是一致的，但在分类上《通用汉言之法》更加注重词语所表达的意义，分出来的各个小类的内部同质性更高，如把时间副词进一步细分为现在时间、过去时间、将来时间和不定时间四类。

《汉语官话口语语法》对副词的分析更为深入。该教材首先将副词分为"原生副词"和"派生副词"、"简单词"和"复合词",然后深入分析复合副词的构造类型,最后详细阐释方式副词、强度和数量副词、时间副词、方位副词、肯定否定和强调副词等。不仅对每一类副词中所包含的小类做了详尽分析,还详细列出了各小类的典型成员。另外,该书还把一直以来都被认作副词的动量短语从副词中剥离出来,并归入了量词。

综观19世纪的汉语作为第二语言教材,我们发现,当时的教材编写者依然是生硬地套用西方语言的标准来判定汉语的副词,没有认识到汉语中动词、形容词的修饰语有状语和补语之分,也没有认识到汉语中做状语的词类不仅限于副词,名词、动词、形容词、叹词、象声词、数量短语等也可以做状语。因此,他们对副词的认识,跟我们现在的认识还相差很大。

(八)建立了比较完整的句法体系

跟17、18世纪的汉语作为第二语言教材一样,19世纪的一些汉语作为第二语言教材也明显地表现出重词法轻句法的倾向。如《语言自迩集——19世纪中期的北京话》主要关注词法内容,书中没有独立的句法章节,只是在讲动词的情态、时态和语态过程中涉及了一些句式的内容。《官话类编》也只是对反复问句、处置句、被动句和使役句这几个句式做了特别的注释。

不过,很多的教材,如《中国言法》《通用汉言之法》《汉语官话口语语法》等,除了在词法部分涉及了一些句法内容之外,还专门设置了介绍句法内容的章节。《中国言法》中的《句法》一章,内容还比较少,仅是介绍了几项汉语特有语法现象,如方位词和语气词的特殊用法,与英语连词的用法差异,双重否定句的结构和意义,等等。

《通用汉言之法》中的句法内容相对丰富,涉及了词语之间的组合顺序、语义关系和一些结构的表达功能等。该书的第十二章(《句法》)中,首先强调了语序在汉语中的重要性,明确指出:"词语要放在句子中正确的位置可以说是汉语语法的全部。"(马礼逊，1811 / 2018：159)接着，该书介绍了汉语中一些词语的组合顺序问题，如"主格名词后面跟着所有格""在官位后面跟着担任这个官位的人的名字""动作的时间，先于表示该动作的动词""表示时间时，年放在月的前面，月放在日的前面""形容词通常放在名词前面""当形容词需要特别强调时，可把它放在名词之后，有时候也与副词同时出现""有时形容词和名词被动词分隔开来"等(马礼逊，1811 / 2018：159—162)。最后，该书介绍了两个句法结构的语义问题，一是指出"放在句首的'无'是指向后续的每个成分，除非表达上有转向"(马礼逊，1811 / 2018：161)；二是指出"双重否定表示强烈的肯定"(马礼逊，1811 / 2018：161—162)。

我们所见到的19世纪的汉语作为第二语言教材中，《汉语官话口语语法》可以说是最为注重句法的。该书正文包含三个部分：语音、词类和句法，句法部分又分为十一章，除了第十章《对偶》、第十一章《韵律》现在不被看作句法内容外，其他九章讲的都是句法。较为全面地介绍了汉语句法的各个方面，如语序、短语的结构和功能、句子成分、词与句子成分的对应关系、短语与句子成分的对应关系、单句、复句、句子的省略和扩展等。可以说，《汉语官话口语语法》较为完整地构建了汉语作为第二语言教学语法的句法内容框架。

三、《国语入门》《汉语教科书》构建的教学语法体系

(一)《国语入门》构建的教学语法体系

《国语入门》除了附录外，主要包括三部分的内容：

第一部分《导论》，这部分是用英文写成的，分为五章：第一章《汉语概说》、第二章《发音和罗马式拼音》、第三章《语法》、第四章《汉字》、第五章《学习方法》。

第二部分是《基础工作》，主要是汉语语音训练课程材料。

第三部分为《会话课文》，共24课，每课首先是课文内容的逐句英

文翻译，然后是用国语罗马字拼音法式拼写的课文，课文下是用英文对课文中的生词和语法点所做的注释，最后是练习。

从章节安排上来看，涉及教学语法内容的是第一部分第三章和第三部分。第一部分第三章分为 7 个部分，共 37 条，内容涉及语素与词的关系、语素的类型、构词法、词类、短语的结构类型、句型、句类以及一些语法点的汉英对比。这一章所提到的语法点，绝大多数在第三部分会话课文下面的注释中得到重复介绍或进一步补充、细化，这一章中用"See also Note xx, p. xx" "See Lesson xx, Note xx, p. xx" "more examples in Note xx, p. xx"等提示读者注意第三部分课文下面的相应注释。有些语法点还成为会话课文的内容，如第一部分第三章 47 页简单提到替代功能的结构中有一类是人称代词，而第三部分的第一篇会话课文是围绕着"人称代词"这个语法点编写的，使得这一语法点得到深入学习和强化训练；有些语法点通过课文后的练习题加以训练，如第一部分第三章 59 页介绍了"是非问句"，同时指出这个语法点会在第三部分 139 页的练习三中进一步训练。

《国语入门》里的语法体系是以结构主义语法学为理论基础，在英汉语法对比的基础上构建起来的。语法框架里有语素、词、短语和句子（单句）四级语法单位。

语素有自由语素和黏着语素之分，语素构造成词的方式主要有重叠、变音、派生、复合。根据语素间的结构关系，复合词分为主谓式、联合式、偏正式、动宾式、动补式。

按照语法功能建立的词类系统是：限定词、辅助名词（即量词，又分专用名量词、度量词、临时量词、动量词和准量词）、名词、时间词、处所词、方位词、代词、动词（含形容词）、介词、副词、连词、叹词。

按照结构类型，短语分为主谓、联合、偏正、动宾、连动短语。按照结构分类，句子分为完整句（主谓句）和不完整句。主谓句中，主语又分为名词性主语（最常见）、动词性主语、主谓短语做主语、兼语主语，谓语又分为动词性谓语（最常见）、名词性谓语、主谓短语做谓语。

这个语法框架里并没有复句，更没有近些年一直有人建议增补的句群（语段）和篇章等所谓的"更大的语法单位"。这个体系里所说的"动补式复合词"实际上包括当今学界所说的双音节动补短语，词类系统中所说的"限定词（determinative）"实际上是位于量词前面的词语构成的一个杂类，有数词、指示代词、疑问代词和其他代词，赵元任之所以将量词前面的成分单独归到一个词类，这是按照结构主义语法依据位置判定词类造成的结果。

除了对语素、词、短语和句子这四级语法单位的类型进行分析和概述之外，《国语入门》还专门介绍了英语的一些语法范畴如何翻译成汉语的问题，这是站在学习者角度考虑语法学习问题的表现，出发点跟之前的汉语作为第二语言教学语法体系是基本相同的，都非常关注学习者熟悉的语言或母语中的一些语法范畴在汉语中的表达形式。

（二）《汉语教科书》构建的教学语法体系

《汉语教科书》由绪论、语音和语法三部分构成。绪论部分主要是概述现代汉语的特点。语音部分是按照每天1课、2周（每周上6天课）教完的量编写的，共12课，1—8课是语音理论知识，9—12课是口语练习，集中操练前8课学习的语音。语法部分是按照每天1课、10周教完的量编写的，共60课，共讲授了170个语法点，每6课一个单元（前5课讲授新语法点，第6课复习）。

为了方便学习者复习，在72课之后列了一个《基本语法复习提纲》，对60课里的语法内容做了简单的梳理，形成了一个语法框架，包括词的分类、句子的分类、句子成分、时间和情貌、几种常用的动词谓语句、复句以及表达方式等。通过这个提纲，我们能够更加清楚地认识该教材所构建的教学语法体系。

该体系跟指导中小学语法教学的《暂拟汉语教学语法系统》一样，也是一个综合了多家语法理论的"语法拼盘"，基础则是传统语法，比如以词和句子为中心，重视句子结构分析，采用传统的句子成分分析法（孙德金，2011a）。

它"以当时的汉语语法理论研究为基础，广泛参考、采纳了《国语入门》、'暂拟系统'、《现代汉语语法讲话》和王力、吕叔湘等人的研究成果，根据对外汉语教学的特点和需要，建立起一个包括外国成年学生应掌握的基本汉语语法知识的语法体系。堪称理论与实践相结合的成功范例"（祖人植，2002）。

"这一体系的科学性表现在它广泛地吸取了当时中国语法学界各家的研究成果，博采各家之长，同时又在充分体现汉语自身特点和针对外国人学习汉语的特点的基础上自成一家之说，与当时教本族人的教学语法体系《暂拟汉语教学语法系统》相比，有很明显的区别，可谓同中有异，不乏创见。它结合交际的需要，突出了句子系统、表达系统、情貌系统和补语系统。在结构上，切合外国人学习汉语的需要，按语言学习规律对语法系统进行了切分，每课安排3—4个语法点，结合语法材料进行教学；在编排次序上，做到了循序渐进和分散难点，表现出了极高的技巧；在表现语法规则上，主要采取了线性序列，以利于外国人模仿造句，而且成功地通过汉外对比、意义相同或相近的词语和句式的对比以及对语法运用条件细致入微的描写，体现了对外汉语教学的针对性。因此它在结构系统上既合理又实用。"（吕文华，2002）

《汉语教科书》的语法体系中，只有两级语法单位：词和句子。词类系统包括名词、代词、动词、形容词、数词、量词、介词、副词、连词、助词、叹词。句子分单句和复合句，单句按结构分双部句和单部句（又分无主句和独词句），按用途分陈述句、疑问句、祈使句和感叹句；复合句按关联词分为了7类。这些分类跟《暂拟汉语教学语法系统》基本一致，这也被很多学者用以指责《汉语教科书》没有摆脱母语教学语法的束缚。实际上，《汉语教科书》对语法内容的选取，在很多方面都具有明显的第二语言教学语法的特点：(1)无论是对词类的讲解，还是对句法的分析都不讲求内容的系统性，而是重点突出汉语语法特点。如形容词类方面的内容，既不注重术语的解释，也不注重内部的分类，而是主要对汉语形容词的特点（相对于印欧语）——形容词重叠做重点介绍。(2)注重语法点的常用性。如在选取副词、介词、连词、助词的语法点时，只选择了几个常用词。(3)从学习者的角度考虑语法学习问题，注重印欧语中常见语法范畴在汉语中的表达方式。如之所以专门讨论汉语中时间和情貌的表达，就是因为印欧语中时间和情貌范畴是用形态表达的，而汉语中却不是，那"汉语里到底会用什么形式来表达这些范畴"是印欧语背景的学习者普遍关注的问题。(4)注重选取汉语作为第二语言学习者普遍感觉较难的语法点，如重叠式、修饰语与中心语之间"的、地、得"使用和省略、体词谓语句、形容词谓语句、特殊句式、疑问词活用等。

第三节　汉语作为第二语言教学语法大纲的编制和发展

《汉语教科书》奠定了汉语作为第二语言教学语法内容的基础，随后的教学和出版的教材多是参考该教材来选择和编排语法点。虽说该教材在教学语法内容的选取和编排上，"既有系统性又有针对性，较好地体现了循序渐进的原则"（刘珣、邓恩明、刘社会，1982），在当时从各个方面来看都是非常优秀的（吕文华，2008：10—11），但随着后来教学经验的进一步积累和教学研究的进一步深入，其体系上的不足也就逐渐凸显出来。因此，虽然几十年来汉语作为第二语言教学语法体系没有发生根本性、实质性的变化，但我们在教学和教材编写中一直都在不断吸收新观点、新成果，汉语作为第二语言教学语法体系也始终在朝着更加科学与完善的方向不断前进。对于《汉语教科书》之后的汉语作为第二语言教材在语法内容上的创新，任远(1985)、鲁健骥(1993a)、吕文华(2008：24—53)和李泉、金允贞(2008)等都做了较为深入的对比分析，清楚地揭示了一些影响较大的教材对《汉语教科书》的继承与创新。

　　随着汉语作为第二语言教学规模的不断扩大，更多的人投身到师资队伍当中、投入到教材的编写工作当中，他们的水平参差不齐，如果没有标准可依据和评判，教学和教材的质量就难以保证。因此，汉语作为第二语言教学的标准建设势在必行。教学大纲的研制是标准建设的一项重要内容。相关机构组织了教学和研究经验丰富的专家集体开展了汉语作为第二语言教学大纲的研制工作，教学语法大纲的研制是其中的重要组成部分。以大纲的形式把不同阶段应该教哪些语法点固定下来，使得"教有所依"，"编有所依"。

　　当然，由于教学在不断发展、教学对象在不断变动、教学经验在不断积累、教学研究在不断深入，教学语法大纲的内容也应不断调整，使之更能突出教学的重点和难点；类型也应不断丰富，开发出针对不同学习时限、不同学习目的、不同背景的教学对象的大纲，使之更具针对性。时至今日，相继出台的各种类型的教学大纲和标准有10余种，其中影响比较大的、含有基础阶段教学语法内容的主要有：(1)《汉语水平等级标准和等级大纲（试行）》(中国对外汉语教学学会汉语水平等级研究小组，北京语言学院出版社，1988)；(2)《对外汉语教学语法大纲》(王还主编，北京语言学院出版社，1995)；(3)《汉语水平等级标准与语法等级大纲》(国家对外汉语教学领导小组办公室汉语水平考试部，高等教育出版社，1996)；(4)《对外汉语教学初级阶段教学大纲》(杨寄洲主编，北京语言文化大学出版社，1999)；(5)《高等学校外国留学生汉语言专业教学大纲》(国家对外汉语教学领导小组办公室，北京语言文化大学出版社，2002)；(6)《高等学校外国留学生汉语教学大纲（长期进修）》(国家对外汉语教学领导小组办公室，北京语言文化大学出版社，2002)；(7)《国际汉语教学通用课程大纲》(国家汉语国际推广领导小组办公室，外语教学与研究出版社，2008)；(8)《国际汉语教学通用课程大纲（修订版）》(孔子学院总部/国家汉办，北京语言大学出版社，2014)；(9)《国际中文教育中文水平等级标准》(教育部、国家语委，北京语言大学出版社，2021)。这些大纲的发展变化，基本上能够反映《汉语教科书》之后汉语作为第二语言教学语法体系的发展变化。因为这些大纲是学界中坚力量集体教学经验和学术思想的结晶，是各个时期教学和教材编写的依据和标准，在语法点选取上的变化反映的是学界在教学语法点选取上的主流观点。分析它们的内容和发展变化情况，能够让我们认识到当前汉语作为第二语言教学和教材中基本的语法内容，了解汉语作为第二语言教学语法的基本框架、哪些语法点是公认的教学语法内容、哪些语法点作为教学语法内容还存在争议等，为我们构建语法格局和建设碎片化语法资源库提供借鉴。

一、《汉语水平等级标准和等级大纲（试行）》

《汉语水平等级标准和等级大纲》（以下简称《等级大纲1988》）是我国最早研制出的汉语作为第二语言教学大纲，由中国对外汉语教学学会负责组织，来自北京语言学院、上海外国语学院、北京师范大学、南开大学和北京大学的7位教学经验丰富的专家组成研究小组具体研制。研制过程中参阅了新中国成立以来出版的一系列影响较大的对外汉语教材、语法著作、外语教学大纲、有关汉语句型统计的著作以及北京语言学院内部有关大纲、句型统计的资料。原本打算研制出《汉语水平等级标准》《词汇等级大纲》《语法等级大纲》《功能、意念等级大纲》和《文化等级大纲》，但受时间和其他条件的限制，最终只研制出《汉语水平等级标准》的一至三级、《词汇等级大纲》和《语法等级大纲》的甲乙丙三级，其中甲乙两级大纲适用于初等水平（一级和二级）的汉语教学，相当于四年制留学生汉语本科专业一年级阶段的教学。《等级大纲1988》的制定在汉语作为第二语言教学史上具有划时代的意义，它标志着汉语作为第二语言教学在课程设置和教材编写方面朝着科学化、标准化和规范化迈出了关键性的一步（吕文华，1992）。

如果严格区分词汇教学和语法教学的话，该大纲中的《语法等级大纲》的内容并不是纯粹的语法知识，而是有很多属于词汇教学的内容，尤其是乙级和丙级大纲里的所谓"语法点"，很多都是具体的词语。"这突破了一般意义的语法范围，大量的语素、词汇成分进入了语法大纲，造成语法和词汇界限的模糊。"（孙德金，2012）从该大纲的编写说明里可知，这是编写者故意为之，他们故意让词汇大纲的一些词项（词和固定短语）又在语法大纲里出现，以便两者相互照应，更是为了提醒教学者或教材编写者在教学这些词语时要注意它们的用法。

甲级大纲，共133项，注重呈现的是汉语作为第二语言教学语法框架，这个语法框架是学习者能够理解和生成常见汉语语法结构所必需的，也就是说，学习者如果能够完全理解和运用这些语法项，那么在脑海中就可以构建起汉语基本的语法框架（汉语各级语法单位之间最基本的组合和聚合关系）。这个框架与《汉语教科书》所构建的框架基本相同（程棠，2008：93）。乙级大纲有249个语法点，补充、深化和扩展甲级大纲构建的语法框架，也包括一些实用意义较强的常用词语和固定格式。丙级大纲则主要是一些实用意义较强的常用词语和固定格式，共207个语法点。

甲乙两级大纲合起来基本上形成了一个相对完整的教学语法系统，而这个系统与《汉语教科书》以来基础汉语教材中的语法系统基本相同，主要有以下的几点差别：(1)把语气助词"了"看作动作变化态的标志；(2)充当趋向补语的简单趋向动词由"来、去"扩展为"上、下、进、出、回、过、起、来、去"；(3)依据结构主义语言学理论将"宾语前置"看作主谓谓语句；(4)增加了提问的方法，介绍了10种提问法；(5)程度补语的范围有所扩大，既包括"动词/形容词+得+……"结构，也包括"动词/形容词+死/透/坏/多/极了"（吕文华，1992）。

二、《汉语水平等级标准与语法等级大纲》

《汉语水平等级标准与语法等级大纲》（以下简称《等级大纲1996》）

是在《等级大纲1988》的基础上参考更多的相关理论语法、教学语法的研究成果修订而成，甲乙两级大纲保留了后者的大量内容，但丙级大纲的内容变动较大，此外又增补了丁级大纲，丙丁两级的语法点数量很大，分别是416个和500个，使得整个语法大纲的语法点数量达到了1168个。在语法框架上，最大的变化是在丙、丁两级大纲中增加了大量的有关语素的语法点，并把句群也作为语法教学单位，成了丁级大纲的重要内容。另外，从乙级大纲开始编制了离合词的语法点，从丙级大纲开始编制了口语格式的语法点，在丙级大纲中增加了有关词组语法功能和语义类别的语法点，这也都是《等级大纲1988》中所没有的。语法大纲要增加有关语素、词组、句群和口语格式的语法点，这些都是吕文华（1992）所建议的。整个大纲包含的语法项目类型有18种：语素、词类、词的构成、词组、固定词组、固定格式、句子成分、句子的分类、几种特殊句型、提问的方法、数的表示法、强调的方法、动作的态、反问句、口语格式、复句、多重复句、句群。

三、《对外汉语教学语法大纲》

跟《等级大纲1988》《等级大纲1996》相比，《对外汉语教学语法大纲》（以下简称《语法大纲1995》）没有非常明晰地分列语法项或语法点，这种情况下也就没有对语法点进行定量和分级。整体来看，《语法大纲1995》虽称作"大纲"，实际上却是一个完整的汉语作为第二语言教学语法体系，非常注重系统的完整性，是编制者对汉语作为第二语言学习者掌握汉语语言能力、获得汉语交际能力所需汉语语法知识思考的结果，是对一个成功的汉语作为第二语言学习者脑海中最终形成的汉语语法系统的构拟。这种思考和构拟，是以王还为代表的一大批长期耕耘在汉语作为第二语言教坛的卓越专家，在总结40多年的对外汉语教学经验、吸收40多年来的对外汉语教学研究成果的基础上进行的，因此科学性较强、专业水平较高。

赵金铭(2018)认为,《语法大纲1995》是对外汉语教学语法发展史上最具代表性的教学语法大纲,但同时也指出,该大纲在长期的使用过程中逐渐暴露出其短板,出现了很多亟待解决的问题,其中的一个问题是将语法规律和语法事实混同编写,缺少一个初学者最需要的简约的语法框架,或称语法格局。另外,由于没有分级,教学者和教材编写者依据大纲教学和编写教材时,对哪些语法内容应先出现,哪些语法内容后出现,还需进一步分析和研究。

《语法大纲1995》包括5个部分:(1)汉字、音节、词;(2)词类;(3)词组;(4)句子成分;(5)句子。

四、《对外汉语教学初级阶段教学大纲》

《对外汉语教学初级阶段教学大纲》(以下简称《初级大纲1999》)由教学、语法、功能、情景、考试和词汇等6个大纲和附录(阐述大纲编写思路的5篇论文)构成。其中的《对外汉语教学初级阶段语法大纲》(以下简称《初级语法大纲》)由两大部分组成,第一部分是"语法概要",第二部分是"语法大纲条目"。

附录中的第一篇论文《编写〈对外汉语教学初级阶段语法大纲〉的思路》指出,《初级语法大纲》是编制者在总结我国对外汉语教学经验的基础上,从新的角度思考语法教学,沿着"表达意念—句法结构—语义—语用—正误对比"的思路研制而成。大纲编制者的目的是"为第二语言学习者构建一个新的语法学习模式,用符合人类交际时的思维习惯和外国学生学习汉语之初的心理,来对汉语学习者进行先意义后形式的语法教学"。因为"从意义到形式的语法描写比从形式到意义的描写更符合外语学习者的学习心理和接受习惯。一个从没有接触过汉语的外国人,来到中国首先想到的是如何用汉语表达自己想说的话"。

正是因为编制者有这样的思路和目的,这个大纲凸显出两个重要的特点:(1)从意义到形式确定和描写语法点。首先分析外国留学生在对外汉语初级阶段会产生哪些表达意念,然后看这些意念的汉语表达形式(句法结构),接着对这些句法结构进行语义、语用描写(即这个句子是在什么情况下说的、是谁说的、对谁说的、为什么说等),最后指出学习者可能出现的偏误。(2)遵循由易到难、循序渐进的原则,按照语法项目在初级阶段课堂教学中出现的先后顺序来编序,所以也可以叫语法排序大纲。

  大纲中共有120个语法条目,这些语法条目都是编制者在分析和总结以往课堂语法教学经验、统计和分析北京语言大学历年来使用教材的语法点、借鉴和吸收对外汉语教学界语法研究成果的基础上,为适应对外汉语初级阶段教学对象、教学任务和课时规定而挑选出来的最基本、最常用的语法点。比如,"把"字句一直以来被认为是对外汉语教学中的难点,但初级阶段的学习者不必掌握这个语法点的全部内容,因此大纲并未对其进行全面描写,而是只选择了表达以下三种意义的:(1)使某事物发生位移或改变状态,第91个语法条目,基本句式是"主语(施事)+把+名词$_1$(受事)+动词+在/到/给/成+名词$_2$"。(2)表达请求、命令和愿望,第92个语法条目,基本句式是"把+名词(受事)+动词+补语"。(3)表达动作行为的目的,第93个语法条目,基本句式是"把+名词(受事)+动词+结果补语"。

  "语法概要"在内容上分三节:词类、词组和句子,主要介绍的是汉语语素类型、语素构词的方式、汉语各类词的具体分类、汉语词组的构成方式和结构分类,以及汉语单句的结构分类、功能分类和依据分句的语义关系对复句的分类,等等。构建了一个由"语素、词、词组和句子(单句和复句)"四级语法单位组成的汉语语法框架,呈现了各级语法单位基本的聚合和组合关系,并对相关语法术语做了解释,为分列"语法条目"奠定了术语基础。"语法条目"列举语法点时就不必再对相关术语进行解释,同时也能够让大纲使用者清楚了解相关语法点在语法系统中的位置、所属的语法类别。

五、《高等学校外国留学生汉语言专业教学大纲》

进入 21 世纪，无论是汉语作为第二语言教学的学历教育还是非学历教育都得到了突飞猛进的发展，学生人数、教学机构数量都大大增加，但由于缺乏统一的教学大纲，各教学机构基本上都是按照自己的经验和思路安排教学，在教学内容上差别较大。为了规范全国的汉语作为第二语言教学工作，国家汉办组织编写了《高等学校外国留学生汉语言专业教学大纲》(以下简称《专业大纲 2002》)、《高等学校外国留学生汉语教学大纲（长期进修）》和《高等学校外国留学生汉语教学大纲（短期强化）》三个大纲，作为组织教学、编写教材与检查教学质量的基本依据。其中，只有《高等学校外国留学生汉语教学大纲（短期强化）》没有专门编制"语法项目表"，而是直接运用《等级大纲 1996》，并规定只要掌握该大纲对应等级语法点的 80% 左右即可。

《专业大纲 2002》是为就读本科专业"汉语言"的母语为非汉语的外国人或海外华人华侨制定的，学习内容分布在 4 年 8 个学期中，总学时为 2800—3000 个。该大纲中的《语法项目表》，分《一年级语法项目表》《教学语法项目序列》《二年级语法项目表》《三、四年级语法项目表》。表中的语法项目和序列，在实际教学中可以根据不同的教学对象和教学条件做适当增减和调整。

六、《高等学校外国留学生汉语教学大纲（长期进修）》

《高等学校外国留学生汉语教学大纲（长期进修）》（以下简称《进修大纲 2002》）是为面向来华留学生开展半年以上、三年以下非学历汉语教学所编制的大纲。该大纲后附四个表：《词汇表》《汉字表》《语法项目表》《功能项目表》。其中的《语法项目表》是在吸收汉语作为第二语言教学最新的、比较成熟的研究成果的基础上制定而成，参考了《等级大纲 1996》和《专业大纲 2002》的《语法项目表》。

这个《语法项目表》按照语法项目由易到难分四个层级：初等阶段语法项目（一）、初等阶段语法项目（二）、中等阶段语法项目、高等阶段语法项目。初等阶段语法项目（一）有 100 项，适用于初等阶段的一、二级；初等阶段语法项目（二）有 85 项，适用于初等阶段的三、四级；中等阶段语法项目有 83 项；高等阶段语法项目有 108 项。

由于讲求语法项目的层次性和循环性，有些语法纲目会出现在不同层级的语法项目表中，但不同层级项目表中相同纲目下的语法点有难易程度的差别。如初等阶段语法项目（一）和初等阶段语法项目（二）中都有"方位词"这一纲目，但两部分下面所列具体词项的难度是不一样的，前者是包括"东、西、南、北"等单个方位词及其与"面、边"构成的双音节方位词等，后者则是由对举构成的方位词"东南、西北、西南、东北"等。

由于《语法项目表》"不囿于某种语法理论，不追求体系上的完整性，一般不给定义，不做解释，只列要点，突出难点"（见该大纲的 31 页），因此大多数语法纲目下都是具体词、结构式或句子。

七、《国际汉语教学通用课程大纲》及其修订版

随着海内外将汉语作为第二语言学习的人数不断增加，尤其是在本国（非目的语环境中）学习汉语的人数不断增加，学界和相关机构原来制定的以来华留学生为主要对象的教学标准和大纲，势必难以满足要求，因此"为顺应世界各地汉语教学迅速发展的趋势，满足各国对汉语教学内容规范化的需求，国家汉语国际推广领导小组办公室组织研制了《国际汉语教学通用课程大纲》"（见该大纲中的《说明》）。研制组以赵金铭教授等为组长，在世界各地 300 多位汉语教学专家和教师的参与下，经过一年多的努力，最终于 2008 年 3 月编制完成并出版（此版以下简称《通用大纲 2008》）。

《通用大纲 2008》颁布以后，被翻译成 45 种文字在世界各地推广使用，对孔子学院（课堂）及国内外大中小学等各类汉语教学工作起到了重

要的指导作用。2013年，为了适应国际汉语教学形势的新变化，及时总结汉语教学的研究成果，更好地规划和指导汉语教学课程设计、教材编写、能力评价等工作，孔子学院总部/国家汉办在调研、征求各方意见的基础上，组织专家对该大纲进行修订，于2014年5月修订完成并出版。修订版（此版以下简称《通用大纲2014》）相对于初版，其中的《常用汉语语法项目分级表》（也就是教学语法大纲）做了以下几个方面的调整：（1）将原来的分级由5级调整为6级，与新汉语水平考试（HSK）的分级取得了一致。（2）对每级语法项目都做了分类，分为"实词""虚词""句子成分、句型和句类"等，语法项目增加不少，但增加的多是具体的词项，在《常用汉语词语表（一——六级）》中已经列出。

八、《国际中文教育中文水平等级标准》

随着汉语国际教育学科与国际中文教育事业转向高质量、内涵式发展，汉语国际教育从普及化到专业型转变，国际社会需要更加完备的汉语水平等级标准。有鉴于此，教育部中外语言交流合作中心组织专家研制了《国际中文教育中文水平等级标准》（以下简称《等级标准2021》）。

《等级标准2021》附录A中给出了《语法等级大纲》，为语法教学提供了一个参考框架。该大纲参考了《等级大纲1988》《语法大纲1995》《等级大纲1996》《通用大纲2014》等文献，并结合汉语国际教育70年教学经验和对外汉语教学语法研究成果，经过反复权衡，仔细对比筛选，形成了12大类共计572个语法点，合理分配到初、中、高三等，在确定具体语法细目时，突出了汉语语法教学的针对性，对语素、短语、句子成分、句子的类型等本体语法体系方面的知识只做简略呈现，对意义相对较"虚"、学习者不易理解和掌握的一些词类、语言点等重点呈现。该大纲强调对语法教学的指导性和语法学习的实用性，对特殊句型、口语格式、复句格式、提问的方法、特殊表达法等教学重点与难点着重呈现（李亚男，2021）。

该大纲对初中两等语法点又做了具体的分级，其中，初等语法点又细分为 1—3 级，1 级 48 个，2 级 81 个，3 级 81 个；中等语法点又细分为 4—6 级，4 级 76 个，5 级 71 个，6 级 67 个；而对高等语法点未做进一步的等级区分，只是概括性指出 148 个语法点属于 7—9 级。

九、汉语作为第二语言教学语法大纲的继承与发展

1958 年出版的《汉语教科书》为汉语作为第二语言教学界选取、编排教学语法内容奠定了良好的基础。然而，随着学科和事业的发展，汉语作为第二语言教学的对象、环境条件、师资等都在不断变化，教学实践和教材编写也就不能完全固守《汉语教科书》构建的教学语法体系。那如何根据教学的要求而调整教学语法内容呢？各个时期的汉语作为第二语言教学语法大纲反映了学界的主流观点，因此，分析它们能够更好地为进一步筛选教学语法内容奠定基础。

（一）几点认识

分析上述 9 个大纲之间及其与《汉语教科书》之间的语法框架及内容的继承和发展关系，我们得出以下几点认识：

1. 词、词组（短语）和句子（单句和复句）是各个大纲所构建语法框架中都有的语法单位。

《汉语教科书》构建的语法框架中只有"词"和"句子"两级单位，这应该是受了传统语法析句方法——中心词分析法的影响。中心词分析法认定句子的构成成分是词，以词为分析单位，因而语法体系中也就没有词组（短语）这个语法单位。各个大纲则是受结构主义语言学的析句方法——层次分析法的影响，均秉持词构成词组、词和词组都是构句单位的基本理念，因此，各个大纲的语法框架中都包括"词、词组（短语）、句子"这三级语法单位。

除《通用大纲 2008》《通用大纲 2014》外，其他 7 个大纲的框架中都有"语素"这一级语法单位，但其在各个大纲中的地位不一样。《等级大纲 1996》丙、丁级大纲中列入了大量的语素作为语法点，分别为 55 个

和57个,也就是说,该大纲主张在中高级阶段要集中开展语素教学。而其他的几个大纲,引入"语素"这一语法单位,主要是为了说明汉语词的构成方式——以复合为主、派生为辅。英语对复合造词的手段运用得很少,为了帮助学习者理解词义,有必要对英汉造词方式上的这种差别加以说明。与此同时,这些大纲也会展示常用的几个词缀(前缀和后缀),以方便学习者认识一些常用派生词的构造。

《等级大纲1996》《等级标准2021》的语法框架中还包括"句群"这一语法单位,《专业大纲2002》和《进修大纲2002》的语法框架中包括"语段",实际上也就是前两者中所说的"句群"。另外,《通用大纲2014》在第六级语法项目表的"目标描述"中指出要"掌握语篇的构建手段",看来是把"语篇"也作为教学语法的内容,然而在"语法项目"中却没有列出任何有关语篇的项目,有名无实。

为了更为直观地展现各个大纲的语法框架,我们把上面分析的9个大纲设立语法单位的情况列表2-1。

表2-1　各个大纲所构建的语法框架

大纲	语法单位					
	语素	词	词组/短语	句子	句群/语段	语篇
《等级大纲1988》	√	√	√	√		
《等级大纲1996》	√(丙丁级)	√	√	√	√	
《语法大纲1995》	√	√	√	√		
《初级大纲1999》	√(一年级无)	√	√	√		
《专业大纲2002》	√	√	√	√	√	
《进修大纲2002》	√(一、二级无)	√	√	√	√	
《通用大纲2008》		√	√	√		
《通用大纲2014》		√	√	√		√(无内容)
《等级标准2021》	√	√	√	√		

2. 无论是《汉语教科书》，还是各个大纲，都认识到了汉语词类的一些特殊性，基本上做到了依据汉语的特点构建词类系统。

相比于明清时期的汉语作为第二语言教材，《汉语教科书》基本做到了依据汉语实际情况来构建词类系统。比如说，认识到了汉语中特有的词类"语气词"或"语气助词"，副词的判断标准也不再比附英语，等等。但是还留有印欧语语法影响的痕迹，如把动词后的"了、过、着"看作反映动作情貌的"词尾"，而没有给予它们词的地位，这显然是因为汉语动词后的"了、过、着"能够表达动作的完成、经历、持续等情貌，而这些情貌在印欧语中主要是靠形态标记来表达，于是比附印欧语将其看作形态标记（词尾）。

各个大纲也都做到了依据汉语词语的语法特点来构建词类系统。《等级大纲1988》《等级大纲1996》《专业大纲2002》《进修大纲2002》《等级标准2021》的词类系统都是"名词、动词、形容词、数量、量词、代词、副词、介词、连词、助词、叹词和象/拟声词"12类，动词后的"了、过、着"作为"动态助词"属于"助词"的一个下位类。

《语法大纲1995》将"助动词"从"动词"中独立出来作为一个独立的类。《初级大纲1999》也将"助动词"独立成类，并设立了"离合词"类，但没有"象/拟声词"类。《进修大纲2002》将"词类"与"离合词"并立，两者之间不是包含关系。

《通用大纲2008》《通用大纲2014》没有全面展现词类系统，从具体语法点来看，"助动词"和"离合词"都设立了多个语法点，但没有"象/拟声词"的语法点。至于助动词是不是属于动词的一个小类，还是跟动词并立的一类词？离合词是不是一个词类？大纲中对此没有任何说明，因此这两个问题的答案都不得而知。汉语象/拟声词意义和用法都很简单，与印欧语相比并不具有特殊性，目前的研究也表明外国人在汉语象/拟声词的学习上问题不大，因此，汉语作为第二语言教学和教材中普遍不把它作为语法点。如果大纲无意展现汉语语法框架，只是罗列具体语法点，那就不会出现象/拟声词这一词类。

为了更为直观地展现各个大纲的词类系统，我们列表2-2（因表格容量有限，表内用1—9来代表本书从前往后分析的9个大纲）。

表2-2　各个大纲的词类系统

大纲	1	2	3	4	5	6	7	8	9
名词	√	√	√	√	√	√	√	√	√
动词	√	√	√	√	√	√	√	√	√
助动词							?	?	
形容词	√	√	√	√	√	√	√	√	√
数词	√	√	√	√	√	√	√	√	√
量词	√	√	√	√	√	√	√	√	√
代词	√	√	√	√	√	√	√	√	√
副词	√	√	√	√	√	√	√	√	√
介词	√	√	√	√	√	√	√	√	√
助词	√	√	√	√	√	√	√	√	√
连词	√	√	√	√	√	√	√	√	√
叹词	√	√	√	√	√	√	√	√	√
象/拟声词	√	√	√	√	√	√			√
离合词				√			?	?	

注："?"代表仅凭大纲中的信息无法确定该类词的地位。

3. 注重了汉语与印欧语对比而体现出来的一些语法特点。

首先，在设置各类词下的具体语法点时，各个大纲都注重汉语词不同于印欧语的一些特点。如汉语名、动词、形容词、量词可重叠，这与印欧语不同，各大纲都将这些设置为了语法点；汉语方位词、时间词与印欧语的用法有较大差异，汉语有丰富的量词，有专门用于表达语气的助词等，这些都是汉语语法的一些特点，各大纲在设置语法点时对此也都有一定的反映。

其次，体现了汉语词类与句子成分之间不能一一对应的特点。如各个大纲所设置的有关主语、宾语的语法点，都表明了汉语中不仅可以用名词、代词、数词、量词或名词性短语做主语、宾语，有些动词或动词性短语、形容词或形容词性短语也有这样的功能。各个大纲所设置的有关谓语的语法点，都表明了汉语中不仅动词或动词性短语、形容词或形容词性短语可以做谓语，有些名词或名词性短语也可以做谓语。同时，还表明了汉语形容词做谓语一般不用"是"的特点。各个大纲在设置有关定语的语法点时，也都表明了动词或动词性短语可以做定语；在设置有关状语的语法点时，也都表明了动词或动词性短语、形容词或形容词性短语、主谓短语等都可以做状语等。

再次，汉语的动补结构是相对于印欧语的特殊语法结构，各大纲都注重展现汉语补语的复杂性，设置了大量的语法点来揭示补语的主要类型和意义。

最后，针对汉语中特有的或具有特色的句法结构以及特殊的表达方法，都设置了语法点。如主谓谓语句、主谓短语做宾语的句子、被动句、"把"字句、兼语句、比较句、存现句、"是……的"句、"的"字短语以及数、时间、强调、提问的特殊表达方式等。

另外，特别关注印欧语中运用形态变化表达的"时态"在汉语中的表达方式，设置了相关的语法点，这也是从明末清初汉语作为第二语言教学语法体系出现以来，学界构建教学语法体系时一贯的做法。而且，大部分大纲还将这些语法点集中起来专门冠以"动作的态"之名。如《等级大纲1988》《等级大纲1996》，在甲级大纲中专门设置了"动作的态"的语法点；《专业大纲2002》和《进修大纲2002》，分别在《一年级语法项目表》和《初等阶段语法项目（二）》中专门设置了"动作的态"的语法点；《等级标准2021》在一级和二级语法点中都有"动作的态"这一条目,分别列出了"【一40】变化态""【一41】完成态""【一42】进行态"和"【二70】持续态""【二71】经历态"5个语法点;《语法大纲1995》在"词类"部分专门讲了"时""态"等语法范畴在汉语动词上的表现;《初级大纲1999》对动作的完成、持续、进行、变化、经历等都设立了专门的语法条目(见第11、14、41、42、43、75、76、81、82条)。

4. 各个大纲都以结构主义语法的理论来判定句子成分。

《汉语教科书》的语法体系,还能明显地表现出传统语法中依据意义判定句子成分的做法,如把"那是夏天穿的衣服""这个公园叫北海公园"看作体词谓语句,把"中国戏和中国画儿我都很喜欢"看作宾语提前,等等。而从第一个教学语法大纲(即《等级大纲1988》)开始,则按照结构主义语法依据位置来判定句子成分了。"那是夏天穿的衣服""这个公园叫北海公园"被归类为动词谓语句,其中的"是"为"系词"之说也被抛弃;"中国戏和中国画儿我都很喜欢"被认定为主谓谓语句。

5. 基础汉语教学阶段展现汉语语法的基本框架是多数等级大纲的主张。

《等级大纲1988》的甲乙级语法大纲适用于基础汉语教学,即留学生汉语本科学历教育一年级或零起点汉语学习者前900左右学时的汉语教学。两级大纲构建了由"语素、词、词组和句子(单句和复句)"四级语法单位构成的语法框架。语素部分的语法点是常见的词缀(词头、词尾),词类部分包括了汉语所具有的12类词及其常见下位类,词组部分将词组按结构和性质功能分别分为7类和3类,句子部分包括6大句子成分及充当这些成分的主要词类和短语类、句子的主要类型(单句的结构和功能分类、常见的11类复句)。丙级大纲(适用于中级阶段的汉语教学)里只是增加了每个类型的具体项目,并未增加新的类型。《等级大纲1996》同样如此。《初级大纲1999》的"语法概要"对汉语的语素、词、词组和句子的基本类型也做了较为全面的介绍。

《专业大纲2002》一年级的语法项目表中,已经较为完整地展现出了汉语所具有的词类、短语常见的结构和功能类型、单句的结构和功能类型、常见的复句类型等。二年级对框架进行了扩展，增加了"语素"和"语段"两个语法层次，分析了合成词的结构类型，给出了语段的定义、结构层次和表达功能分类以及连接手段。三、四年级只是增加了每个类型中的具体项目，有些项目的结构和意义比一、二年级的语法项目更为复杂，但都可以看作是对一、二年级语法项目的深化、拓展。

《进修大纲2002》初等阶段语法项目构建了由"语素、词、短语、句子（单句和复句）"四级语法单位构成的语法框架。到了高等阶段的语法项目中又增加了"语段"这一层级的语法单位及其相应的语法项目。学界对于"语素""语段"是否一定要纳入汉语作为第二语言教学语法框架作为语法教学的内容，尚有争议。因此，如果姑且不考虑它们的话，这两个大纲也都是在基础汉语教学阶段展现了汉语语法的基本框架。

《等级标准2021》中的一、二、三级语法点属于初等语法点，已经将汉语语素类型、词类、短语结构和功能类型、单句的结构和功能类型、复句的类型基本展示出来，形成了"语素、词、短语和句子（单句和复句）"四级单位构成的语法框架。四、五、六级都是对这个框架中的语法点的补充、深化，只是到了七—九级语法点中又增加了"句群"这一层级的语法单位及相应的语法点。

各个大纲中，所列的特殊句型、动作的态、比较的方法、数的表达法、时间表达法、提问的方法、强调的方法、倒装句等，实际上都属于"句子"这一层级语法单位下的语法点，只不过是结构或表达功能上有特点、需要汉语作为第二语言学习者特别注意的一些句式；而所列的固定词组、固定格式、口语格式等，实际上都属于"词组（短语）"这一层级语法单位下的语法点。总之，大多数语法等级大纲都主张在基础汉语教学阶段展现出由"语素、词、词组（短语）和句子"构成的基本语法框架。

（二）几个需进一步探讨的问题

通过分析各个大纲，我们认为以下几个问题还需进一步探讨：

1. 是否有必要将大量的语素作为语法点？

吕文华（1992）建议语法大纲中增加有关语素的语法点，而将大量语素设为语法点是从《等级大纲1996》开始的，但这种做法的合理性值得商榷。语法教学应该主要教学的是规律性的或者有规则的内容，"语法大纲的任务是管语法教学，它所收入的词语都是为了说明某一个（或某一类）语法结构或语法现象"（竟成，1999），将大量的只用于构词的实语素作为语法点，实际上是混淆了词汇与语法的界限，使得语法大纲变得过于复杂。

虽然有些大纲为了使得语法教学与词汇教学相互照应而在语法大纲中列入了大量的词，但所列的词往往在用法上还是有一定的特点的，体现了规则的约束性，这些特定的词能够构成什么样的结构往往还是有一定的规律的。但语素，尤其是实义语素，所能体现出来的规则性并不强，也就是说并没有多少"（语）法"在其中，我们要说清楚一个个实义语素的使用规则并不容易，教学中只能逐个记忆，从而会加重人们对语法教学比较枯燥的印象。

我们赞同赵金铭（2012，2017）的观点，将词作为汉语作为第二语言教学的基本单位，以整词教学为出发点，当学习者获得初步的汉语能力之后，对词中有助于理解词义的语素做简要分解，语素（尤其是实义语素）分析的作用也仅限于帮助理解词义，多属于词汇教学的内容，而非语法教学的内容。

2. 句群（语段）和篇章应不应该作为教学语法内容？

句群、篇章的规则性较差，很难总结出相对固定、明确的规律。如果对句群、篇章的写法给出固定格式，就会带来学生所写文章千篇一律、不符合自然语言的表达等问题。而且，目前学界确实也没有得出多少连句成群、成篇的规则，能够教给学生的内容极为有限，这或许也是目前有关句群、篇章教学"雷声大、雨点小"，一直没有在语法教学中落到实处的原因。语法教学的目的是在最短的时间内帮助学习者最快地掌握所学语言的语法规则，进而正确有效地运用这些规则，因此一开始要学习的应该是基本的语法规则。而一旦学习者学习完基本的语法规则之后，一般情况下就已形成语感。我们主张基础汉语教学阶段只教学最基本的语法规则，通过课文教学使得学习者尽快形成汉语语感，然后借助语感培养和强化其连句成段、连段成篇的能力。

3. 语法点选择、分级的标准是什么？

目前的语法大纲制定者多是依据经验来选择语法点，并对其分级或排序，并没有一个经过反复论证并得到大家广泛认可的标准和依据。"选择、分级或排序语法点的具体标准是什么？""什么样的标准是科学的？""是不是还有更好的选择和排序？"等等，这一系列的问题都未得到充分的研究。汉语作为第二语言教学的发展日新月异，教学环境、教学对象、教学法理论等都在不断变化，基于过去经验构建的教学语法大纲，势必难以满足新的变化要求。因此，我们需要进一步开展相关研究，对选择、分级和排序语法点的依据和标准进行充分的论证，对教学环境、教学对象等的未来变化做出科学推断，建立一个能够指导教学者、教材编写者根据新变化、新要求而灵活调整内容的科学体系。

4. 如何描述语法点才能满足教学的需要？

目前的大纲，更多地是对语法结构进行形式描述，而对其用法（使用环境、条件、表达功能等）未给予足够的重视。构建教学语法大纲的目的是指导教学和教材编写，如果大纲重形式描写而忽视用法介绍，也就会把教学者和教材编写者引导到重形式轻用法的路子上来。事实上，大纲的这种做法已带来这样的后果。学界对当前汉语作为第二语言语法教学的不满，很大程度上就是因为语法教学重形式而轻用法。目前的大纲，仅有《初级大纲1999》尝试从意义表达来选择和描述语法结构，这是一种很好的探索。但该大纲对语法点所做的意义分类，或者说用法分类，还有交叉，如"47 存在的表达"和"55 事物存在、出现和消失"等。在描述语法点时，是先依据结构形式建立一个语法框架，再对框架中的语法点加以用法描写，还是以表达需求来引出结构，再对结构进行形式描写？

描述每个语法点的用法时，到底应该给出哪些具体信息？这些都还需针对教学需求进一步展开论证，要有一个完整的理论体系作为支撑，进而建立一个科学的、可操作的标准。

第四节　汉语作为第二语言教学语法内容和编排的历史经验借鉴

一、汉语作为第二语言教学语法内容选取的历史经验

通过梳理汉语作为第二语言教学语法体系的发展变化，我们在汉语作为第二语言教学语法内容的选取上得到以下几点认识：

（一）已有语法体系普遍认识到了汉语不是靠词形变化（形态）来标明句子成分之间的结构关系，而是靠语序和虚词。因此，汉语作为第二语言教学中应注意强调语序和虚词在汉语语法中的重要性。

（二）西方学者在构建汉语作为第二语言教学语法体系时，总会采用对译的方式来判定词和句法成分的性质，这是学习者已掌握的语言影响其第二语言学习的表现。西方的汉语教材编写者是成功的汉语作为第二语言学习者，他们尚且会如此判定词和句法成分的性质，汉语初学者也就更难以摆脱已有的母语语法体系的干扰。因此，选择汉语作为第二语言教学语法内容时不能不考虑学习者的语言背景，为了使教学语法内容更有针对性，我们应分别面向不同语言背景的学习者考量教学语法内容的选择问题。

（三）西方学者在选取语法点时，普遍会将汉语与学习者母语进行对比，并将对比得出的汉语语法特点作为语法体系中的主要内容。西方学者对汉语不同于其母语的一些语法现象，如汉语形容词、方位词、量词和语气词的特殊功能等，都是经历了很长一段时间才逐渐认识清楚的。他们作为成功的汉语作为第二语言学习者尚且如此，这些汉语特点对初

学汉语者来说更是学习上的难点。因此，我们无论是构建汉语语法格局，还是选取和描述碎片化语法点，都应该首先进行语言对比，将汉语与学习者母语对比而表现出来的特点作为重点内容。

（四）西方语言利用形态标记表达的"格""数""级""时态"等语法范畴在汉语中的表达方式，是各个时期汉语作为第二语言教学语法体系的重要内容。这表明汉语作为第二语言学习者不但普遍认识到了汉语是一种不同于印欧语的非形态语言，而且普遍关注汉语是如何表达那些在印欧语中利用形态表达的语法范畴的。因此，汉语作为第二语言教学语法中应有这方面的内容。

（五）西方学者构建的汉语作为第二语言教学语法体系中一般都不对学习者母语语法中已有的语法概念再做解释，默认学习者在母语语法学习中已熟悉和理解。因此，如果汉语中的某些语法概念与学习者母语语法体系中的某些概念基本对等，我们在对语法点描述时可直接借用而不必再造相关术语，也不必对术语做过多的解释。

（六）西方学者构建的汉语作为第二语言教学语法体系普遍重词法、轻句法，这是沿袭了西方语法分析的传统。西方语言本身的词法已经能够反映句法，因此不必再讲句法。但汉语与英语分属不同的语言类型，汉语词法不能反映句法，因此汉语作为第二语言教学语法不能忽视句法。

（七）"词"和"句子"（单句）是历史上各个汉语作为第二语言教学语法体系共有的语法单位和层级，但并不是每个汉语作为第二语言教学语法体系中都有"短语（词组）"和"复句"这两个语法单位和层级。因此，构建 汉语作为第二语言教学语法框架时到底要不要设立这两个层级，还需进一步讨论。

（八）各个时期的汉语作为第二语言教学语法体系，普遍都对汉语语素的类型及构词方式做了分析。虽然《汉语教科书》没有涉及这些内容，但是现在的教材和大纲也都有这方面的内容。因此，将语素纳入汉语作为第二语言教学语法框架中应无问题，但对是否把具体的语素作为教学语法内容，是否从语素入手开展语法教学，学界尚有分歧，仍需进一步论辩。

二、汉语作为第二语言教学语法内容编排的历史经验

通过考察汉语作为第二语言教材的历史发展变化，我们在汉语作为第二语言教学语法内容的编排上得到以下几点认识：

（一）汉语作为第二语言教材编排语法内容的方式由古至今主要发生了以下的变化：集中讲解+少量例证→集中讲解+大量例句→分课编排。

早期来华传教士编写汉语教材，主要是帮助学习者了解和掌握汉语语法，学习者在集中学习语法之后，通过大量阅读优秀的经典文学作品最终获得汉语能力（瓦罗，1682/2003：F48；Prémare，1728/1847：26）。因此，当时的汉语作为第二语言教材基本上都是语法教材，其主体内容是基本的语法知识，并没有语言训练材料，连例证也不是很多。

直到1728年，马若瑟的《汉语札记》中才出现了大量的例句。马若瑟希望学习者运用该教材的例句训练汉语语法能力，也就是说，教材不仅介绍语法知识，还提供了语法学习的训练材料。

19世纪中期以后的教材，多数会围绕语法规则编写课文，语法点分散在不同的课文中，学习者通过课文的学习来提高语法能力、语言能力。这个时期的教材所设置的语言材料更为典型，由原来单纯呈现语法知识转变为呈现语法知识与提供语法使用环境和操练材料相结合。19世纪的汉语作为第二语言教材，在语法内容编排上的这一变化，表明单纯呈现语法知识的编排方式已不被人们所接受，语言教学中不应大讲特讲语法，而应以语言材料的学习为主，而到底要学习哪些语法内容应依据语言学习的需求来选择。

（二）有些教材在语法内容编排上已有"格局+碎片化"理念的萌芽。如《语言自迩集——19世纪中期的北京话》，虽然先是将语法内容

分散编排到第一卷第三—七章中，第八章对语法内容也做了简单概括，但是在《学习指南备忘录》中又明确建议："学生准备学习第三章时，要通读第八章的英语译文。"这表明威妥玛主张学习者先利用母语对汉语的基本语法做初步的了解，然后再分课学习具体语法点。《国语入门》则先用英语对汉语语法做简单介绍，然后又分课编排了语法点。威妥玛的主张和《国语入门》的做法，跟"格局+碎片化"语法编排思路中的"先介绍语法的轮廓，再随文教学具体语法点"是一致的。《语言自迩集——19世纪中期的北京话》在当时颇受欢迎，"是那个时代英美人普遍使用的课本"，甚至在现在看来，也是"一部高水平的汉语教材"，"至今仍有借鉴意义"（张卫东，2002）。《国语入门》也是公认的优秀汉语作为第二语言教材，不仅长期用于英美人的汉语教学，而且还被《汉语教科书》所借鉴。两部教材的成功，虽然不能完全归功于其语法编排上的创新，但是教材中语法内容的编排无疑会对教材质量产生重要的影响。这就启发我们有必要进一步探讨"先介绍语法的轮廓，再随文教学具体语法点"编排思路的合理性。

第三章
汉语作为第二语言教学语法研究现状

汉语作为第二语言教学中，针对不同的教学对象和不同的教学目的，应该选择哪些语法内容？这些语法内容如何呈现或编排？有关这两个问题的研究成果，是推动历代汉语作为第二语言教材语法内容不断革新、各类教学大纲不断推出和修订的基础和保障。梳理相关研究成果，不仅能让我们更加清楚地认识汉语作为第二语言教学语法发展变化的依据，也为更加深入研究这两个问题，以进一步提高教学语法选取和编排的科学性奠定基础。

第一节 教学语法内容选择和描述的相关研究

从《汉语教科书》开始，汉语作为第二语言教材在语法点的选择和描述（解释说明）上基本能够体现汉语作为第二语言教学语法的特点、满足学习者基本表达所需，注重以句子为中心和选择使用频率高的语法点。随着时代的发展，我们在汉语作为第二语言教学中不断吸收新的教学经验和研究成果，针对教学对象、环境、手段等的变化来调整教学语法内容。尽管如此，仍有很多学者研究发现其中依然存在一些比较突出的问题，并深入探讨了语法点选择和描述的原则、标准以及如何针对现有问题进行修订等问题。

一、选择语法点的原则、标准和依据

"教学语法的目标是在最短的时间内解决学习者的语法问题，让学

习者提高语言能力,因此在语法体系的设计和语法点的安排上都要考虑如何更好地实现这个目标。"(崔希亮,2003)

而到底选择哪些语法内容才能真正有助于实现教学语法的目标?已有研究基本上都认同应注重以下几方面的内容:

一是汉语语法的特点,即与学习者母语对比而发现的差异点。选择语法点的一个主要依据是要能反映汉语语法的特点(吕文华,2008:91),基础汉语教学阶段应选择那些最能体现汉语本身特点的语法点(程棠,1996)。

二是常用的,且为学习者学习难点的语法点。要针对外国人学习汉语的难点,通过科学的频率统计筛选出最基本、最常用的语言形式作为基础汉语教学阶段的语法点(程棠,1996;吕文华,2008:94;孙德金,2016a)。

如何确定学习者的语法学习难点呢?对学习者的习得偏误进行分析是重要的方法。因此,选择语法教学内容时,应注重"偏误分析原则"(卢福波,2003;吕文华,2015),要注意学习者在学习汉语过程中出现的带有普遍性的语法偏误等(陆俭明,2000)。

三是语法系统中最基本的、能体现语法系统整体特征的语法点。在兼顾教学语法的系统性的前提下,针对学习者的特点选择教学内容、确定教学重点(吴中伟,2007:49),优先选择对系统影响性大的、生成性强的语法内容(孙德金,2016a)。例如在句法规则的选择上应该只选择那些最基本的规律,只讲那些能够讲得清楚的、把所有语言事实都能框住的规则(杨惠元,2003)。

另外,李泉(2015)将汉语作为第二语言教学语法内容分为两类:(1)体系内语法,指汉语的词类、句法成分、基本句法结构及其扩展式,以及汉语的句类、句型、句式等;(2)体系外语法,如具体的虚词或实词的特定或特殊用法、具体的概括程度有限的格式等。并且认为初中级汉语教学阶段以体系内语法教学为主,中高级汉语教学阶段以体系外语法教学为主。

而孙德金(2006)从不应该教什么的角度提出：属于词汇范畴的以及属于共知范畴的都不应作为教学语法内容。

二、描述语法点的原则、标准和出发点

在描述的内容上，学界目前达成的共识是：不仅要描述结构，还要注重说明意义和用法。也就是说，要描述清楚语法点在结构形式上"是什么"，意义或功能上"可以做什么"，使用条件上"什么语境下用"。在具体的研究中，学者们用的术语不太一样，但都强调了这三个方面。

崔永华(1989)指出："解释语法点应该包括形式、意义和功能三个方面。"吕文华(1993)认为："在初级阶段，应该在指出某些形式的结构模式和语义特征之外，分析它的语用功能。"

郑懿德(1995)指出："我们在讲授外国人学汉语的各个语法难点时，往往不仅需要对句法结构的特征做科学的描述，还要向学生说明该句法结构所包含的意义及在什么场合什么条件或要表达什么意思时才能使用。"钱玉莲(1996)认为，对任何一个语法点都不仅解释"是什么"(结构)，还应解释"为什么"(意义)，"怎么用"(用法)。冯胜利、施春宏(2011)提出的"三一语法"，基本框架包括句子的形式结构、结构的功能作用和功能的典型语境，实际上还是在强调要注意语法点的结构("是什么")、意义/功能("干什么")和用法("用在哪里")。基于这种共识，学界已把语法点描述上不注重意义和用法的问题作为一个重要的批判对象。

语法教学的目标是培养学习者的语言运用能力，描述教学语法点的目的主要是让学习者能够较快、较容易地理解并能正确使用这个语法点(吕文华，2008：54；李泉，2016；孙德金，2016a)。因此，描述语法点时应以实用为原则，要以培养学生的交际能力为出发点，注重学习者的特点和学习难点，注重与学习者母语的对比，抓住两种语言之间的差异，讲求用语的简明、易懂和准确性，用简明有效的语言三言两语把语法

点解释清楚(吕文华，1987；吴中伟，2007：62—69；孙朝奋，2018)。

  为了减少语言理解上的障碍，很多学者都建议在基础汉语教学中用学习者的母语来解释语法点。如佟秉正(1991)指出："用学生母语解释汉语语法是必要的，但就汉语本身解释仍嫌不足时，若能利用汉外对比手段，则更为经济有效。"刘月华(2003)指出，基础汉语教学阶段的语法解释，可以只用学习者的母语，因为用中文学生看不懂，解释用语要简明、有针对性，不能照抄理论语法，也不能照抄教学参考语法书。而事实上，确有很多基础汉语教材都是用学习者的母语来解释语法点的，如刘珣主编(2010)、Liu & Yao et al.(2009)、李晓琪主编(2013)等。

  越来越多的学者认为从意义表达出发来描述语法内容，更符合学习者的学习特点，更能满足学习者的需求。赵金铭(1994)不仅强调语法点的解释要注重外国人学习汉语的特点，要通过语际对比突出汉语语法特点，还强调面向外国人讲汉语语法要注重意义，应该从意义到形式，应该讲明各种句式的使用条件，即必须什么时候、什么场合和要表达什么意思才能使用。卢福波(2000)、李先银(2014)、吴勇毅(2016)等，也都主张从学习者意义表达的需求出发来描述教学语法内容，认为依据学习者的表达需求来寻求相应的结构形式，更符合第二语言学习者的学习心理和接受习惯。

  为了让学习者较快、较容易地理解和运用语法点，少用语法术语也是描述语法点时应遵循的一个重要标准。朱德熙(1987)指出："语法教学的目的是为了说明语法规律"，"我们教语法的时候应该知道：讲语法概念的目的，只是为了说明语法规律。我们不能本末倒置，把解释概念本身当成教语法的目的。"学习者掌握语法术语的多少跟语言能力没有密切的关系(Garrett, 1986)，因此，不应引导学习者把注意力放在语法术语和分类上(王力，1956)，描述语法内容时不应过多地使用语法术语。使用过多的语法术语，会增加学习者的负担，使其疲于理解和记忆语法术语。

  吕叔湘(1953)指出："很多人要求语法学家不用术语讲语法。这当然是理想的办法，可就是不容易办到。虽然不容易办到，跟一般人讲语法的确应该尽可能这样办。"吕叔湘主编（1999：4）在描述每一个词的用法时，"力求少一个术语，多用简单的文字说明"。

另外，宁颖琦、施春宏（2017）则进一步对如何选取和安排语法术语提出了三个指导性原则：基本层级范畴原则、相对透明性原则和相对系统性原则。

为了方便学习者更容易理解语法点，除了描述其结构、意义和用法，往往还需要提供一些典型的用例。几十年来的汉语教材研究表明：有些教学者试图向学习者描述清楚所有的语法事实，这种想法是积极的，但对美国学生来说效果并不理想，一篇冗长乏味的解释有时不如一两个好的例句，或是一两个任务或活动（杨慧，2012）。

如何做到例句"典型"或者说"好"呢？崔永华（1989）强调例句要精当，即例句能突出所学的语法点，避免其他因素的干扰；选择学习者容易理解的例句，特别是与他们学习、生活相关的例句；例句尽量生动活泼，能激起学习者的兴趣。郑懿德（1995）指出："服务于教学语法的例句，不必刻意追求来自文学名著。"刘月华（2003）认为："例句应反映语法现象的典型语义、结构特点以及用法。"

郭晓麟（2010）以趋向结构的教学为例，提出汉语教材语法教学示例的四项语用典型性原则：（1）典型表达结构类型示例原则；（2）典型功能示例原则；（3）典型信息结构示例原则；（4）典型语篇语体示例原则。崔永华（2015）进一步指出，"好的解释只是语法点解释的一半，另一半是要提供好的例句，例句是语法点解释的一部分"，好的例句要"典型""易懂""有用""有趣"。

除此之外，为做到描述上的简明、易懂，有人还建议语法内容的展示要尽量感性化、条理化、公式化、图示化等（郑懿德，1995；卢福波，2003；徐家祯，2010）。

三、语法内容选择和描述上存在的争议

（一）语素、句群（语段）或篇章是否作为教学语法内容

吕文华（1992）是较早建议在语法教学中增加语素和句群内容的文献。柯彼德（2000）也赞成在语法教学中增加语素教学内容，并论证了语素教学的重要性。赵金铭主编（2019：335）指出："把语素教学纳入汉语语法教学的系统之中，应当是十分必要的。"

吕文华（2008：56—58）认为："从培养学生的语言能力出发，语法教学需要向两头延伸，一头是语素，一头是句群，即建立起'语素—词—词组—句子—句群'五个层级语法单位的教学。""语素教学对词汇教学、汉字教学、句法教学都有帮助，建立语素教学很有必要"，"建立句群教学则能提高学生的成段表达能力"。吕文华（2012）进一步明确指出，"语段是语法中最高一级的单位，属语法教学不可或缺的部分"，并详细探讨了语段教学的内容和分布，吕文华（2019）重申了汉语作为第二语言教学语法体系中增加语素和句群方面内容的必要性。

崔永华（1990）、郑懿德（1995）、刘月华（2003）等也建议增加对段落篇章结构的教学。肖奚强（2017，2018）建议高级阶段"着重句式在篇章中的功能教学"，"中高级阶段宜安排篇章规则及对句式选择性的教学"。房玉清（2008）、吕文华（2014a）以及刘月华、潘文娱、故铧（2019）等，这些汉语作为第二语言教学参考语法或语法教材也都把句群或篇章作为其中的一个章节（讲）来加以介绍。相关的教学大纲，如《等级大纲1996》《专业大纲2002》《进修大纲2002》等都选择了大量的语素和有关语篇的语法点。

竟成（1999）虽然认为"语法教学的范围无疑应该扩大到篇章结构"，但是同时也表明了进行篇章结构教学的条件不够成熟，目前对篇章结构教学内容的"量"和"度"还不能说清楚，缺乏基本的调查研究。

而孙德金（2012，2016a，2016b）则明确反对将语素、句群（语段）

等纳入教学语法内容。孙德金（2012）认为"强调语素和句群（语段）"，"造成了很多非语法的内容进入了语法教学中，教学语法的面目变得模糊不清"。孙德金（2016a，2016b）认为，有关语段、语篇的内容"应该交给阅读、写作教学，或者单独编制教学大纲，或者做另外的安排"，"把构成词的语素作为语法点，那是否也要把构成词组的每一个实词（名、动、形）都作为语法点呢？这就等于取消了语法，完全无视语法的'关系'本质，即语法是关于成分间关系的规则"。

高顺全（2016）同样反对将语素、句群作为教学语法内容，理由分别是："语素的确立在教学上不但没有太大的必要，而且费力费时。什么是语素？语素和词素、语素和词有什么区别？教师自己尚且昏昏，学生自然也就难以昭昭。""句群讨论的是句子和句子之间的关系，这种关系不是语法关系，至少不是一般意义的语法关系，它属于篇章范畴，放在语法体系里是不合适的。"

黄南松（2017）认为："'语素'是现代汉语理论语法的第一级单位，但是，这并不意味着对外汉语教学语法必须引进语素甚至将大量的语素作为语法点。……我们不能因为一些语素有很强的构词能力，就把它们作为语法点收入体系。这样做是模糊了词汇和语法的界限，同时也使语法体系过于庞杂，变得不实用。"

（二）以哪种句法单位为核心来构建教学语法体系

1. 以句子为核心。

张旺熹（2003）认为，应该以句子为教学语法系统的核心，对下联系到短语，而不要联系到词，更不要联系到语素，只有到短语层面才能有句法组合关系，才谈得上语法，把握各种类型的句子之间的相互关系，当是汉语教学语法系统构建的中心工作。高顺全（2005：47）也强调汉语作为第二语言教学语法应以句本位为基础。范晓（2015）也认为："以句子为对象、为纲是抓住了语法的根本和关键，语法教学里核心的、关键的内容是句子的语法教学。"齐沪扬、张旺喜（2018）主张"以句子为核心,贯通句子与篇章、句子与短语,建立以句子为核心的语法关系体系"。另外,李芳杰(2000)提出以"句型为体、字词为翼"构建汉语作为第二语言教学语法体系,以及北京语言学院以句型教学为中心于1977年和1980年编写出版的《汉语课本》和《基础汉语课本》,实际上也都是以句子(句型)为核心来选取教学语法内容。

2. 以词组为核心。

吕文华(1992)较早提出了"以词组为基点去描写句法结构关系"的建议。吕文华(1993)又进而指出,"以句子为基点描写句法,这样的做法由于不适合汉语本身的语法特点而产生了一系列矛盾","汉语语法的一个显著特点就是汉语的句子构造原则和词组的构造原则基本一致,因而应在词组的基础上描写句法,实现'词组本位'"。吕文华(2008:58—63)进一步指出,汉语作为第二语言教学至今仍是"句本位",词组在教学中没有得到应有的重视,可以将词组作为句法格式,描写它的结构和语法功能,并以词组为基点去描写句法,使词组成为句法的核心。

赵金铭(2010)指出"日本早期汉语课本大多从词组入手学习汉语","进一步查看《语言自迩集——19世纪中期的北京话》,发现该教材也是从词组入手进行汉语教学的",并认为"这种教材的编排,实际上采用的是'以词组为基点的语法体系',体现了'词汇法'的教学理论,也符合学习过程中的认知心理学原则",提出了"运用汉语词组进行初级汉语教学的构想与思路"。

3. 以谓语动词为核心。

周继圣(1986)受菲尔墨(Fillmore)"格语法"思想的影响,提出"以谓语动词为中心"进行教学的想法。这种教学的基础是通过对谓语动词与其自变项组合的功能进行分析,详尽地展示以谓语动词为中心的语法语义场,实际上就是构建一个以谓语动词为中心的汉语作为第二语言教学语法体系。不过,该文指出这种语法教学主要适合于短期进修生或基础班的口语教学,没有涉及动词以外的各种词语的组合规范问题。

(三)以何种语法理论为基础描述语法点

描述语法点,最起码要做到对各个语法点的解释说明不能相互抵牾,也就是说,对同质结构的解释不能前后不一致、所用术语不能前后不一样。要保障做到这一点,实际上要首先确定描述语法点的理论基础。如果采用多个语法理论作为理论基础,那么教学者就要注意理论本身之间的协调,以免在语法点的描写和解释上出现相互抵牾的现象。对于以哪种语法理论作为汉语作为第二语言教学语法的理论基础,学界颇有争议。

1. 以传统语法为理论基础。

"传统语法在西方国家长期以来也是传统的教学语法"(胡明扬,1990:13),而传统语法是否适合作为汉语作为第二语言教学语法的理论基础呢?刘月华(2003)指出:"教学语法吸收传统语法的研究成果比较多,这是因为传统语法,比如传统拉丁语法、英语语法,本来就是为教学目的产生的。传统语法比较偏重意义,而教学语法首先就要求对语法点的意义有一个清楚、科学的解释。"孙德金(2011a)也认为"传统语法注重形式和意义的统一符合教学语法的目标","传统语法从诞生之日起就有明确的教育、实用的取向","传统语法本质上就是教学语法",传统语法是教学语法的理论基础。孙德金(2012)进而指出:"对外汉语教学语法必须以传统语法作为理论基础,而不能以包括结构主义语法在内的其他语法理论作为基础。主要是因为,相对来说,传统语法在形式和意义的关系问题上处理得最好,因此,这个基础不能动摇。"高顺全(2016)明确表示赞同该文的观点,理由大致有两点:(1)传统语法以词法和句法为核心,提纲挈领,重点突出;(2)国际上第二语言教学语法都是以传统语法为理论基础,学生比较熟悉传统语法的术语和体系,能给教学带来便利。

吕文华(2019)也认为,传统语法适合作为汉语作为第二语言教学语法体系的理论基础,因为传统语法具有稳定性和普遍性,传统语法简明、实用,并为教师和学生所熟知,这是其他理论难以取代的。因此,当前应该"基于三个平面理论建设对外汉语教学语法理论体系,如语法点描述中的句法条件、语义解释、语用特征的内涵和范围,以与理论语法相区别,使之切合外国人学汉语的特点"。

而以传统语法作为教学语法体系的理论基础,并不是说不能再吸收其他语法理论的一些成果。刘月华(2003)、孙德金(2012)、高顺全(2016)等都表明,只要在描述上能够做到简明、实用,既能反映汉语的特点又切合外国人学习汉语的需要,同时与传统语法理论的基本框架不矛盾,就可以博采众长为我所用。而吕文华(2019)虽也主张以传统语法作为教学语法体系的理论基础,但没有否定以多种语法理论同时作为教学语法体系理论基础的可能性,认为"这能否实现,尚可研讨,也可尝试,但必须经受教学实践和时间的考验"。

2. 以认知语法为理论基础。

卢福波(2007)认为:"对外汉语语法教学要针对汉语重意念、轻形式的特征与规律,采取相适应的方法、手段、策略——以语法的认知为切入点,在大量的应用性训练中渗透认知理念,即'认知—强化—创新',三位一体,相辅相成、相得益彰,科学而有效地实现汉语语法的教学目标。"并例示在教学中如何渗透认知理念来解释连动句和"连 X(NP1/VP1)带 Y(NP2/VP2)"句式,借以表明以认知语法理论来描述汉语作为第二语言教学语法点的可行性。

张旺熹(2019)则明确表明,"我们相信,认知语法能够很好地解释汉语语法中的许多问题,它比其他的语法理论可能更适宜用来构建面向对外汉语教学的教学语法体系","经过这些年的研究,我们认识和体会到,认知语法是一种较为符合我们理想中的用于建构对外汉语教学语法体系的一种语法学理论"。并具体论证了认知语法作为对外汉语教学语法体系理论基础的可行性和四个方面的"优长":"首先,认知语法重在语义解释";"其次,认知语法对语义的心理现实性的追求,是符合人类认知的民族性和普适性的实际的";"再次,认知语法所阐释的语义,具有较高的系统性、概括性和层次性,这一点正是构建对外汉语教学语法系统最为需要的基础";最后,"认知语法的研究成果,可以很好地进行教学实践转化,并且能对教学效率的提高产生积极的作用"。

3. 以功能语法为理论基础。

李晓琪(2004a)指出,汉语作为第二语言教学中进行语法教学的目的不是让学生了解和掌握汉语的语法规则,而是要重视语法的交际功能,重视语法的实际应用,是要通过必要的语法学习,使学习者易于表达、便于阅读、善于交际。从这个意义上说,汉语作为第二语言教学语法应该以功能语法为理论依据,从功能出发,重在应用。张旺熹(2019)也认为"从语用功能的角度去构建对外汉语教学语法体系的设想,也是一个很不错的选择"。

4. 不依附任何一种理论语法,博采众长。

胡明扬(1990:13)认为:"至于采用哪一种语法体系作为教学语法是无关紧要的",在此基础上,更多的学者(如崔希亮,2003;刘月华,2003;金立鑫,2003;Ellis,2006;李泉,2016 等)指出教学语法不必依附于任何一种理论语法,描述语法点时应博采众长。

如刘月华(2003)认为,教学语法可能更多地吸收了传统语法的研究成果,但是传统语法并不能满足教学语法的需要,一切科学的语法,如篇章语法、功能语法、认知语法,都会对教学语法有帮助,汉语作为第二语言教学语法是在不断吸收语法研究的成果中迈步发展完善的。金立鑫(2003)认为,在解释教学语法点时,对 A 现象可以用结构主义的方法,对 B 现象却可以用功能主义的,或者认知语言学的方法,完全采用实用主义的态度,不必讲究解释方法之间的一致性。

不过,有一些学者认为,虽然教学语法可以博采众长,但是过于偏重结构、形式的语法理论,如生成语法,可能不太适合描述教学语法点(Bright,1965;刘月华,2003;Ellis,2006)。另外,由于教学语法本质上要求对共时层面的语言事实规律进行揭示和描写,要慎用注重探讨语法结构历时发展的语法化理论(孙德金,2011b)。

(四)要不要考虑书面语体中的语法内容

李泉(2003,2016)和杨德峰、范慶京(2016)等指出选择语法点时应注意照顾不同的语体,要分别建立用于汉语作为第二语言教学的口语和书面语语法体系。程棠(1996)则认为:"基础汉语教材,特别是基本语法教学阶段的教材,要尽量避免使用汉语书面语。教材所选用的语言材料应该主要是日常生活中常用并且易于口头表达的话语。"据此观点,选择基础汉语教学阶段的语法点时没有必要特别关注书面语体中特有的语法现象。

四、语法内容选择和描述上存在的问题

(一)主要依靠经验选取语法点,理论研究不足

杨德峰(2001)指出,教材编写者在选择语法点时,多是依靠自己的经验或感觉,这就不可避免地受到主观因素的影响,从而造成所选语法点并非学习者的难点。刘月华(2003)指出:"到目前为止,关于语法条目或语法点,各种基础汉语教材有大致的共识,但这些共识主要来自经验,还没有从理论上加以研究。我们认为应该从理论上说明,确定语法点的原则是什么?在对外汉语教学语法中,哪些语法点是必需的,为什么是必需的?哪些项目虽然不是语法点,但是在教学中是必不可少的,是应该在基础阶段作为重点来教的。还有对讲不同母语的学生来说,语法点是否应该是相同的?为什么?"黄南松(2017)认为,目前还主要处于依靠教学经验主观选取语法点的阶段,需要进一步做语料统计和语言对比工作,从而保证选取的语法点是最基本的、常用的语法点,同时也是学习者学习的难点。吕文华(2019)认为目前急需确定"选择和增删语法项目的标准",这也表明在她看来有关语法点的选择标准直到现在依然没有研究清楚。

(二)过于追求语法知识的系统性

刘珣、邓恩明、刘社会(1982)指出了注重语法知识系统性的必要性:"强调语言交际能力的培养,不应当导致对语言知识的忽视,不应当

否定语言规律的指导作用。……如果走上另一个极端,即把学习语言过程中的交际活动与实际生活中的交际行为完全等同起来,把课堂中经过选择的最低限量的语言材料跟无限丰富的现实生活中的语言等同起来,因而忽视了循序渐进的教学原则,使教材的难度超过了初学者的接受能力,而且由于不考虑或很少考虑语法的系统性,把所教的语言形式切割得凌乱分散,影响了对语言体系的认识,在实际使用中也未必能收到好的效果。"

赵淑华(2011:49—50)也指出:"至于语法内容,对于编写基础阶段的教材,就要考虑哪些是最基础的、最急需的。语法阶段结束时,应该让学生对汉语的基本语法有一个比较全面的认识。虽然不必求全,但是还应该有一定的系统性。"

另外,吴中伟(2007:49)强调要在兼顾教学语法系统性的前提下确定教学语法内容,杨德峰(2001)认为编排语法点时要遵循"点面结合原则"(分散后一定阶段进行复习总结),孙朝奋(2018)认为"系统的语法知识对成年学生来说却还是不可或缺的"。这些也都表明教学语法应该在一定程度上注重知识的系统性。

不过,学者们在指出不能完全不讲求教学语法内容的系统性的同时,也都强调在实际的教学中又不能过于追求知识的系统性。如杨德峰(2001)指出:"太重视汉语语法的系统性,追求大而全,其结果是:一方面使得汉语的语法复杂化了,给人以汉语的语法点数不胜数的感觉,这样必然会给学生太大的压力,挫伤他们学习的积极性;另一方面所出的语法点也不可能具有针对性,也就是说课本上所讲的语法点有些并不是学生所希望讲解的。"卢福波(2008)指出:"第二语言学习跟第一语言一样——掌握交际工具,因此教学要以实用性为第一位,不苛求语言体系、系统的完备,针对实际情况和需要择要择需教学。"

然而,目前的教材和教学中还是存在着过于注重语法知识的系统性的问题。如吕文华(1987,2008:55,2015)反复指出,作为语言教学的教科书,它的语法体系与语法书相比,所要求的完整性和系统性是相对的、有所选择的,决不必勉强求全,目前的汉语作为第二语言教材过于追求语法知识的系统性和完整性,对某些语法规则过于求细求全,从而将一些在基础阶段交际中不常见的语法点也纳入教学或教材之中,造成所教语法点过多、教学量过大。郭晓麟(2010)也指出:"目前汉语综合教材以及语法参考书中对语法项目的选取多以系统性为原则。其中的语法项目摘出来,完全是一部现代汉语语法教材的简写本。"

(三)汉外对比意识不足,对意义和用法重视不够

任远(1995)指出,汉语与外语的对比意识不足,使得语法点的选择和描述针对性不足,是汉语作为第二语言教材编写中长期以来共同存在的一个问题。

前文提到的那些主张对汉语作为第二语言教学语法体系改革的研究,也都指出了现有汉语作为第二语言教学语法体系的一个重要缺陷,即汉外对比意识不足,对意义和用法重视不够。如柯彼德(1991)认为当前的汉语作为第二语言教学语法体系一直受到汉语作为母语教学语法体系的束缚,不采用汉外对比的方法来分析和描写汉语语法,不能解决形式和意义在语法上的基本矛盾,从意义出发研究视角的缺位已经影响到了语法教学的合理化与高效率。崔永华(1990)、吕文华(2008:55,2015)都指出,当前的汉语作为第二语言教学语法体系对学习者的学习难点把握得还不够到位,对学习者容易混淆的一些句型缺乏对比,语法描写偏重形式,讲解过细,对结构成分之间的语义关系和语法项目的用法描写得不够,难于指导理解和应用。

对意义和用法重视不够也是描述语法点时存在的一个重要问题。刘珣、邓恩明、刘社会(1982)指出:"教科书只是从语音、词汇、语法、句型结构等方面提供对汉语语言形式的不同层次的描述,而忽视了从语义和语用方面对语言功能的介绍。我们教给学生大量的句型结构和语法规则,至于在什么情况下、如何运用这些结构和规则,以及一定的意念和功

能通过何种语言形式来恰当地表达出来——这些在我们的课本中则很少涉及。"赵金铭(1994)也指出："有的外国学生说，学了汉语语法不顶用，有时还会造出合乎语法的不可接受的句子。这是因为大多数汉语语法只罗列语法现象，很少讲这些现象出现的条件。"李珠(1997)指出："多年来我们的语法教学受结构主义影响较深，习惯于从语法形式出发的大量句型练习，对语义语用重视不够。"卢福波(2000)认为："以往对外汉语语法教学的缺陷从结构、语义、表达这三者的关系来看，基本上是由于注重结构，淡化语义，忽略表达而形成的。"

李强(2018)考察了20世纪60年代以来7套有代表性的基础汉语教材，发现"只有65.7%的语法项目解释描述了相关结构形式的意义"，"语法解释中对于用法、结构形式内部的语义关系、语法功能的描述非常少；对于常用搭配、语体属性、偏误的描述更是几乎没有。"

相关研究表明，描述语法点时对其意义和用法重视不够是造成学习者产生表达偏误的一个重要原因。如吕文华(1987)指出："我们感到学生学习汉语句型时，对句子的结构模式并不感到困难，而常常不明白这个句式表达了什么意义，更不明白句子各成分之间在组合上所表现的语义关系。例如学习'把'字句后，学生经常出现这类病句：'孩子们把弹子球玩高兴了。'句子的结构没错，病因是句中词与词的语义关系没弄清楚。"对于学习者难以掌握"把"字句的原因，张旺熹(1991)更是明确指出："这与语法教学中只重视结构形式而忽略句子的语义和语用功能有关。"

（四）对语法术语的使用和讲解过多

吕文华(1987，2008：55，2015)反复指出，汉语作为第二语言语法教学中存在对语法概念和术语罗列得过多、讲解得过细的问题，而这些做法使得语法教学偏离了为培养学习者语言交际能力服务的目标。

李晓亮(1996)指出："语法讲解的方式是目前中文教科书的一大弊端，特别是大陆出版的许多教材，津津乐道于语法术语的讲解，再给每个术语下定义，常常是大类下面分小类，小类下面还有一、二、三。"

赵金铭(1998)指出，教师和学习者两方面都认为汉语作为第二语言教材存在"语法注释繁琐，术语过多"的问题。李泉(2003)也指出"教材的语法往往术语繁多，注释过于详尽"。

(五)对有些语法点，尤其是对虚词的描写不到位

于树华(1989)、钱玉莲(1996)、李泉(2018)等都分析了汉语作为第二语言教材在语法点的描述上(包括用学习者母语对语法点进行解释说明)不够准确、实用的一些具体问题，如语法点描述的针对性不够——没有很好地针对不同语言背景的学习者关注的焦点、语言表述不够精炼、运用的术语过多、对语法点的意义和用法把握得不够准确等。张旺熹(2010)指出现行教科书的语法解释"太复杂""语言太专业"。黄南松(2017)指出现行的汉语作为第二语言教学语法在规则的解释上存在两大问题："第一，缺乏解释性强的规则，而流于对一些具体用法的描写"；"第二，因为担心叙述的严谨性而使用'经常、常常、一般、大多'等含混不清的词语"，这样的问题导致现行的汉语作为第二语言教学语法在"规定性"上存在欠缺。

陆俭明(1980)指出了虚词的学习对汉语学习的重要性："虚词在汉语中负担着更为繁重的语法任务，起着更为重要的语法作用。汉语语法的这一特点，使汉语在长期的历史发展中形成了一套格外丰富、系统的虚词系统……正因为虚词在汉语中占有极为重要的地位，因此掌握虚词的意义和用法也就成了学好汉语语法，乃至学好汉语的关键。"林焘(2004)进一步指出，汉语作为第二语言教学中的虚词教学关键是选择好重点内容，把握好讲解的尺度，选择哪些常用虚词以及虚词的哪些语义和用法是虚词教学成败的关键，必须有长期的教学实践经验才能处理好。

然而，目前学界对虚词的描述还存在很多的问题。如吕文华(2016)指出，当前的一些教材对语法点的描述不够准确，对虚词的解释尤为不尽如人意，经不起语言实践的检验，甚至诱导学生发生语法偏误。李泉(2017)指出："汉语虚词数量多，用法复杂，功能多样。……教学实践业

已表明,学习者大量的语言偏误来源于虚词的使用问题,如缺少相关的虚词、虚词误用、虚词搭配不当、虚词的摆放位置不当等。可见应该大力加强面向对外汉语教学的虚词研究,并结合教学实践建设好虚词课,编好不同等级、不同需求和不同特色的各类汉语虚词教材。"

(六)基础阶段编排的语法点不够典型,所配例句交际性不强

赵淑华(2001)分析了大量基础教材选取语法点的情况,发现存在两个突出的问题:一是宁可多选十项,不可漏掉一点;二是互相攀比(转引自赵金铭,2002)。针对这一问题,吕文华(2019)指出,当前急需确定语法难点的典型结构,即从一些形式和语义复杂的语法难点中,筛选出最能反映该语法点形式和语义特征的下位结构,在入门阶段教给学生,有效地降低教学难度,提高教学效率。

前文的分析表明,学界已经认识到了配上典型例句对于描述语法点的重要意义,但还是有很多的教材并没有做到例句的典型化。如吕文华(2016)以"把"字句、动态助词"了"和被动句的教学内容为例,分析发现教材编写者以形式结构为核心选择语法点,造成基础阶段选择的结构语义复杂、语用上交际性不强、给出的例句在现实生活中使用率也不高等问题。李泉(2018)考察了近20年出版和修订重印的汉语综合教材,发现教材中配合语法点讲解的"不少例句只是为了阐释语法结构而编写的'语法句',缺乏交际价值,真实语言生活中几乎听不到、用不上"。

五、有关具体语法点的研究

(一)有关具体语法点是否作为基础汉语教学语法内容的研究

有些语法点,尤其是比较复杂的语法点,不能完全在基础汉语教学阶段进行教学,需要将它们切分为不同的小类,然后再确定哪些可以在基础汉语教学阶段进行教学。有关这方面的研究,如胡炳忠(1987)和吕文华(2001)对基础汉语教学阶段应该选择哪些类别的补语、补语如何分类,以及一些具体的动补结构所属类别等问题,做了较为深入的探讨。

吕文华(1987)通过50万语料的考察,发现重动句的使用频率较低,因此认为基础汉语教学阶段可不选择这一语法点。而雷雨、王思奇(2014)则持相反的观点,他们认为吕文考察的语料太少,考察得到的结果与母语者语感和教师教学经验有出入,重动句是表达中的常用句式,学习者又容易出现偏误,因此应该作为教学的重点。

赵淑华(2001)认为,名词谓语句、主谓谓语句、可能补语、隐现句、复指成分、短语(动词短语、主谓短语、介词短语除外)、感叹句、表存在的"是"字句,不应作为基础汉语教学语法内容(转引自赵金铭,2002)。

邓守信(2015)、黄南松(2017)都认为,在面向英语背景的汉语学习者进行教学时,无须将"现代汉语的主要语序是'主语+动词+宾语'"作为语法点而特别加以讲解。孙德金(2007b:138—142)认为表领有的"有"字句不应作为语法点。

刘月华(2003)认为,有些语法点虽然较难学,如"了"和"把"字句,但不能出现得太晚,日常交际的很多语境中不用"了"或"把"字句,说话会很不自然。吕文华(2010)认为,基础汉语教学阶段只需出现动态助词和语气助词"了"的典型用法,即动态助词"了"的以下两种用法可出现在基础汉语教学阶段:(1)叙述动作完成所及的特定对象或所及对象的数量;(2)叙述动作完成后出现或将出现另一个动作。语气助词"了"出现的以下几种句式应安排在基础汉语教学阶段:(1)形容词+了;(2)时间词/数量词+了;(3)关系动词/心理、状态动词+了;(4)能愿动词+宾语+了;(5)可能补语+宾语+了;(6)已经+动词+了;(7)不+动词+了。

(二)有关具体语法点的描述研究

1. 针对已有研究成果中的不足而开展的研究。

教学语法大纲的研制、教学参考语法书和教材编撰等,都需要对具体的语法点做出具体的描述。因此,可以说针对具体语法点的研究成果已经非常丰富。而又有许多研究者针对大纲、教学参考语法书、教材以及相关辞书对有些语法点解释上的不足，进而做了再研究，并基于研究成果修正了相关语法点的描述。

（1）有关句式的研究，主要有"是……的"句（赵淑华，1979），"连……也/都……"格式（高桥弥守彦，1988），"不比"句和"没有"句的对比（相原茂，1992），"多/少+动词+量性成分"（时卫国，2004），"倒"字句（吴中伟、傅传凤，2005），"程度副词+名词"结构（张卫国、安莉，2007），被动句、"比"字句和疑问句（吕文华，2008：167—184），"A 跟 B 一样 X"和"A 有 B 这么/那么 X"的对比（刘振平，2010），"是+名"结构（吕明臣、刘海洋，2015），等等。

（2）有关句子成分的研究，补语是焦点，状态补语（鲁健骥，1993b；吕文华，2008：149—152）、趋向补语、时量补语、结果补语和可能补语（吕文华，2008：152—167）等各类型补语都得到了较为深入的研究。还有一些含具体词项的补语研究，如史有为（1995）对比分析了"动+个__"中"没完"和"不停"的差别；李晓琪（2004b）对比分析了"做不到""做不好"与"做不了"等。

另外，汉语句子中的"主语"语义复杂不能完全对应印欧语中的"主语"，也成为研究的一个焦点。如崔永华（1990）建议将"主语"改称"话题"，吴中伟（2000）对比分析了"主语"和"主题"，吕文华（2008：143—147）对"主语"和"前置宾语"所代表的内容做了详细说明，吕文华（2014a：93—156，2014b）对如何描述"主语"和"谓语"及其语义关系给出了具体的建议，等等。

（3）有关虚词的研究颇多。

一是，如何描述动态助词"着、了、过"的意义和用法，尤其是"了"的意义和用法一度成为热点。如陈刚（1980）通过与英语进行时的对比，分析了"着"的用法；房玉清（1992）对比分析了"着、了、过"的语义特征和用法；吕文华（2008：129—131，133—137）详细阐述了"了、着、过"的用法，并切分出了基础汉语教学阶段应该教学的用法。

二是，语气助词是汉语中特有的一类词，用法也较为复杂，因此也是研究的一个热点。与动态助词"了"相关的语气助词"了"是其中的一项重要研究内容，赵万勋(2004)考察了留学生使用语气助词"了"的偏误，又发现教材中对"了"的解释不够准确，从而指出"'了$_2$'的语法意义主要是事件或状态结束之后的状态"。吕文华(2008：131—133)描述了语气助词"了"的语用功能，吕文华(2010)又进一步描述了助词"了"(包括动态助词"了$_1$"和语气助词"了$_2$")的语义和用法。傅由(1997)、徐晶凝(2004)、武果(2005)分别分析了语气助词"嘛、吧、呢"的意义和用法功能，张玲瑛(2009)把句末语气词"吗、啊、吧、呢"分成9个语法点，对它们做了详细描写并对教学中如何对这9个语法点进行排序提出了具体的建议。

三是，介词的研究成果也比较多。如李晓琪(1994)研究了介词"给、为、替"，黄瓒辉(2001)在该文的基础上对三个介词的用法做了补充描写；何薇(2006)对对象类介词"向"的意义和用法做了详细的描述并与用于引进对象的"对"做了对比；方清明(2012a)发现词典对"随着"的描述多处于泛泛概括层面，难以为教学提供参考，因此，其对"随着"句法、语义特点做了较为详细的分析和描述；王鸿滨(2013)对比英汉介词的用法，从而更准确地认识了汉语介词的特点。

四是，有些连词之间的用法差异也常常成为对比研究的对象。如王景萍(1999)在分析"并"动词、副词和连词用法的基础上与连词"并且、而且"的用法做了对比。

(4)有关实词的研究，意义和用法比较复杂的副词是研究的焦点。如"还"和"才"的用法(赵淑华，1981，1992)，"老"和"总"的对比(祝韶春，1994)，"在"和"正"的语料分布和语义特征(郭凤岚，1998)，"再"置于能愿动词前的条件(张新明，1999)，频度副词的意义类别和用法(周小兵，1999)，"正"的语法意义(杨平，2000)，"不"和"没"的功能异同(白荃，2000；杨从洁，2003)，"正(在)""在"与"着"之间的功能异同(肖奚强，2002)，"竟"所处的句法结构及其语义类型、语用规律(聂丹，2004)，"一再、再三、屡"的用法异同(武惠华，2004)，反诘类语气副词的否定功能(齐沪扬、丁婵婵，2006)，"赶紧、赶快、赶忙、连忙"句法功能、语义特征、时体特征及使用语境的异同(沈敏、范开泰，2011)，"实在"的三个副词义项(杨雪梅，2012)，"真"与"真的"的语法意义与语用功能(方清明，2012b)，重复类频率副词(连连、连、连续、接连、一连)的句法、语义特征(周文华，2014)，等等。

另外，还有能愿动词的研究，如陈若凡(2002)、鲁晓琨(2004)等都对"会"和"能"做了对比分析。量词的研究，如萧国政(2004)、李计伟(2006)分别研究了量词"把"和"副"。动词的研究，如吕文华(2008：147—149)研究了带双宾语的动词的语义类型，等等。

2. 在偏误分析基础上开展的研究。

更多的有关描述具体语法点的研究，是基于分析学习者的语法偏误所发现的问题而开展的。学习者在某个语法点上反复出现偏误，教师或教学研究者会进一步深入分析偏误产生的原因，如果分析发现有些语法偏误的产生是因为教材或教学中对语法点的描述存在问题，教师或教学研究者就会进而思考如何改进该语法点的描述。

这方面的研究成果，除了一些偏误分析的专著，如佟慧君(1986)、李大忠(1996)、程美珍主编(1997)以及肖奚强、颜明、乔倓等(2015)等，还有大量的研究性论文，如赵淑华(1977)、王晓钧(1983)、王还(1994)分别研究了动态助词"了"、助(能愿)动词和副词"反而"；陈满华(1995)、缑瑞隆(2004)分别研究了方位词"里、中、上、下"和"上、下"；李艳(2000)、周小兵和王宇(2007)都研究了范围副词"都"；牟世荣(2014)、黄晓红(2015)、张文贤和张易(2015)分别研究了副词"倒"的语义语用功能、"反正"的三种使用环境和"真"的主观意义；吕文华(2008：167—172)、唐为群(2008)、孙朝奋(2018)分别研究了"被"动句、副词"接连"及"接连"句、"是"字句，张斌(2021)对比分析了"纷纷"和"陆续"的意义和用法；等等。

第二节 语法内容编排的相关研究

学界对语法编排的研究主要是围绕如何进行分课编排语法点而展开的，集中探讨"哪些语法点先出，哪些后出""每课出现多少个语法点合适""复杂的语法点如何切分"等问题。

一、语法内容编排的原则和依据

（一）由易到难、循序渐进地分课编排语法点是当前的共识

《汉语教科书》选取了170个语法点，并把它们分散编排到60课中，这种做法被后来的教材纷纷效仿。随着汉语作为第二语言教学的发展，有关机构和高校又组织专家制定了一系列的语法等级大纲为全国的教学和教材编写提供指导，这些大纲大多对语法点做了分级，这更是明确地做了语法点应该分散编排的导向。

分散编排语法点，就要解决语法点出现的先后问题，《汉语教科书》和各类分级语法大纲均表明是按照"由易到难、循序渐进"的原则来编排的。目前看来，由易到难、循序渐进地分课编排语法点是汉语作为第二语言教学界基本都认同的语法编排原则（吕文华，1987；杨德峰，2001；卢福波，2003）。

如何按照先易后难的原则对语法点进行教学排序，是近些年来学界研究改进汉语作为第二语言教学语法体系方面讨论最多的三个问题之一（赵金铭，2018）。但也有人"认为难的语法点不妨早教，多接触、多练习，学生才能掌握得更好。"（刘月华，2003）

分课编排语法点时，除了遵循"由易到难、循序渐进"这一原则外，很多学者都认为还有一些原则也需遵循，或者说还有一些因素需要考虑。如"分散难点""由简及繁、先'死'后'活'"（吕文华，1987）、

"注意结构之间的依存关系""要与功能项目和文化项目相照应"(程棠，1996)、"针对性原则""适度原则""分散原则""点面结合原则""量少原则"(杨德峰，2001)、"复式递升""距离适度"(卢福波，2003)、"急用先学""讲究策略""适合操练"(赵淑华，2011：298—306)等。

综合分析已有研究成果，我们可以发现目前学界在语法点编排上达成的共识主要有：(1)由易到难、循序渐进；(2)应注重语法点的使用频率，常用、急用的优先编排；(3)对复杂语法点应进行切分，分散编排于不同课当中。

(二)在判断语法点难易的依据上存在争议

刘月华(2003)指出："无论是按照由易到难还是按照由难到易来编排语法点，都要确定对于学习者来说哪些语法点难、哪些语法点易，然而现实中我们却很难做到这一点。"因为哪些语法项目是容易的，哪些是比较难的，这本身就是一个很复杂的问题，需要好好调查研究以后才能得出结论(金立鑫，2003)。然而，"目前的研究多数是原则和方法的探讨，尚未落实到制定出一份可供参考的语法项目难易度表"(吕文华，2019)。当前的教学大纲或教材对语法点出现顺序的编排，其科学性总会受到不同程度的质疑。之所以如此，说到底是因为我们还没有统一的、可靠的判断标准来判断到底哪个语法点比哪个语法点更难(黄南松，2017)。虽有学者提出了一些判断标准，但其可行性和科学性还有待进一步论证。

首先，杨德峰(2001)提出依据习得顺序编排语法点的顺序，但学界对习得顺序的认识还存在分歧，依据习得顺序的可行性受到了质疑。杨德峰(2001)认为编排语法点时要想做到由易到难、循序渐进，就要遵循学习者习得语法点的自然顺序，即："语法点编排要做到循序渐进，必须加强汉语习得方面的研究，找出不同的语法点的习得顺序以及同一语法点不同用法的习得顺序。"但是，学习者在语法点的学习上到底有没有一个固定的习得顺序，目前学界对此还存有疑问。有关习得顺序的研究目前还严重不足,且已有的一些研究也未达成共识,甚至出现了针锋相对的观点。如 Wen Xiaohong(1997)认为完成体"了"先于句末"了"习得,完成体"了"和经历体"过"先于持续体"着"习得;而杨素英、黄月圆、孙德金(1999)则认为"着、过"的习得先于"了"。可以说,"我们目前对习得次序的了解还不足以整理出一套系统完整的语法习得次序"(蒋祖康,1995),连杨德峰(2001)自己都指出:"这种研究还很不够、很不系统。"这种情况下,又如何能够依据习得顺序确定语法点的难易度呢?孙德金(2016b)也认为,有关习得顺序的研究,有时会因为研究设计上的缺陷,研究结果不一定可靠,据此安排语法点的教学顺序就会有问题。

客观地讲,确定学习者语法点的顺序是件极难的事情,因为影响习得过程的变量众多,常常难以控制,最重要的因素是教师的讲授和引导、课本的编排、学生的母语以及学生的特点(宋连谊,2002)。因此,吕文华(1987)则直接否定了依据习得顺序来编排语法点顺序的可行性。

其次,吕文华(1987)提出依据结构本身的难易度来编排语法点顺序,但因判断结构本身的难易度也并非易事,同样受到了质疑。吕文华(1987)认为:"因为汉语作为第二语言的习得究竟有没有一个习得顺序,这个习得顺序又是什么,尚待研究。语言自身的规律则是制约语言点排序的最直接、最根本的因素。""'循序渐进'就是循着语法自身存在的难易差异排序,因此首先要确定语法项目的顺序。语法项目的顺序包括结构序、语义序、用法序三种。"

然而,对于吕文华(1987)的观点,邓守信(2003)则明确表示并不科学,指出:"必须注意的是教学语法之排序不能单纯在结构的基础上划分,因为它涉及很多因素,如学习者的背景、词汇、语法结构及学习环境等,彼此间的影响更是错综复杂。"而且,即便是判断语法结构本身的难易度,也并非易事。吕文华(1987)认为有标志的语法项比无标记的难。但是,Ellis(2006)则对此明确表示反对,他认为:"标记性仍然是一个有些不透明的概念,因此通常很难精确地应用于确定要教授哪些结构。"

而学者在具体句式难度的判断上,也出现了对"有标记句式比无标记句式难学"这一观点的质疑。如在判断无标记被动句(意义上的被动句)和有标记被动句("被"字句)的难度上,吴勇毅(1994)则认为意义上的被动句(无标记被动句)"其难度并不亚于'被'字句",而卢福波(2005)等认为无标记被动句比"被"字句容易。

最后,卢福波(2003)主张将汉语与学习者母语的语法进行对比,依据对比分析假说所划分的难度等级来排序。Ellis(2006)则认为:"对比分析的结果不能构成语法点选择的合理基础。"

另外,邓守信(2003)提出判断语法点困难度的五个原则:(1)结构越复杂,困难度越高;(2)语义越复杂,困难度越高;(3)跨语言差距越大,困难度越高;(4)越不易类化者,困难度越高;(5)语用功能越强,困难度越高。但是,并未提供判断语法点的结构和语义复杂度、跨语言差距、类化的难易度、语用功能强弱的具体标准。该文更多地还是依靠教学经验对语言结构的难易度进行主观判断。

总之,编排语法点的顺序"用语言的难易程度做标准,不得不面对这样一个现实:语言中相当数量的语法点很难划分出难易等级,因而也无从排列出一个终极合理的先后顺序"(唐曙霞,2004)。这就造成了如今的局面:同样都是遵循由易到难的原则排列语法点,各种教材语法点出现的顺序并不相同,即如刘月华(2003)所说:"从现有各种教材语法点出现的顺序并不相同来看,可以说,就全部语法点来说,不存在一个绝对不变的排列顺序。"

二、分课编排语法点引发的问题

分课编排语法点,首先遇到的问题就是上面指出的:目前还找不到一个大家都认可的标准来判断语法点的难易顺序。因此,编排出来的语法点顺序其合理性势必受到质疑,以至于有人认为"多年来,我们的教材还没有一部在语法项目的排序上是十分理想的"(赵淑华,2011:305)。

其次，要想判定出哪些语法点更常用，也并不是很容易，需要选择恰当的语料进行频率统计，而什么样的语料才是"恰当"的，目前也并没有研究清楚（黄南松，2017）。除此之外，学者们纷纷指出了分课编排语法点还有一个比较突出的问题——由于要围绕语法点编写课文，导致课文内容不自然、不够活泼。

如吕叔湘（1972）指出："每课出现一两种语法格式，每出现一种都得讲清楚。这当然是很好的原则，但课文就不可能生动活泼。"

刘珣、邓恩明、刘社会（1982）发现："以语法为纲的教材忽视了学生从一开始学习就产生的运用汉语进行交际的要求。他们急于表达的，在课堂上学不到，而学到的东西又无法运用。这样就逐渐使他们失去学习的兴趣，缺乏学习的动力。"

刘月华（2003，2004）也发现：以语法为中心的教材"由于课文主要目的是配合该课的语法点，很难做到独立性，所以往往内容没趣，有时甚至前言不搭后语，学生不喜欢"，"有的课本的课文，编写时是为了配合语法点，连课的名字都来自语法点，比如'我学了两年中文了'。这种教材，课文一般没有独立性，常常会很不自然，也很难有一个中心内容，因为有时是为了迁就语法点而拼凑起来的，所以很难避免前言不搭后语的情况出现，学生当然很难记住。这种课文也较难做到有趣。"

赵金铭（2018）总结指出："汉语作为第二语言教材中语法内容的呈现方式，历来大都严格遵守一条原则，即依据对外汉语教学语法大纲，每课出现一两种语法格式，作为本课的语法点。这一两个语法点要解释清楚，并应有足够的练习。有的教材，还配有范句，作为这个语法点的典型示例。此后，课文就要围绕着这个语法点进行编写，结果往往致使课文难以生动活泼，特别是初级阶段，教材语言常常生涩拗口，不够流畅自然。"

三、确定和编排语法点的模式

杨德峰（2001）从宏观层面考察了当前教材编排语法点的模式。该文指出，由于在语法点的选取和编排上没有统一的标准，教学中很难找到语法点及其编排完全一样的两部基础汉语教材。尽管如此，仍可以发现现有的基础汉语教材在确定、编排语法点上大致形成了三种模式：大系统化—非系统化、非系统化—非系统化、非系统化—小系统化。连接号前面的"大系统化"和"非系统化"，指的是选择语法点时是否注重汉语语法的系统性，即教材中的语法内容是不是从词、词组（结构）、句子到复句，各个方面面面俱到，如是则为"大系统化"，如不是则为"非系统化"；连接号后面的"小系统化"和"非系统化"，指的是编排语法点时是否注重把一些相关的语法点或复杂语法点的不同用法编在一课或连续的几课中，如是则为"小系统化"，如不是则为"非系统化"。

李晓琪（2004c）则通过考察具体语法点在教材中的分布情况，总结了具体语法点编排的三种模式：(1) 集中出现，即"一个语法点只在语法项目总序列中安排出现一次，把整套教材的语法项目平列起来，是一个自成系列的语法项目表"；(2) 总—分—总出现，即先对大的语法点做总述，然后切分为更小的语法点，最后再安排更高层次的总述，把各小的语法点放在一起比较、说明；(3) 循环递进出现，即同属一个大语法点的各个小的具体语法点要分散到不连续的几课当中。

四、关于语法点分布及量的研究

（一）基础汉语教学阶段通常编排语法框架中的基本语法点

在汉语作为第二语言教材编写和教学大纲的制定上，学界一般的做法是把汉语语法框架中的基本语法点都安排在基础汉语教学阶段。"在基础阶段的一年时间里，语法的基本框架应该全部教完，主要的语法项目也都要涉及了。"（吴中伟，2007：45）因为第二语言教学的一般规律和长期以来的教学实践都表明，让学习者及早掌握基本语法然后再重点扩大其词汇量的做法，是可行的和必要的，将基本语法点集中在基础汉语教学阶段，有助于学习者尽快了解汉语语法的概貌，掌握汉语的语法规则，打下坚实的语法基础，为进一步学习准备条件。肖奚强(2017)强调"成人有健全的思维和表达的迫切需要，不宜将表达和交际急需的基本语法项目分散到三年之久"。另外，崔希亮(2003)、孙德金(2012)等都强调应该在基础汉语教学阶段尽快学完基本的语法项目。

当然，如果仅仅在基础汉语教学阶段教学基本的语法点，显然是不够的。基础汉语教学阶段教学的语法点还需在中高级汉语教学中有意识地重现，吕文华(1993)明确提出："语法教学应贯穿在教学的全过程中，按初级、中级、高级三个阶段分为三个循环周期。"初级阶段为第一循环周期，安排较为完整的语法体系。这一阶段的语法项目应是经过科学筛选的最基本、最常用、最有能产性的项目。

(二)基础汉语教学中语法点的数量通常在64—210个之间

基础汉语教学阶段到底编排多少个语法点比较合适呢？这尚未有定论。但是，一方面，我们可以从一些等级大纲中窥见大概。如《等级大纲1988》甲级语法点有133项，而在此基础上修订而成的《等级大纲1996》甲级语法点有129项，《初级大纲1999》中有120项，《专业大纲2002》一年级语法项目序列中列了102项，《进修大纲2002》初等阶段语法项目(一)和(二)分别列了100项和85项，《通用大纲2014》一级和二级语法项目表里分别有34项和58项。《等级标准2021》初等语法点共210个，含一级48个、二级81个、三级81个。

另一方面，可以从学者对一些基础教材的语法点的统计数据来了解量的范围。如董淑慧(2006)、沈庶英(2012)都统计了在保加利亚出版的、朱德熙和张荪芬主编的《汉语教科书》中的语法点数量，但统计结果稍有出入。前者指出："教材把从词法到句法的整个汉语语法系统切分为111个语法点，逐一讲解，而且各语法点的排列顺序尽量顺应其内在联系"；后者指出："教材中标注的最后的一个语言点虽然是第125，但在47—50之间缺少48和49两个语言点，再去掉10个语音知识点，故为113个语法知识点。"而鲁健骥(2007)统计了该教材手稿——《华语教材》中的语法点数量,指出:"全书出现大小语法项目 102 个"。

吕文华(2008:5—44,114)对下列 8 套教材所编排的语法点数量做了统计(见下表 3-1),结果显示这些教材的语法点都在 200 个以内。

表 3-1　吕文华对 8 套教材语法点的统计结果

教材名称	编者	出版社(出版年)	语法点数量(个)
《汉语教科书》(上、下册)	邓懿等	时代出版社(1958)	170
《基础汉语》(上、下册)	王还等	商务印书馆(1971、1972)	116
《汉语课本》(一、二册)	李德津等	商务印书馆(1977)	108
《基础汉语课本》(前三册)	李培元等	外文出版社(1980)	110+29(注释)
《实用汉语课本》(前两册)	刘珣	商务印书馆(1981)	80+82(注释)
《初级汉语课本》(共三册)	鲁健骥	北京语言学院出版社、华语出版社(1986)	153
《现代汉语教程·读写课本》(一、二册)	李德津等	北京语言学院出版社(1988)	130
《汉语教程》(一年级)	杨寄洲	北京语言文化大学出版社(1999)	134

杨德峰(2001)对下列 3 套教材中的语法点做了统计(见下表 3-2),结果显示其中 2 套的语法点都不超过 100 个。

表 3-2　杨德峰对 3 套教材语法点的统计结果

教材名称	编者	出版社(出版年)	语法点数量(个)
《汉语初级教程》	邓懿	北京大学出版社(1993)	134
《标准汉语教程》	黄政澄	北京大学出版社(1998)	65
《标准汉语教程》(初级)	王国安	上海教育出版社(1998)	78

卢伟(2005)、王若江(2006)等统计发现《中文听说读写》(Level 1)中有 120 个语法点。武惠华(2006)、刘苏乔(2015)等统计了《新实用汉语课本》(前两册)的语法点数量,得出的具体数据有所不同,前者认为有 70 个,后者认为有 64 个。

另外,程棠(1996)也对《汉语教科书》《基础汉语课本》《实用汉语课本》《初级汉语课本》《汉语初级教程》中的语法点做了统计,得出的结果是:5 部教材的语法点数量分别为 186 个、105 个、89 个、116 个、127 个。李晓琪(2004c)对《实用汉语课本》《汉语初级教程》和《汉语教程》中的语法点做了统计,得出的结果是:3 部教材的语法点数量分别为 105 个、138 个和 107 个。

虽然不同学者统计同一套教材的语法点数量得出的数据有一定的出入,但这不影响我们得出以下的结论:来源于等级大纲和基础教材两个方面的统计数据表明,基础汉语教学阶段需要编排的语法点数量多在 64—210 个之间。

(三)每课通常编排 3 个左右的语法点

杨德峰(1997)指出,对每课到底编排多少个语法点比较合适这个问题,学界的研究不足,因此也就没有一个客观标准,一课编排两三个、十几个的教材都有。鉴于这种情况,该文在问卷调查的基础上结合自己的教学经验,提出基础汉语教材每课出现 2 到 3 个语法点为宜。

杨德峰(2001)统计了 3 套教材每课编排的语法点的数量:《汉语初级教程》(全四册)平均每课 2.2 个,其中第一册平均每课 4.1 个;《标准汉语教程》平均每课也是 2.2 个;《标准汉语教程》(初级)平均每课 2.6 个。并指出这 3 套教材中的前两套都存在有些课里的语法点过多的问题,分别出现了一课编排 6 个和 7 个语法点的现象,"这么多的语法点编排在一课之中,显然难度太大,老师不仅有讲不胜讲的感觉,学生更是学不胜学,很容易产生厌倦情绪,因此必然影响教学效果"。对于基础汉语教材中到底每课编排几个语法点合适,该文一方面继承了杨德峰

（1997）的观点"2 到 3 个语法点为宜"，一方面又进而指出"这只是一个上限，到底一课中编排几个语法点，还应该视具体情况而定。比如说，一些复杂的语法点，像'把'字句、'被'字句，一课中就不宜编排 2 到 3 个，编排一个也就足够了"。

吕文华（2008：116）统计了 4 套教材每课的语法点数量：《汉语教科书》平均每课 3.7 个，《基础汉语课本》平均每课 3 个，《实用汉语课本》平均每课 2.5 个，《初级汉语课本》平均每课 1.5 个。并针对每课语法点的编排量提出了自己的观点，即"要把语法含量大的和非常大的项目切分为几个层次，分散在不同阶段或同一阶段的不同课中，以免在同一课中教学量过大"，"在初级阶段，每课以 2 个语法项目为常，有的仅可安排 1 个，少数课可以安排 3 个"。

徐家祯（2010）根据自己编写教材和教学的实践经验，认为"在编写供海外使用的汉语课本时，每课的语法点不能少于三个，但也不能多于六个。如果一课内有一个比较复杂、难度较大的语法点的话，可以再加两三个次要、容易的语法点，比如某个连词的用法之类；要是一课内没有一个主要的、困难的语法点的话，就可以一下子教五六个小的语法点。再少的话，学生在一年里就学不到足够的语法项目了。"

五、有关具体语法点编排的研究

（一）依据教学实践结果对某些语法点的编排提出建议

这方面的研究成果比较多，多是根据教学经验、教学实验结果或者对学习者的偏误进行分析，发现教学或教材中某个语法点编排不够合理，从而依据相关理论提出具体的修正建议。

例如，跟"了"有关的语法点的编排研究。赵立江（1997）对"了$_1$"（用于动词后、主要表示动作完成）和"了$_2$"（用于句尾、主要表示某件事情或情况已经发生或实现）的编排顺序提出了建议；高顺全（2006）在考虑习得顺序、使用频率的基础上充分考虑语法化因素，对"了"（含动词、动态助词和语气助词三种功能)的教学顺序提出了建议;郑家平(2017)研究了助词"了""过"和"把"字句谁应在前谁应在后的问题;等等。

再如,有关句型、句式的编排研究。赵万勋(2003)统计分析了3套教材对"被"字句的编排,进而调查了留学生使用"被"字句的情况,结合留学生在习得"被"字句上的一些特点,对"被"字句教学与编排提出了建议;卢福波(2005)依据句型习得难易度、句型系统制约性,兼顾句型在实际生活中的使用频率等,对汉语句型做了排序;等等。

还有某类词语或某种句法成分的编排研究。戴梦霞(1999)对初、中、高级汉语教学阶段中有关量词的教学内容安排提出了建议;郭晓麟(2010)分析了不同类别的趋向结构的编排顺序;牟世荣(2014)研究了副词"倒"的多个义项和用法的先后顺序;邓守信(2015)研究了"太$_1$"("太贵了")和"太$_2$"("太好了")的教学顺序;高顺全(2016)研究了有关"就"和"又"的语法点的编排顺序;等等。

吕文华则对多个层面上的汉语语法点的编排问题做了深入研究。如吕文华(2008:126—128,133—143,157—160,172—184)对量词、动态助词"着""过"、表动作进行的"正""在""正在""呢"、离合词、时量补语、结果补语、可能补语、"比"字句等语法点的切分和排序给出了建议。吕文华(2010,2013)对助词"了"、被动句做了切分和排序研究。

(二)在考察语法点习得顺序的基础上提出编排建议

还有一些学者通过考察一些语法点的习得顺序,然后基于语法点的编排顺序应与习得顺序基本一致的理念,对教学和教材编写中应该如何做出选择和排序提供参考或提出建议。

这方面的专著主要有肖奚强等(2009)。该书分章对外国学生习得以下各句式所含具体小类的顺序做了研究:"把"字句、"被"字句、"除了"句式、"给"及相关句式、A跟B(不)一样(X)、"连……也/都……"格式、"让"字句、"是……的"格式、"有"字句、重动句、存现句、兼语句、连动句、结果补语句、趋向补语句、数量补语句、两种能性结构（可能补语和能/不能 VC）、双宾语句、形容词谓语句、主谓谓语句、中动句，进而基于习得顺序对教学和教材中如何安排各句式内部小类的先后顺序提出了建议。除此之外，这方面的研究成果还有大量的单篇论文，涉及的语法点主要有以下一些。

句法成分方面：分别面向日本留学生和英语背景学习者的汉语趋向补语（钱旭菁，1997；杨德峰，2003），程度补语（王松、刘文攀，2015），面向欧美学生的汉语情态补语（孙群，2018），面向美国学生的汉语动量补语（王嘉天、彭爽，2018），等等。

句法结构方面："不"和"没"构成的否定结构（王建勤，1997），分属肯定和疑问系统的 22 个现代汉语句式（施家炜，1998），17 个比较句式（陈珺、周小兵，2005），与动态助词"着"相关的 11 个句式（李蕊、周小兵，2005），15 个"把"字句式（李英、邓小宁，2005），等等。

某类词或具体词语方面：汉语体标记"着""了""过"（Wen Xiaohong, 1997；杨素英、黄月圆、孙德金，1999），面向英语背景学习者的"再"和"又"各个义项（李晓琪，2002），副词"就"的多个义项（黄露阳，2009），"根本"的形容词、副词和名词用法（杨万兵，2011），面向欧美学生的趋向补语"过来"（朱京津，2018），等等。

第四章
"格局+碎片化"语法编排思路的理据

语法一直是汉语作为第二语言教学的重要内容,明末清初传教士们所编汉语教材中更是以语法的讲解为主,教材内容以介绍汉语基本的语法知识为主,学习者要想掌握语法规则、获得汉语交际能力,还需再去阅读大量的经典文学作品。而后的教材不断增加例句,例句的增多不仅可以加深学习者对语法规则的理解,同时也为语言操练提供了更多的材料。例句的重要性不断得到重视,进而使得教材编写体例发生了大的变革,到了清末,汉语作为第二语言教材已经普遍转为:讲解语法知识并利用课文操练语法规则和语言技能的模式,即将讲解的语法点分散到各课,每课学习几个语法点,每课的课文围绕这几个语法点来编写。新中国汉语作为第二语言教材的奠基之作——《汉语教科书》(1958)将这种模式继承下来,时至今日依然是汉语作为第二语言教材的主流编写模式。而且,随着教学经验的不断增加,汉语作为第二语言教学界充分认识到了"在最短的时间内帮助学习者最快地掌握所学语言的语法规则,进而正确有效地运用这些规则,习得并重构汉语语法系统"的重要性。因此,无论是研制教学语法大纲还是编写教材,都秉持着在基础汉语教学阶段(通常是一年左右的时间)把汉语基本的语法点教学完的理念(崔希亮,2003;孙德金,2012;肖奚强,2017)。

要想做到在基础汉语教学阶段,把汉语基本的语法点由易到难、循序渐进地分编入各课当中,首先要搞清楚基础汉语教学阶段到底要教学哪些语法点。关于这方面,经过多年的探索,学界已达成了一定的共识,但也有不少分歧。更难的是,还要进一步排出这些语法点的难易顺序。

时至今日,学界也没能在语法点难易度的判断标准上完全达成共识,这就造成了这样的局面:还没有一部教材编排出来的语法点顺序被认为是完全合理的(赵淑华,2011:305)。

不仅如此,随着学界在20世纪60年代提出并贯彻"实践性原则"(赵贤州,1988),20世纪70年代引进"功能法"(functional approach)的相关理念,课文语言的实用性、交际性、灵活性、趣味性等成为了考量教材优劣的重要指标(赵金铭,1998)。然而,汉语作为第二语言教材的现状却是:因受由易到难分课编排语法点的影响,课文很难做到完全依据学习者的日常生活和社会实践所需来选择内容,在实用性、交际性、灵活性、趣味性等方面都受限(吕叔湘,1972;刘月华,2003;赵金铭,2018)。

虽然当前的汉语作为第二语言教学语法编排模式存在着上述问题,但是学界并没有考虑对其彻底变革进而创建一种新的模式,而是一直努力寻求一个由易到难、循序渐进的语法点顺序。因此,长期以来,学界都在努力探讨"选择哪些语法点进入汉语教材""这些语法点的难易程度如何确定""如何对复杂语法点进行切分""如何按照先易后难的原则将这些语法点进行教学排序""每课编排几个语法点合适""相关语法点如何前后照应""如何使得课文内容在保证强化语法规则操练的同时还能做到实用有趣、满足日常交际"等问题(吕文华,1987;杨德峰,2001;赵金铭,2018)。时至今日,围绕这些问题的研究成果不可谓不多,但始终无法排列出一个终极合理的语法点难易顺序,课文内容编写也一直未能摆脱语法点的束缚。分析相关教材和审视一些学者的观点,我们认为"格局+碎片化"的语法编排思路能够突破当前语法编排所存在的这些瓶颈问题,值得深入研究以及今后的教材编写加以实践。本章将在赵金铭(2018)的基础上,进一步从多角度来论证"格局+碎片化"语法编排思路的合理性,以及相对于当前模式的优越性。

第一节 "语法格局""碎片化语法"及其关系再论

"格局+碎片化"语法编排思路的提出，主要是为了解决当前汉语作为第二语言教学中课文语言受语法编排束缚而出现的实用性、交际性、灵活性和趣味性等不足的问题。在基础汉语教学和教材中，先用学习者母语介绍一下汉语语法的基本框架，即"汉语语法格局"，随后分课教学和编排语法时，就可以根据交际需求来选择使用频率高的语言材料来编写课文，而不必强求按照由易到难的原则来安排语法点的出现顺序。这是提出"格局+碎片化"语法编排思路希望解决的根本性问题。在当前学界难以排出一个终极合理的语法点难易顺序的情况下，这一语法编排思路也是回避瓶颈问题实现"弯道超车"的一条路径。对于"语法格局""碎片化语法"及它们之间的关系，赵金铭（2018）做了一定程度的分析，但限于篇幅，仅概述要旨而未全面展开。本节我们结合这些年来对该语法编排思路继续思考的结果，对"语法格局""碎片化语法"及它们之间的关系做进一步阐述。

一、将基本语法点集中于基础汉语教学阶段的目的

多年来的汉语作为第二语言教材编写研究和实践表明，将汉语的基本语法内容编排到基础汉语教学阶段是必要的，也是可行的。这样做可以使得学习者尽快掌握汉语的基本结构规律，并将其内化，构建起汉语语法的基本规则系统，以规则驾驭语言材料使其以类相从，提升后期的语言学习效率（孙德金，2011；孙朝奋，2018）。也就是说，在汉语作为第二语言教学的基础阶段集中进行语法教学，目的是使学习者尽快了解汉语语法的概貌，在脑海里构建起一个能够满足基本交际需要的教学语法体系。

"功能法""任务型教学法"等语言教学法主张的以功能项目、话题、

情境或任务等为纲，之所以难以成为汉语作为第二语言初级综合教材编写的主流模式，主要是因为它们都以学习者的交际需求为导向来选取语言材料，而如果在基础汉语教学阶段完全以学习者交际需求来编写课文，语法点的出现顺序就不受控制，也就难以保证教学语法体系中的基本语法点都能及时出现，这就会影响到"使学习者尽快习得并建构起汉语语法系统"这一教学目标的实现（张旺熹，2010）。

以功能项目、话题、情境或任务等为纲来编写教材，确实能够更好地做到语言材料更具交际性，尽可能以学习者的实际生活需要来选择语言材料，便于学习者能够在用中学、做中学，但"它打破了语法教学的系统性，从而不利于学生对语法知识的掌握和语法能力的培养"（吴中伟，2007：13），"人们已经认识到，至少在基础阶段，很难用纯粹的功能项目组织教学"（唐曙霞，2004）。

既能照顾到语法教学的系统性，又能兼顾语言材料的交际性，才是基础汉语教学的最好选择。因此，如何将结构和功能相结合，一直是教材编写者孜孜探索的重要问题。但是，学界却一直秉持着要学习者逐个学完基本语法点后再构建起语法系统的理念，也就是说，要让学习者边学语法、边学语言。这种情况下，无论怎么协调结构和功能都难免相互掣肘，而在基础汉语教学阶段把基本的语法点分课编排完毕又是一个大家普遍认可而要完成的基本任务，这就不得不让语言材料的交际性有所牺牲。然而，如果我们追踪学界坚持在基础汉语教学阶段将基本语法点教学完毕的根本目的，那就不难发现，实际上还可以采用其他的方法而殊途同归地达到目的。

上文已经指出，学界坚持在基础汉语教学阶段把基本的语法点教学完毕的根本目的，是希望学习者尽快构建起汉语语法的基本系统。而要引导学习者尽早构建一个满足基本交际需求的汉语语法系统，并不一定是在学习者逐个学习语法点后才能实现。如果我们先用学习者的母语向其介绍一下汉语语法格局，他们至少可以初步把握住汉语语法的基本组织与结构，也就是初步构建起汉语语法的基本系统。实际上，按照当前的汉语作为第二语言教学语法编排方式来学习汉语及其语法，学习者最终构建起的语法系统也并非就是非常完善的，他们对相关问题的认识也并不是都很清晰的，还是需要在后续的语言实践中对其不断补充与深化的。学界之所以希望学习者尽快构建起汉语语法的基本系统，是希望这个系统能为后续进一步提升语言能力奠定基础，而先用学习者的母语给他们提供一个汉语语法格局，如果学习者能够对其有所认识，也能一定程度上达到这样的目的。虽然限于汉语知识背景的缺乏，学习者一开始可能对这个汉语语法格局还达不到完全把握的程度，但是即便只是留下了一个较为模糊的印象，那也能为进一步学习具体语法点奠定一些基础。有了语法格局奠定基础，后面的课文就可以依据学习者交际的需要来选材。因此，赵金铭（2018）说："'格局+碎片化语法'的呈现方式，改变了以往教材中将语法点分级、排序，然后作为教材各课语法点进行讲授的做法。这势必改变以结构主义为主的语法教学，而更倾向于功能主义。"

二、引导学习者构建汉语作为第二语言教学语法体系的两种方式

人类构建一个系统可以采取"自下而上"的方式，也可以采取"自上而下"的方式。前者是指先认识构成系统的元素，进而将各个元素逐渐联系起来，最终构建起系统，简单地说就是"先部分后整体"，"由元素到系统"；后者是指先构建出系统框架，然后再对框架中的各个元素进行深入认识，丰富、填充框架，最终形成一个完整的系统，简单地说就是"由整体概观到聚焦细节"，"先框架再细化"。引导汉语作为第二语言学习者构建汉语作为第二语言教学语法体系，自然也可以采取这两种方式。

朱德熙（1985：68）指出："通常说的语法体系在很大程度上是指的语法事实和语法规律的表述系统。"汉语作为第二语言教学语法体系，自然也包含着一定量的语法事实和语法规律。因此，引导汉语作为第二语

言学习者构建汉语作为第二语言教学语法体系，就是要让其掌握这些语法事实和语法规律。

目前的汉语作为第二语言教学和教材，将教学语法体系中的语法事实和语法规律切分成一个一个具体的语法点，普遍采取一课安排几个语法点、由易到难地把基本语法点教学完的模式，使得学习者逐个逐条掌握基本的语法事实和语法规律，进而构建起一个满足汉语基本交际需求的语法体系。这采取的是引导学习者"自下而上"构建汉语作为第二语言教学语法体系的方式。上文我们已经指出，采用这种模式编排教学语法点有两个瓶颈问题难以解决，即语法点的难易顺序难以确定，课文内容枯燥无味难以满足交际需要。从目前人类对认知过程的认识水平来看，短期内尚无法排列出一个终极合理的语法点难易顺序（唐曙霞，2004）。因此要提升课文语言的实用性、交际性、灵活性和趣味性等，就不能再强求语法点按照由易到难的顺序出现。但是，如果不注重语法点的出现顺序，就会造成先难后易的现象出现，这就又违反了人类由易到难、循序渐进认识事物和解决问题的一般规律。

针对语法点难易顺序难以确定的问题，如果在学习者逐个深入学习每个语法点之前，先对这些语法点及其相互之间的关系做一个简单介绍，这样就可以使得各个语法点的难度差异变得不是那么凸显。哪个语法点出现在前、哪个语法点出现在后，就不再是一个需要特别纠结的问题了。而如果不必强求语法点出现的先后顺序，那课文就可以依据交际需要选取自然语言。这就是采用"自上而下"的方式引导汉语作为第二语言学习者构建汉语作为第二语言教学语法体系的思路：在汉语教学的一开始阶段先介绍汉语语法的基本框架，简单呈现出汉语语法的基本组织与结构，然后再学习一个个具体语法点。这如同建造房屋，先搭好主体框架，再往里填充内容。有了框架，各部分该如何建造也就基本明确了。

在学习课文之前先介绍的这个汉语语法基本框架，就是"汉语语法格局"；而后逐课学习的一个个具体语法点，是对汉语作为第二语言教学语法体系进行科学分解而得出的、需要显性教学的碎片化语法知识点，简称"碎片化语法"。碎片化语法都能在语法格局中找到节点，也就是说，碎片化语法点全部在语法格局所呈现的框架范围之内，是对语法格局的深化、细化、丰富和补充，碎片连缀，逐渐融入格局之中（赵金铭，2018）。

三、语法格局确定框架，碎片化语法充实内容

语法格局包含各级语法单位，完整、简明地反映语法单位之间基本的组合和聚合关系。为初学汉语的第二语言学习者提供的语法格局，要能体现汉语相对于学习者母语的特点，要将学习者的语法学习难点置于其中简要呈现。这些难点在碎片化语法之中还会得到进一步的详解、示例和操练，因此并不要求学习者学完语法格局后就能准确地记住其中的每一项内容，学习者只要能够对汉语语法的基本单位和关系先有个初步的认识，脑海里形成一个简单的汉语语法框架，对一些语法难点也有个大致的了解，留下一定的印象就可以了。而后伴随着课文的学习再将一个个碎片化语法点连缀于语法格局的相应节点上，对语法格局进行深化、细化和补充，最终就能构建起一个完全满足交际需求的汉语语法系统。

学习者因对语法格局有了一定的认识并可随时参考，故而可将相关语法点联系起来，在系统中学习，条理更加清晰，定位更加明确，学习难度自然也就降低。如果把学习者在自己的知识系统里构建目的语的语法体系比作建造房子，语法格局就相当于房屋框架，有了框架，后面再填充框架中的内容（相当于碎片化语法）时，如果不太清楚应该填充什么，我们可以依据框架做出一定的推测。因此，语法格局能够为碎片化语法点的学习提供框架支撑和参考，将碎片化语法知识系统化，能够降低碎片化语法点的学习难度。

语法格局需呈现于语法教学的起始阶段，即安排在开始逐个学习碎片化语法之前的一课或几课。因为采用学习者的母语对其加以介绍，可以由教师在课堂上专门讲解，也可以由学习者课下阅读。由于语法知识

相对枯燥,无论是教师讲解,还是学习者自学,如需花费大量时间则会造成学习者厌学,故此格局的内容要简洁明了,语言要通俗易懂。

"根据目前我们对语言教学规律的认识,语言能力形成的过程,同时也是不断克服来自母语和母语文化对学习目的语干扰的过程。在这里,语言和文化的差异应该成为教学全过程的注视点。"(任远,1995)汉语作为第二语言的成人学习者头脑中已经具备完整系统的母语语法体系,构建服务于他们的汉语语法格局时,应充分借助学习者已有的母语语法知识和能力(赵金铭,2018),不对语法术语做过多的阐释。对与学习者母语相同的语法事实和规则,应尽量借用其母语教学语法的阐释方式;对与学习者母语同中有异的内容应简明指出两者之间的差异点,应凸显汉语与学习者母语相比较而体现出来的语法特点,以简单呈现规律性较强的语法规则为主。

总之,汉语语法格局就是一个在汉语与学习者母语对比基础上尽显汉语语法特点的、符合外国人学习汉语语法认知过程的、服务于汉语作为第二语言教学的、简约的汉语语法框架。

碎片化语法,就是将教学语法体系加以切分而得出的一个个语法点。绪论中,我们已经指出,开展语法教学推动第二语言学习者构建教学语法体系的过程中,没有必要对体系中的每一个语法点都进行显性教学,因此,我们本课题研究的是狭义的"碎片化语法",指的是:在语法格局教学之后,依据交际需要选取的语料中包含的、需要显性教学的一个个语法点。

语法格局只是为学习者在系统里学习碎片化语法提供的一个框架,而真正要掌握具体语法点和正确运用语法点提供的规则理解和生成语言,则还需要深入学习碎片化语法,最终将语法知识转化为语法技能、语言能力和语言交际能力。碎片化语法支撑语法格局,在语法格局中能够找到节点,对语法格局各节点内容加以细化深化和补充。每个碎片化语法点的内容,都要经过语言对比确定它在结构、意义和用法上的特点,并含有一定量的典型例句。

在汉语作为第二语言教学和教材编写中，语法格局是面对第二语言学习者普遍使用的，而碎片化语法则是由众多语法点构成的一个开放性的知识库。有了语法格局之后，课文的编写不再受语法点的束缚，突破了以语法点难易顺序安排课文内容的窠臼，而以交际需要选取自然语言。碎片化语法的学习过程是对语法格局的动态丰富过程，使之逐渐"饱满"渐成教学语法体系。语法格局是"静"，碎片化语法是"动"。一静一动，融为一体，构成面向第二语言学习者基础汉语教学语法的基本内容，二者相辅相成，为教材编写提供依据（赵金铭，2018）。

第二节 "格局+碎片化"语法编排思路的认知理据

当前学界普遍认可在汉语作为第二语言教学的基础阶段尽快将汉语语法的基本内容教完的做法，而采取这种做法的目的是帮助学习者尽早构建满足基本交际需求的汉语语法体系。因此，众多汉语作为第二语言教材都会安排单元总结课或复习课，帮助学习者梳理所学过的汉语语法，使之系统化；对于如何选择基础汉语教学语法内容，很多学者也都强调应注重那些影响语法体系的语法点。这些做法和观点都表明把汉语语法知识系统化，学习者学习语法才能取得更好的效果，这符合人类的认知倾向。如前所述，汉语语法格局就是一个简明的汉语语法系统，以此为基础进一步深入学习语法，也符合人类以简驭繁的认知规律。同时，由于汉语作为第二语言的成人学习者，在学习汉语之前，脑海中已具有母语语法体系，人类认知事物的类推和对比策略告诉我们，这些学习者会以自己的母语语法体系为基础来寻求类比对象，也就是说，他们希望及时了解汉语语法体系，并明确两个语法体系之间的不同。因此，在他们一开始学习汉语时就提供一个汉语语法格局正好能够满足其类比需求。

一、碎片化知识由系统定其位才易于掌握

无论是主动学习还是自然习得语法，学习者最终都是要构建一个语法系统，不管其能否理性认识这个语法系统，一旦获得了某种语言的交际能力，脑海中自然也就有了该语言的语法系统。这个语法系统，是学习者获得语法能力的基础。在这个语法系统里，各个语法单位相互联系、相互作用。而如果将这个系统拆分为一个个具体的碎片化语法点，那么这些碎片化语法点之间也是相互联系、相互作用的。按照目前的汉语作为第二语言教材的编写模式——每课编排几个语法点，学习者要一个一个地学习语法点，在学习具体语法点时对整个汉语语法系统是一无所知的。胸中无全局而仅得其碎片，势必会呈现出一些无序的状态。这显然与人类认知倾向不一致。

认知心理学和相关实验表明：人类认知事物时，"天生倾向秩序"，"更善于学习看上去有系统的事物，而不善于学习看上去杂乱无章的事物"(Brumfit，1981)，"大凡零星片段的知识，不但易忘，而且无用。每次所得的新知识必须与旧有的知识联络贯串，这就是说，必须围绕一个中心归聚到一个系统里去，才会生根，才会开花结果"(朱光潜，2017)。因此，让学习者逐个学习互不相干的语法点，却希望他们最终能够合成一个有机的语法系统，这不符合语言加工规律(Ellis，1993)。学习者在学习当前分课编排语法点的教材时，势必会经常出现对独立语法点难以准确把握，以及对本无联系的语法点错误链接的问题。这犹如盲人摸象，一开始摸着耳朵就会误以为大象像扇子，再摸着腿就误以为像柱子，然后将两次的印象合起来(系统化)就会认为大象像一根柱子上面顶着一把扇子，总之在没摸完整头象之前，每一次摸后对大象的认识都是不准确的，只有到了最终全部摸完才能达到对大象形体的正确认识。

而如果在盲人摸象之前，我们先向其介绍一下大象的轮廓，然后再任由其随便去摸任何的部位，他们就可以靠已有的印象而较容易地确定

所摸到的是什么部位,这是因为其利用了系统来对构成要素进行定位。"格局+碎片化"语法编排思路,先呈现语法格局就是让学习者了解语法系统"这头大象"的轮廓,学习者在此基础上再去学习具体语法点——"摸大象的某个部位",在具体语法点学习过程中由于已经了解了汉语语法的基本框架,就可以将其联系到系统中的某个节点上,通过系统定位从而获得较准确的认识。

赵金铭(2018)将语法格局比作棋盘、将语法事实比作棋子,说的也是这个道理。他认为:"第二语言学习者头脑中先有了一副棋盘,也就是语法格局,然后无论遇到什么语法事实,都能依据下棋规则,也就是语法规律,置身棋盘之中,也就是语法格局之中,学会语法,助其表达。"

语言学家韩礼德,也是一位优秀的汉语作为第二语言学习者,他在谈自己的汉语学习经验时,指出自己的老师所教语法知识尚显不足。因此,他自己在教学中就"试着教学生一些语法知识",进而又发现教学过程中"汉语中需要解释的内容相当多,而解释的唯一方法便是在语法框架里给它们定位"(韩礼德,2012)。这表明,在韩礼德看来,只有在语法框架内解释语法点才能起到好的效果,也从另一方面证明了:先让学习者对语法框架有一定程度的认知,其才能更好地理解和掌握具体的语法点。赵金铭(2018)指出,成人习得第二语言是"将碎片按学会的语法规则进行整理,这些规则来自已存于头脑中的语法格局,或者来自教师的展示与讲解"。这同样是表明,在让学习者学习碎片化语法之前先让其头脑中形成一个语法格局,学习者才能将所学的碎片化语法内容系统化,这是成人学习者获取第二语言语法能力的正常程序。

另外,我们读书时都有这样的经验,"如果先读目录,把内容大致理一理,再读时便可省却许多时间"(冯亦代,2013)。为什么读了目录,就更容易读懂书的内容呢?这是因为目录提示了该书的知识框架,简要展现了知识系统。这表明借助知识框架、借助系统能够更快地理解具体的内容,也从一个侧面表明先让学生了解汉语语法格局,将提升碎片化语法知识的学习效率。

二、以简驭繁是人类认知事物的基本方式

构建汉语语法格局是为了帮助学习者把握汉语语法的基本组织和框架,但构建的语法格局最终能否真正起到作用,那还要看所构建的语法格局是否符合学习者认知汉语语法的规律。外因必须通过内因才能起作用,所构建的语法格局不符合学习者的认知规律也就难以得到正确、高效的认知。

汉语语法作为一种客观存在,学习者对其认知,势必也要遵循人类认知事物的一般规律。而对于人类认知事物的一般规律,目前科学界能够揭示出来的还很有限,很多问题还没有认识清楚,对已有的观点也多有争议,但有一点是大家的共识,即人类往往采取以简驭繁的方式认知事物。Sperber & Wilson(1995：Ⅶ)指出:"人的认知过程是要以最小的加工努力获取最大程度的认知效果。"人们依原则而求知,用原则原理(规律、规则)去把握事实,因为原则足以管辖事实,以简驭繁,指导事实(贺麟,2017),所以科学研究的根本目标就是用最简单的方法揭示出自然的奥秘(赵金铭,2018)。"格局+碎片化"的语法编排思路,完全符合人类以简驭繁地认知事物的原则和方法。

格局的观点秉承的是极简主义。极简主义以简单到极致为追求,也就是"以最原始的物自身或形式展示于观者面前为表现形式",因此我们所要构建的语法格局"简单、明了",是"用最简单的方法,基于汉语语法本身的特点和汉语与印欧系语言对比的特点而建立的、给学习汉语的外国人揭示出的汉语语法基本组织与结构"(赵金铭,2018)。语法格局以简而有序的方式将纷繁复杂的语法系统呈现出来,使得学习者对将要学习的语言的语法先有个大致的了解,先有个理性认识。学习者胸中有了语法全局,无论后面课文中出现的碎片化语法点有多么零碎,但因在语法格局中有所介绍或存在节点,学习者都能够统摄全局,借助系统框

架而提纲挈领、以简驭繁。

三、类比是人类学习新知的基本反应

依据建构主义的学习观，人们是用建构的方式认知事物的，在学习新知的过程中，以旧有的知识为基础，通过推论和对比等手段逐渐建构起新的知识体系(Jonassen et al., 1999: 2—7)。第二语言的学习自然也应如此。而且，成人在习得第二语言之前便已建成了完整的概念系统和语言系统，且思维能力也已在运用第一语言的过程中得到了更大的发展。换言之，成人思维能力的形成是先于第二语言能力的。依据语言迁移理论，成人在习得第二语言之初，往往是通过第一语言来进行思维。在这种状态下，成人学习与运用第二语言时就要经过一个将语言形式解码再编码的复杂过程，这个过程中自然是要进行第一语言和第二语言之间的类比，第二语言教学的一项重要任务就是引导学习者顺利完成类比，更好地借助第一语言的正迁移来减少语言学习负担，更好地预测第一语言可能带来的负迁移，在学习中投入更多的"注意"以减少偏误。

早期的汉语作为第二语言教材是西方来华传教士所编，因无其他汉语语法教材可参照，最能反映编写者是如何认知汉语语法的。这些教材套用拉丁语语法体系来构建汉语作为第二语言教学语法体系，简单地依据拉丁语的词类判断标准，或者简单地根据拉丁语中的对应词来判断汉语词语的性质，这充分表明他们在汉语学习中将类比作为一种重要的手段。

西方的语言教学研究者也很早便注意到了学习者母语在第二语言习得过程中扮演着重要角色，认为每一个学习者都通过自己的母语来理解新的语言，会将第二语言跟母语加以对比(Weinreich, 1953; Lado, 1957; Paradowski, 2006)。中国学者也持同样的观点，如赵金铭(1994)指出："给外国人讲汉语语法，不能就事论事，只讲汉语本身。因为外国学生的头脑里早已先入为主地有了其母语或所学外语的语法规律，他们会时时拿来比附。"卢福波(2002)也认为，对于汉语作为第二语言的成人学习者来说，其已有的语言系统、知识结构、思维能力必将形成汉语语法学习过程中的正负迁移，他们的汉语语法学习也总是在类比、思辨中进行。总而言之，成人学习者头脑中已建立起母语的语法体系，在学习第二语言的语法时自然也就无法"消除"母语的影响，势必也要通过类比来构建新的语法系统。

　　类推和对比要讲求对象的对等性，由于第二语言学习者头脑中已建立了母语的语法体系，当再接触一种新语言语法体系时，不应是一个零散破碎的语法架构，而应是一个完整简明的语法架构（赵金铭，2018），因此我们应在其一开始接触第二语言时便为其呈现一个相对完整的语法系统。所谓的完整并不是说要呈现语法系统的全部内容，这样不仅过于复杂，学习者难以把握，而且也没有必要。因为即便是学习者脑海中已有的母语语法系统，也并非包含其母语的全部语法内容，何况是对一无所知的目的语，在其尚未充分接触目的语之前只能把握一个简明的、只是框架相对完整的语法系统。

　　有鉴于此，我们一开始为第二语言学习者呈现的目的语语法系统必须做到最简，但虽简却结构完整，是一个简明完整的语法框架。"要言不烦，一目了然，以为日后的语法规则的展开，以及语法事实的学习作整体的铺垫"（赵金铭，2018）。而为了方便第二语言学习者进行语法对比，除了要充分借助学习者的母语语法基础知识，简明指出两者之间的相同点，更重要的是凸显目的语与学习者母语语法系统之间的差异，即对目的语语法的特点加以强调。

第三节 "格局+碎片化"语法教学与编排思路的萌动

　　第二语言教学中教语法并不是仅仅让学习者掌握语法知识系统，而是解决语言学习中的语法问题，为学习者最终获得第二语言能力和交际能力奠定基础。也就是说，第二语言教学中不是为学习者学语法而教语法，而是为学习者学语言而教语法。虽然如此，但是毋庸置疑的是：学习者只有把握住语法知识系统后，才能将知识转化为技能。为便于学习者掌握知识系统，尤其是复杂的知识系统，教学者往往会在对其进行详细介绍之前，先做一定的概述，让学习者先把握其特点或框架然后再深入学习。这实际上是很多学科都秉持的理念和采用的方式。如赵金铭（1985）主张采取"蛛网式"教法来教学第二语言学习者汉语语音，"先拉线，即粗给经过简化、适合外国人学习的声、韵、调系统，以后再织网，即不断地正音、巩固"，并设计了语音教学的简化方案，就是基于这样的理念；吴宗济（2008）认为，人们在听对方的话语时，"只要听到的语音'框架'不差，语境相近，就能被理解"，这表明初学语音时先掌握一个粗疏的语音框架即可。鲁健骥（2007）在分析朱德熙先生为保加利亚学生编写的《华语教材》（手稿）时指出，"在教材正文之前对汉语作概括介绍的做法，是必要的。通过这种概括的、有针对性的介绍，使学生在正式学习之前，对汉语先有一定了解为后面的学习作一些铺垫。"刘振平、杨绪明（2018）在分析汉语国际教育专业现代汉语教材编写思路时，表明用于课堂教学的教材往往只是提供了相关学科知识框架（格局），而要深入了解学科知识内涵，还需围绕教材所概述的知识点进一步阅读相关资料（碎片化知识）。

虽然"语法格局+碎片化语法"很晚才被正式提出作为汉语作为第二语言教学语法编排的一种思路（赵金铭，2018），但是该思路所提倡的先让学习者对汉语语法概貌或特点有一定的了解，或者说有一定的印象，然后再让学习者详细学习具体语法事实和语法规律的理念，同样也是秉承了先让学习者了解学科知识特点或概况再进而深入学习的基本理念。纵观汉语作为第二语言教学的发展，我们不难发现，这一理念实际上在一些汉语作为第二语言教材、部分汉语作为第二语言教学语法大纲以及一些汉语作为第二语言教学研究者的相关论述中也有所体现。

一、《语言自迩集——19世纪中期的北京话》中 "先通读语法章再学习课文"的建议

《语言自迩集——19世纪中期的北京话》于1867年、1886年和1903年接连出过三版,我们在此分析的是1886年出版的第二版。这一版为三卷本,2017年北京大学出版社将其收入"西人北京话教科书汇编"丛书中影印出版。

第一卷有八章:第一章《发音》(Pronuciation);第二章《部首》(The Radicals);第三章《散语章》(The Forty Exercises);第四章《问答章》(The Ten Dialogues);第五章《谈论篇》(The Hundred Lessons);第六章《践约传》(The Graduate's Wooing or The Story of a Promise That Was Kept);第七章《练习燕山平仄篇》(The Tone Exercises);第八章《言语例略》(The Parts of Speech)。第一、二章是用英文写成的,第三至八章是中文课文。第二卷是对第一卷中第三至八章中文课文的英文翻译和注释。第三卷是附录。

虽然威妥玛在第一版的序言中提醒读者注意第一卷第八章(即《言语例略》)"不是讲语法,也没有当作语法来写",而只是"对英汉形态表达的不同做一些对照,以便学生加以类比",但从内容上看,这一章明显是介绍汉语语法知识的。而且,其在第二版的序言里也明确指出这一章的编写目的就是让学习者学习"最简单的语法"。这一章被安排在第一卷的最后,看来威妥玛认为用中文讲解语法知识的这一章对于学习者来说是比较难的,应该在学习者有了一定的语言基础后,再系统学习语法。然而,威妥玛在《学习指南备忘录》中又明确建议:"学生准备学习第三章时,要通读第八章的英语译文(即第二卷第八章)。"由此可以看出,威妥玛实际上是主张学习者在进入课文学习之前要对汉语语法的基本内容有所了解,而学习者进入课文学习之前尚不具备运用汉语作为学习工具的能力,所以对相关的语法内容做了翻译,以便学习者借助母语加以学

习。另外，从第三章《散语章》前半部分的内容安排上来看，学习者利用母语对汉语语法的基本内容有所了解后，立即就开始结合课文深入学习具体的语法点。

从相关研究成果中，我们可以看出，《语言自迩集——19世纪中期的北京话》是一部高水平的汉语教材，是那个时代英美人学习汉语普遍使用的课本，在世界汉语教学史上曾产生过广泛的影响，至今对汉语教材编写仍有借鉴意义（张卫东，2002）。该教材能够得到如此高的评价，并在当时大受欢迎，在某种程度上可以表明：先用学习者母语介绍汉语语法的基本内容，再随文教学具体语法点，这一教学语法编排思路是可行的。

威妥玛能够编出如此优秀的汉语教材，无疑也是一位成功的汉语作为第二语言学习者，其建议使用该教材的学习者先通读《言语例略》的英语译文（即第二卷第八章），势必也是依据自己学习汉语的心得体会，这表明汉语作为第二语言学习者在进行语言训练和深入学习语法点之前，有先利用母语简单了解汉语语法基本内容的需求。进一步分析该教材第三章《散语章》的内容编排，我们还可以看出，威妥玛主张让学习者先利用母语对汉语语法基本内容有所了解后，立即就开始结合课文深入学习具体的语法点。这跟"格局+碎片化"语法编排思路有相似之处。

虽然《语言自迩集——19世纪中期的北京话》在语法内容的选编上具有了"格局+碎片化"的一些理念，但是其《言语例略》所介绍的汉语语法基本内容，只有词法而无句法，主要是简要指出汉语各类词与英语相比所表现出的一些特点，以及寻找"格""数""性""时态"等语法范畴在汉语中的表达方式，并没有完整地反映汉语语法的基本框架，还算不上是汉语语法格局。而且，第三章《散语章》的课文是围绕语法点的学习、训练而编写的，未能做到按照交际需要选择课文内容，课文不够生动活泼，语言不够自然且实用性尚有不足。不过，其注重学习者已具有的母语语法系统，加强目的语与母语语法对比，并让学习者及早了解汉语语法的一些特点以及其母语中的一些语法范畴在目的语中的表达方式。这些意识是我们构建汉语语法格局过程中值得借鉴的。

二、《国语入门》中"先介绍汉语语法再编课文"的模式

《国语入门》第一部分第三章《语法》(Grammar)只有27页的内容，作者在本章开头指出，这一章只是简要介绍汉语语法的基本内容，供学习者学习教材参考和复习所用。实际上，这一章一方面是明确地呈现了汉语语法的基本框架，对各级语法单位（语素、词、短语、句子）的聚合和组合关系都有一定的介绍；另一方面是对第三部分24篇会话课文中所涉及的语法点做简要的概括分析，展现它们在语法系统中的位置。在内容介绍上，处处体现了汉英对比意识，不仅在呈现汉语语法框架的1—6部分中有一些汉英对比的内容，而且在最后一部分专门介绍了英语语法范畴的翻译，实际上还是在进行汉英语法对比。

总体来看，《国语入门》第一部分第三章，既介绍了汉语语法的基本框架和内容，能够让学习者在脑海中初步构建起汉语的语法系统，方便学习者在系统中进一步学习语法；又介绍了母语与目的语的语法差异，方便学习者抓住语法学习的重点和难点，减少母语语法的负迁移。由此可见，赵元任先生也主张：先用学习者母语对汉语语法的基本框架和内容做一定程度的介绍，然后再让学习者在学习课文的过程中随文深入学习具体的语法点。

《国语入门》是赵元任先生在美国教汉语时使用的主要教材，从取得的教学效果来看，这无疑是一部优秀的教材。"这些年来，在美国有好几处大学都用这本书作教本，用过的学生少说也有四五千，认真学习的，无不受益。"（杨联陞，2013：28）。作为以结构为纲的教材，其教学效果、受欢迎的程度无疑能够一定程度上表明其中语法内容的选编具有合理性。

另外，《国语入门》第三部分开头有一个指导学习者学习课文的《致学生》(To the Student)，其中明确指出："阅读导论（指该教材的第一部分第三章语法）和注释（指该教材第三部分前八课中的语法点注

释）只能是理解（understand）语法，而只有通过学习课文和做练习才能真正学得（learn）语法。"（Chao, 1948：117）赵元任先生在文中特意将"understand"和"learn"变为斜体加以强调，以示两者的区别。这表明赵元任先生认为：虽然为初学汉语者首先介绍汉语语法框架和基本内容是非常必要的，但不必要求学习者完全记忆、掌握和熟练运用，而且要求学习者在这个阶段就完全掌握导论也确实不够现实。"教的人如果知识不够，再不照着每课后边的注解同练习仔仔细细地跟学生一起研究练习，可能会觉着难一点。"（杨联陞，2013：28）这也跟我们提出的"格局+碎片化"语法编排思路是一致的。

虽然《国语入门》也主张学习者在深入学习具体语法点之前，先对汉语语法有个简单的了解，但是其在学习者深入学习具体语法点之前所提供的语法内容（第一部分第三章）并不是一个层级分明的语法框架。这一章并不是以构建语法框架为目的，而是主要介绍学习者需要特别注意的汉语语法内容（主要是汉语相对于英语语法表现出来的一些特点）。因此，在内容上并没有按照语法单位由小到大逐步构建起汉语语法框架的顺序来编排：第一条先介绍了汉语的词与汉字以及语素的关系；第二条介绍了语素的类型；第三到六条介绍了汉语的句子结构及其成分，但并不全面，只是主要介绍了主谓句和主语、谓语类型及其关系；第七到十条介绍的是汉语短语的类型，同样不全面，仅简单说明了联合短语、偏正短语、动宾短语和连动短语的一些特点；而第十一到十九条又回到了语素构词的层面，介绍语素的形式特征（单音节和多音节）及其构词方式；第二十到二十七条介绍的是汉语词类。由此可以看出，学习者要想通过这一章的内容来把握汉语语法框架并非易事。而且，由于该章对各级语法单位的介绍并未照顾到每级语法单位的各个类型，语法框架中的一些基本单位和类型有缺失。

另外，这一章的有些内容并不够简练，如在第二十五条中将动词分为了七小类，从教学的角度来看，如此细加分类并不一定有助于学习者的汉语学习。内容如此繁杂，学习者也未必能够记得住。同时，有些语法点的解释也没能很好地做到"三结合"（形式、意义和用法相结合），如第八条对偏正结构的介绍，只是说了带"的"和不带"的"偏正结构的性质（不带"的"在性质上相当于一个词，带"的"的是短语），而对什么情况下应该带"的"、什么情况下不应带"的"、带"的"和不带"的"的偏正结构在表达功能上有什么不同，等等，则完全没有提及。

总之，《国语入门》先介绍汉语语法的基本内容和特点，让学习者先对汉语语法有个大致的了解，然后再在课文学习中深化、细化语法点的学习，且在语法内容的选择上具有明显的汉外对比意识，这些都与我们提出的"格局+碎片化"语法编排思路是一致的。只不过，其第一部分第三章对汉语语法框架的呈现尚不够清晰、完整和简约，还算不上是一个合格的汉语语法格局。

三、吕叔湘的"语法的轮廓+课文所附语法"编排理念

因历史原因，20世纪60年代后期我国对外汉语教学事业的发展基本处于停滞状态，汉语作为第二语言教材编写也毫无建树。据房玉清（2015）介绍，直到1971年，应国外汉语教学的需求，其与王还、赵淑华等人在有关方面的要求下，组织编写了《基础汉语》。这部教材跟1958年出版的《汉语教科书》一样都是采取分课编排语法点的模式。1972年春天，房玉清等又应外文局《中国建设》月刊之邀编写基础汉语教材，并逐课发表在该刊为外国人学习汉语开设的"中文月课"专栏中。为了做好该教材的编写工作，房玉清等人接受王还的建议向著名语言学家吕叔湘先生请教。吕先生看过《基础汉语》后，在给王还的信里简要表达了他在汉语作为第二语言教学语法编排上的一些想法（吕叔湘，1972），与我们所提出的"格局+碎片化"语法编排思路多有相合之处。

首先，吕先生认为，《基础汉语》和以前的《汉语教科书》一样，都是采用由易到难、循序渐进分课编排语法点的模式，这样就限制了课文

内容，使其不可能生动活泼。因此，为"中文月课"编教材时，"似乎可以不必拘泥于《基础汉语》的成规"，"最好能用最少几课把最基本的语法介绍了，以后的课文就可以不受拘束"，这也就解决了后面的课文因要围绕语法点编排而出现的内容不够生动活泼的问题。

其次，吕先生还认为，虽然在前面"三课"里介绍了汉语"语法的轮廓"，但后面的各课里还是要讲解一些语法点，只不过语法点的编排不必再严格遵循由易到难、循序渐进的原则，而是课文内容中出现什么语法难点就讲解什么。也就是说，课文编写之前不必再考虑某一课必须要安排某个语法点这一问题。有了前面对"语法的轮廓"的介绍，学习者对汉语语法可以"暂时'囫囵吞'一下"，即有一个概括的了解（不必达到完全掌握），因此，后面各课所附的语法点"是补充性质，零碎点也没关系"。

最后，吕先生主张构建汉语"语法的轮廓"时要"针对汉语语法与欧语语法的差异"。

结合吕先生在其他著作中的相关论述，我们可以发现，在第二语言教学中先让学习者对"语法的轮廓""暂时'囫囵吞'一下"是吕先生一直秉持的理念。即便中国人学英语也应如此，如吕先生在其所著《中国人学英语》中回答中国人学习英语之前是不是应该先熟读一本英语语法书的提问时，同样指出："语法书是要有一本的，读也是该读一读的，可是熟读则大可不必。只要知道一个大概，有疑难处再去翻检翻检就很好。"（吕叔湘，2005：10）

吕先生之所以主张先介绍"语法的轮廓"，后面的课文中再进一步学习一些具体的语法点，依据的是"理性知识和感性知识之间总是有一段时间距离的"这一人类认知事物的基本规律。

总之，吕叔湘先生已经认识到了课文围绕语法点来编排带来的一大问题——课文就不可能生动活泼，因此主张先给初学汉语者提供一个基于与学习者母语语法对比、凸显汉语语法特点的"语法的轮廓"，然后再在课文学习过程中进一步学习具体的语法点。这些都与我们提出的"格局+碎片化"语法编排思路是一致的。只不过，吕先生并没有详细阐述其所说的"语法的轮廓"应具有的特点以及如何构建，而对如何设置和描述课文中的语法点则完全没有说明。

四、《初级语法大纲》中"语法概要+语法条目"的内容设计

《初级语法大纲》中的"语法条目"实际上就是具体的语法点。大纲在列出基础汉语教学阶段需要教学的 120 个语法点（语法条目）之前，编写了"语法概要"，简单介绍语素、词、词组和句子（单句和复句）四级语法单位的组合和聚合关系，实际上是构建了汉语语法的基本框架。

虽然大纲并没有说明为什么要首先介绍"语法概要"，但是我们通过分析"语法概要"和后面的"语法条目"之间的关系，以及从大纲研制者在编写教材时对这两部分内容的安排来看，大纲编制者之所以会编制"语法概要"，主要目的应该是为读者理解具体的语法条目奠定基础，而并非为了帮助汉语作为第二语言学习者学习语法。具体分析如下：

一是，"语法概要"对"语法条目"中所用的术语都做了一定程度的解释，每一个语法条目都能在"语法概要"所构建的语法框架中找到节点。"语法条目"实际上是对"语法概要"里提到的有关语法点的选择和进一步深化、具体化，将基础汉语教学阶段需要显性教学的具体语法点列了出来，并说明其意义和形式（从意义表达到形式描写）。有了"语法概要"，读者无疑能够更容易地理解"语法条目"中的内容。

二是，虽然《初级语法大纲》编制了"语法概要"，但是汉语作为第二语言的课堂教学和基础教材中都未予以采用，连大纲主编杨寄洲教授自己所编的教材，如《汉语教程》（北京语言文化大学出版社 1999 年初版、北京语言大学出版社 2006 年修订本、2016 年第 3 版）、《初级汉语教程》（北京语言文化大学出版社 2001 年初版、北京语言大学出版社 2006 年修订本）等，也没有首先介绍"语法概要"里的内容。由此看来，大纲中的"语法概要"并非为学习者而制。

仅从内容编排模式来看,《初级语法大纲》采用"语法概要+语法条目"的模式呈现语法内容,跟"语法格局+碎片化语法"的思路非常相似。然而,《初级语法大纲》采用这种呈现方式,并不是基于汉语作为第二语言学习者的需求,更不是指导教材语法点编排的模式,而仅为帮助大纲的读者理解"语法条目"的内容,并不要求汉语作为第二语言教学和教材编写过程中要呈现"语法概要",而仅是表明基础汉语教学阶段应注重"语法条目"中的120个语法点。该大纲研制者依然是持由易到难、循序渐进分课编排语法点的理念。这跟我们提出"格局+碎片化"语法编排思路的初衷和目的完全不同。我们是为了满足汉语作为第二语言学习者语法学习的需求,而主张在教学和教材编写中先呈现语法格局再依据课文的需要编排碎片化语法点。

另外,正是因为《初级语法大纲》中"语法概要"并不是服务于汉语作为第二语言学习者的,所以只是简单介绍了汉语各级语法单位及其组合和聚合关系,并没有反映出语言对比意识,内容上未能做到尽显汉语语法特点。对外国人学习汉语语法的认知过程也未予以充分考虑("语法条目"的选择和描述重视了这一点),如印欧语背景的汉语学习者普遍比较关注其母语中的"时、态、数、格"等语法范畴在汉语中的表达方式。

总之,在我们看来,《初级语法大纲》中的"语法概要"还不是一个可用于汉语作为第二语言教学和教材编写的、合格的语法格局,但该大纲在呈现语法内容时采取"语法概要+语法条目"的模式,表明编制者已经意识到了要想很好地理解具体语法点("语法条目"),应先简单了解汉语语法的基本内容和框架("语法概要"),却没有贯彻于教材编写之中。

第四节 "格局+碎片化"语法编排模式的现实需求

采用"格局+碎片化"的语法编排模式,各课课文就可以按照学习一题调查的是学习者对教材整体实用性的满意度，学习者对教材实用性的满意度必定同时受教材中的语法编排和课文内容的影响，因此其调查结果必然与第一维度和第二维度存在联系；另一方面，相较于课文内容的实用性，学习者会对教材语法编排的实用性具有更直观的感受，语法点的难度、语法点出现的顺序以及语法点在生活中出现的频率都更容易被学习者所感知。因此，学习者对教材实用性的满意度也会更取决于其对教材语法编排的满意度。所以，第一题也可根据因子分析运算结果归属为第一个维度。

综上，因子分析所得的因子结构与问卷设计的架构基本相符，该问卷量表调查所得数据具有较高的效度。需要注意的是，为了保证所得数据及结论具有较高的针对性，我们在进行分维度数据分析时，不将第一题纳入任何维度。

2. 数据描述性分析。

传统教材实用性满意度调查量表将满意度分为 5 级，调查对象对传统教材实用性的满意度可用 1—5 之间的数值进行衡量，数值越高，满意度越高，亦可划分为 5 个等级，即"非常不满意、比较不满意、一般、比较满意、非常满意"。各题调查结果的平均值，以及调查对象在各维度中表现出的满意度和总量表体现的整体满意度的平均值，分别见图 4-2、图 4-3。

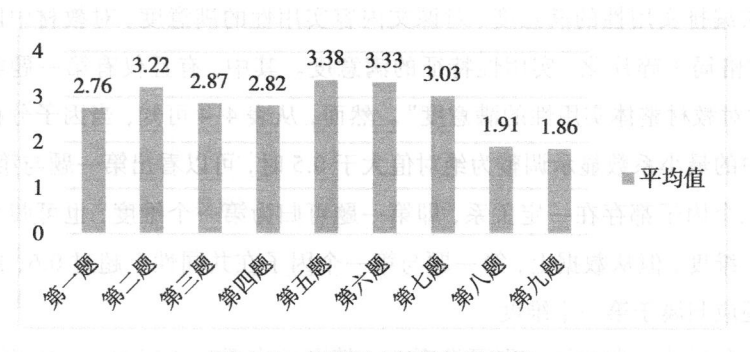

图 4-2 各题调查结果的平均值

第四章 "格局+碎片化"语法编排思路的理据

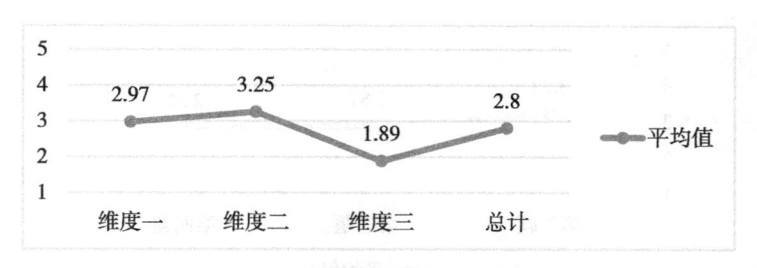

图 4-3 各维度和总数据的平均值

从图 4-3 中的数据可知，调查对象对传统教材实用性的整体满意度为 2.8，与图 4-2 中第一题所得数据平均值（2.76）基本一致。此外，在排除维度三"对传统教材隐含的'格局+碎片化'语法编排实用性特征满意度"平均值的干扰后，维度一与维度二所得数据的平均值为 3.06。由此可知，大部分调查对象对目前传统教材实用性的满意度在 2.76—3.06之间，属于"一般"等级，整体满意度不高。另外，我们还可以看到：调查对象对传统教材的课文内容实用性整体满意度（维度二）略高于语法编排（维度一），对传统教材隐含的"格局+碎片化"语法编排实用性特征的整体满意度（维度三）最低。

维度一、维度二及维度三各题项调查所得数据平均值见图 4-4、图 4-5、图 4-6（见下页）。维度一的满意度均值在 2.82—3.22 之间，维度二的满意度均值在 3.03—3.38 之间，即调查对象对传统教材语法编排和教材内容实用性的满意度皆集中于"一般"等级水平。维度三各题项的满意度均值小于 2，但又都大于 1.5，属于"比较不满意"等级。

从上述数据分析可知，在 87 名调查对象中，大多数人对目前他们所用教材的实用性满意度不高，只停留于"一般"等级。而与教材中的语法编排相比，调查对象对课文内容实用性的满意度更高，我们认为这与他们对语法编排和课文内容的认知偏差有关。虽然课文是围绕着语法点而编排的，但是学习者未必能感知到其中的联系。在教学过程中，课文更多是教师带领学生练习语法、巩固语法的载体，学生对课文的认知大

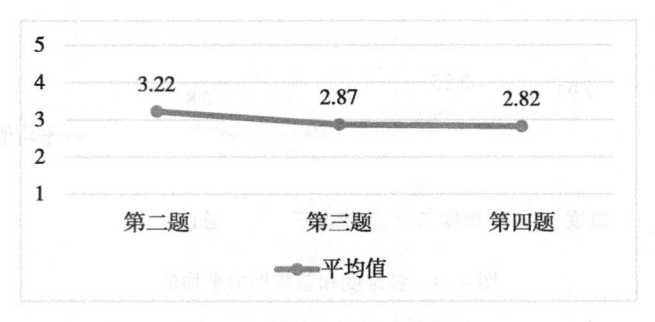

图 4-4　维度一满意度平均值

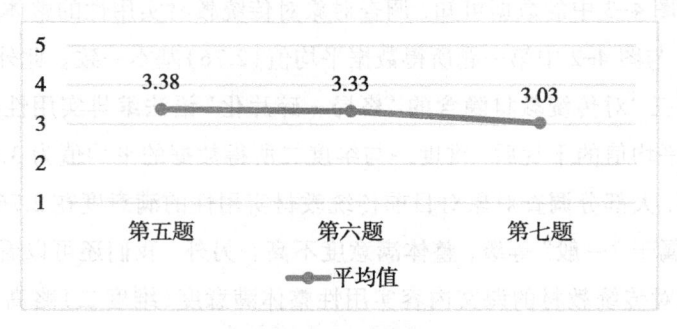

图 4-5　维度二满意度平均值

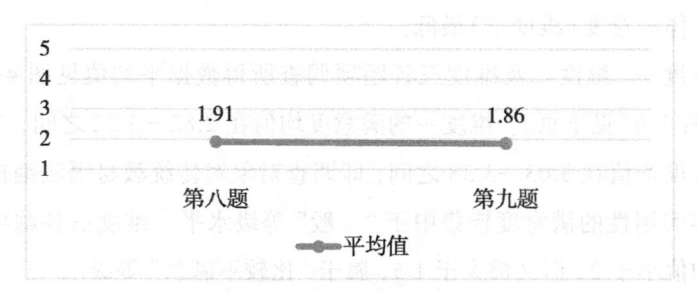

图 4-6　维度三满意度平均值

多只能停留在"与语言点相关"的层面。由于第二语言学习者身份和部分海外汉语学习环境的限制，相较于语言点，学习者更加难以准确地感知课文的实用性，自然较难考虑到课文内容是否反映现实生活、课文内容在现实中的实用程度如何、课文语言是否较为生硬等问题，进而产生了"传统教材课文内容实用性高于语法编排"这一认知倾向。即便其承认传统教材中课文内容实用性不高，但在潜意识中也会将课文内容实用性的满意度置于语法编排之上。因此，在教材内容编排过程中，编写者应重视语法编排与课文内容之间的关系，着重强调语法编排的实用性。在完成教材语法编排的基础上，以母语者视角为第二语言学习者编写语言更加自然流畅、内容更加贴合生活的课文。

值得注意的是，对传统教材所隐含的"格局+碎片化"语法编排的实用性特征，受调查者的整体满意度为"比较不满意"。可见，大多数受调查者接触的教材中都较少具有"格局+碎片化"教材所体现出的实用性特征，当前的汉语学习者对"格局+碎片化"教材具有较高的期待，该类型教材的编写值得进一步探索。

（三）"格局+碎片化"教材认可度的调查结果分析

1. 调查结果的信效度检验。

"格局+碎片化"教材认可度调查量表包含 7 个题项。调查所得数据的可靠性和因子分析检验结果见表 4-5、表 4-6、表 4-7 和表 4-8。

表 4-5　调查数据信度检验结果

克隆巴赫 Alpha	项数
0.861	7

表 4-6　调查数据的 KMO 和 Bartlett 球形度检验结果

KMO 取样适切性量数		0.627
Bartlett 球形度检验	近似卡方	826.112
	自由度	21
	显著性	0.000

表 4-6 显示，针对"格局+碎片化"教材认可度的调查，所得数据的 KMO 值为 0.627，大于 0.6；Bartlett 球形度检验的显著性为 0.000，小于 0.05，即量表内各部分的内在关系良好，适合进行因子分析。

表 4-7　调查数据总方差解释

成分	初始特征值			提取载荷平方和			旋转载荷平方和		
	总计	方差(%)	累积(%)	总计	方差(%)	累积(%)	总计	方差(%)	累积(%)
1	4.108	58.690	58.690	4.108	58.690	58.690	3.056	43.664	43.664
2	1.769	25.270	83.960	1.769	25.270	83.960	2.821	40.296	83.960
3	0.607	8.671	92.632						
4	0.366	5.223	97.854						
5	0.080	1.136	98.990						
6	0.065	0.930	99.920						
7	0.006	0.080	100.000						

说明：提取方法为主成分分析法。

表 4-8　调查数据旋转成分矩阵

问题	成分	
	1	2
第三题	0.933	
第一题	0.870	
第二题	0.848	
第四题	0.700	
第七题		0.976
第六题		0.957
第五题		0.863

说明：①提取方法：主成分分析法；②旋转方法：凯撒正态化最大方差法；③旋转在 5 次迭代后已收敛。

由表 4-7 和表 4-8 的输出结果可知，该量表可提取出两个因子，即可将所有题干划分为两个维度，累计方差贡献率为 83.96%，超过 60%，模型稳健。其中，第一个维度包含第一、第二、第三和第四题，第二个维度包含第六、第七题。在设计该量表时，我们便将该量表的 7 道题划为两个维度，分别测量调查对象对"格局+碎片化"教材显性特征和隐性特征的认可度。

综上，该量表通过因子分析所得的因子结构与问卷设计的架构相符，量表调查所得数据具有较高效度。

2. 数据描述性分析。

"格局+碎片化"教材认可度调查量表将认可度分为 5 级，调查对象对"格局+碎片化"教材的认可度可用 1—5 之间的数值进行衡量，数值越高，认可度越高。亦可划分为 5 个等级，即"完全不认可、比较不认可、一般、比较认可、完全认可"。调查对象在各维度中表现出的满意度和总量表体现的整体满意度平均值，以及"格局+碎片化"教材认可度各题项调查结果平均值见图 4-7、图 4-8。

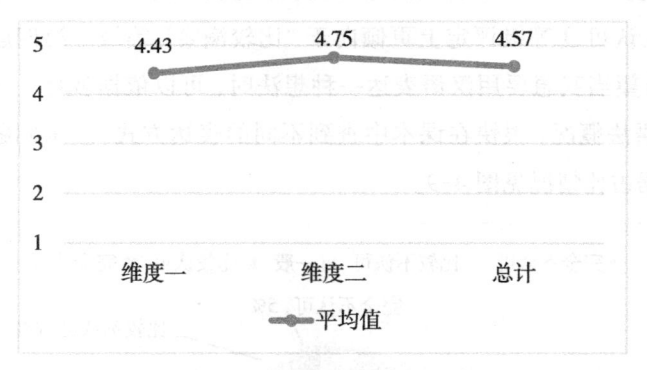

图 4-7 各维度及总数据平均值

由图 4-7 中的数据可知，一方面，调查对象对"格局+碎片化"教材的整体认可度为 4.57，大部分人对"格局+碎片化"教材的认可度属于"完全认可"等级，整体满意度很高；另一方面，调查对象对"格局+碎片化"教材隐性特征的认可度略高于显性特征，即对"格局+碎片化"教材的实用性特征更感兴趣。

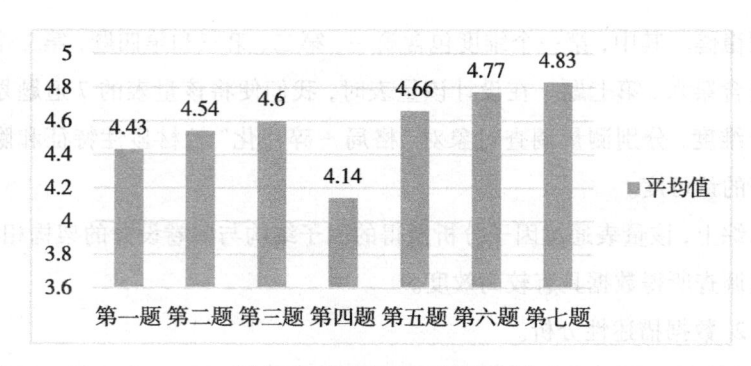

图 4-8　各题调查结果平均值

由图 4-8 中的数据可知，在所有题目所得数据均值中，第七题所得数据均值最高。该题询问的是学习者是否希望从课本中学到的句子大多数能够直接运用到生活中。可见，对于学习者而言，教材语法点和课文中例句的实用性是最受期待的。

通过分析图 4-8 中的数据还可发现，量表中的第四题所得数据均值最低，在认可度等级评定上更倾向于"比较满意"等级。第四题的题目为"我希望当我想要用汉语表达一种想法时，可以依据教材一开始介绍的汉语语法概况，很快在课本中查到不同的表达方式"。第四题各选项调查数据占比情况见图 4-9。

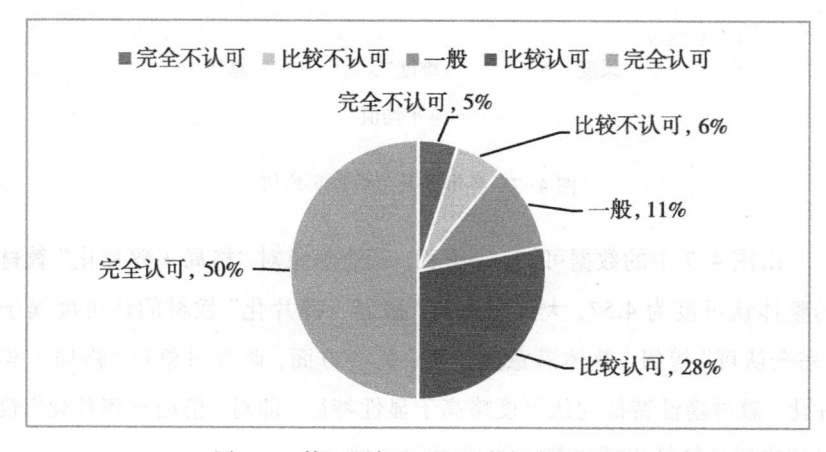

图 4-9　第四题各选项调查数据占比情况

由图 4-9 可知，在 87 位调查对象中，22% 的人对"能够在教材中找到针对同一表达需要的不同表达方式"期待程度不高，从而拉低了第四题的平均认可度。我们认为，这种调查结果的出现与本次调查对象的汉语水平有关。本次的调查对象多为基础汉语学习者，此阶段的学习者汉语水平不高，尚未熟练掌握汉语日常交际技能，大部分学习者更希望能够明确何种语境下应该用何种语言表达，分辨语用的正确与否对于此阶段的学习者而言难度较大（赵金铭，1996）。因此，受认知水平的限制，相较于"格局+碎片化"教材的其他特征表现，调查对象对"可提供多种表达方式的选择"这一特征的认可度相对较低。

进一步来看，调查对象对该板块中维度一各调查项的认可度均值在 4.14—4.60 之间，维度二的满意度均值在 4.66—4.83 之间。即学习者对"格局+碎片化"教材显性特征的认可度主要集中于"比较认可"等级水平，对教材隐性特征的认可度主要集中于"完全认可"等级水平，各维度的认可度很高。维度一、维度二各题项调查所得数据平均值见图 4-10、图 4-11（见下页）。

从上述数据分析可知，在 87 名调查对象中，大多数人对"格局+碎片化"教材的认可度较高，整体认可度达到"完全认可"等级。其中，相较于"格局+碎片化"教材的显性特征，调查对象对"格局+碎片化"教材的隐性特征认可度更高。我们认为，这与调查对象还未曾接触过类似教材，对"是否需要在开始学习汉语之前便提前认知汉语的基本语法结构、比较汉语与母语之间的差别"等问题存在疑虑有关。相比之下，"格局+碎片化"教材的隐性特征直接与教材内容的实用性相联系，即便汉语水平不高的学习者对教材的实用性也具有直观感受，能够根据以往的学习经验对"格局+碎片化"教材的隐性特征进行认可度、期待值的评估，隐性特征中明确的"实用性"特点也使其获得了更高的认可度。

总体来看，无论是"格局+碎片化"教材的隐性特征，还是其显性特征，都获得了大多数调查对象的认可，初学汉语者对此类教材的开发抱

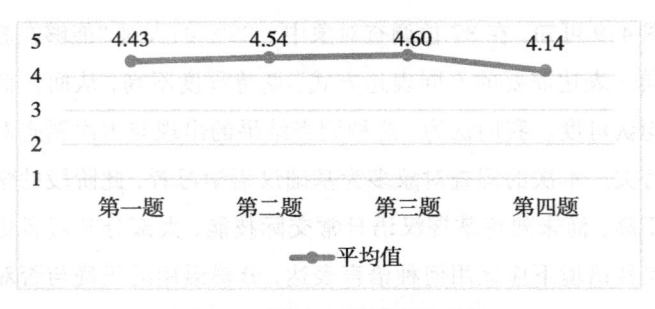

图 4-10 维度一认可度平均值

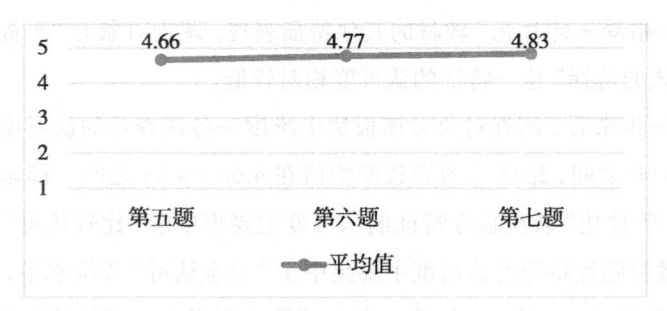

图 4-11 维度二认可度平均值

有较高的期待。依据调查结果,我们还需注意的是:在对碎片化语法进行编排时,需注重辨析具有相似性特征的语言点,以免造成学习者对同一框架下的语法点产生混淆。

(四)传统教材与"格局+碎片化"教材需求对比的调查结果分析

传统教材与"格局+碎片化"教材需求为外显指标,因此需要借助文字问卷题进行调查研究。该部分问卷共9道题目,分别从显性和隐性两个维度,调查学习者对"格局+碎片化"教材不同于传统教材的一些特征的需求情况。第一、第二、第三、第四和第五题属于显性维度(维度一),第六、第七、第八和第九题属于隐性维度(维度二)。为了方便从数据中直观感知调查对象对这两种教材的需求倾向,在进行数据分析时,我们将选择"传统教材"的选项数据转为数值"1",将选择"'格局+碎片化'教材"的选项数据转为数值"2"。通过统计运算,得出所有数据的平均值和各维度的平均值,如图 4-12 所示。

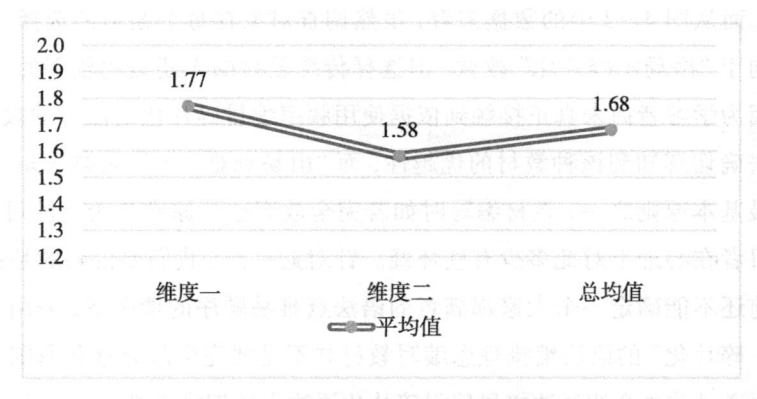

图 4-12 调查所得各维度数据平均值和总平均值

从图 4-12 中的数据来看,无论是各维度的平均值还是总平均值都超过了 1.5。这表明:相比于传统教材,调查对象更倾向于选择"格局+碎片化"教材。维度一所得数据的均值高于维度二,这又表明:面对两种教材之间的显性差异性时,学习者更倾向于选择"格局+碎片化"教材;而在面对二者之间的隐性差异时,部分学习者还会存在不同见解,更倾向于选择传统教材,从而影响了整体均值。

维度二由 4 道题目组成,主要是调查学习者对两种教材隐性特征的不同选择。两种教材的隐性差异主要表现为主要是依据"难易度"编排语法,还是依据"实用性"编排语法。传统教材更注重依据难易度编排语法,而"格局+碎片化"教材在学习之初便先向学习者介绍了汉语的基本语法,语法点的教学也不再过于苛求遵循难易度,而是将实用性作为语法编排的主要依据。第六题和第七题中的语法点"越 A 越 B"和"A 比 B+adj.",难易度和实用性都有所不同,但从图 4-12 中第六题的数据可知,调查对象认为两者在生活中的使用频率差别不大,语法点"A 比 B+adj."相对更胜一筹。而从第七题的数据可知,如果可以选择,调查对象更倾向于先学习语法点"A 比 B+adj."。换言之,学习者更倾向于选择先学习生活中更常用的语言点。

而从图 4-13 中的数据来看，虽然调查对象在每个题项的选择中都倾向于"格局+碎片化"教材，但选择传统教材的人还是比较多的。这是因为学习者尚未真正接触到依据使用频率编排碎片化语法点的教材，无法确切感知到该种教材的优越性，而"由易到难"又是人类认知事物的最基本原则之一，教材编写时如若完全放弃这一原则是否真的可行，学习者在心理上对此多少有些怀疑。针对这一点，我们要说明的是：在目前还不能确定一个大家都满意的语法点难易顺序的情况下，采用"格局+碎片化"的语法编排理念编写教材并不是要完全放弃这条原则，而是要通过首先介绍语法格局使得碎片化语法点的编排不必再强求由易到难。编排语法点的过程中，如果能够辨别出某些语法点的难易顺序，在不影响课文语言实用性、交际性、灵活性和趣味性的基础上，我们还是会尽量兼顾由易到难的原则。

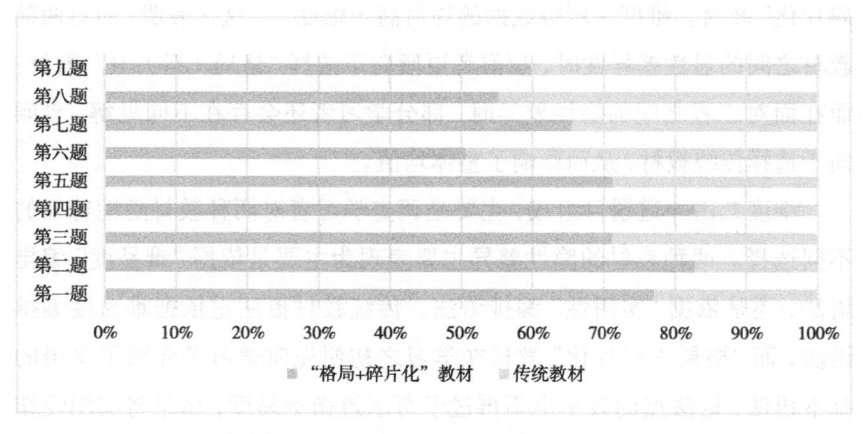

图 4-13 传统教材与"格局+碎片化"教材需求对比调查各题选项占比

（五）问卷调查得出的结论

通过对英语背景初学汉语者进行问卷调查，我们认识到：一方面，大多数调查对象认为目前的汉语作为第二语言教材在语法编排上的实用性不高，普遍持"一般满意"的态度，"格局+碎片化"教材所追求的实用性特征在当前教材中未能得到很好体现，变革汉语作为第二语言教材编写理念，增强教材语言的实用性，符合学习者的期待和要求；另一方面，从调查对象对"格局+碎片化"教材的态度可知，绝大部分的汉语作为第二语言学习者都对"格局+碎片化"教材充满期待，无论是在教材一开始呈现汉语格局，还是在课文编写中按照使用频率编排碎片化语法，都获得了较高的认可度。在传统教材与"格局+碎片化"教材的需求对比中，"格局+碎片化"教材更是赢得了多数学习者的认可。

此外，通过调查，我们还认识到，"格局+碎片化"教材在编写过程中应更加重视语法点与课文之间的联系，注重区分同一语用功能的不同表达形式之间的异同，在"以实用性为主"编排课文的基础上，并在能够辨别出一些语法点的难易顺序的情况下，尽量兼顾先易后难编排语法点的原则。

总之，采用"格局+碎片化"语法编排理念编写教材，在受调查的汉语作为第二语言学习者中认可度较高，此类教材具有较为广阔的市场需求空间，值得进一步开发研究。

二、面向国际中文教师的访谈调查

（一）访谈问题的设计和实施

面向国际中文教师的访谈，主要调查他们对当前汉语作为第二语言教材语法编排的满意度和对"格局+碎片化"语法编排理念的认可度，共设计了5个问题。具体问题如下：

第一，您对现有留学生汉语教材中语言点的顺序安排和内容设计是否满意？有什么看法？

第二，您认为教材语法点编排顺序应该依据难易度还是实用性（使用频率）？为什么？

第三，如果教材在序言部分或者前面有限的几课里，用学习者母语先简要介绍一下汉语语法框架，以及汉语相对于学习者母语而体现出来的语法特点，然后再逐课学习课文及其所包含的具体语法点，您认为这样会更有利于教学吗？

第四，如果每册教材先运用框架图展示本册课文中所出现的语法点，凸显各语法点之间的联系，您认为这样会更有利于教学吗？

第五，面向成人初学者的汉语教材，先呈现一个与学习者母语对比基础上尽显汉语语法特点的、符合外国人学习汉语语法认知过程的、服务于汉语作为第二语言教学的、简约的汉语语法框架，然后依据学习者的交际需求来选择使用频率高的话题和语言材料来编写课文，不再强求由易到难、循序渐进地编排语法点，你认为这样的教材运用于教学中有何利弊？

我们按照三个要求选定访谈对象，一是所有访谈对象都连续教过一个班上下两个学期的基础汉语综合课，二是所有访谈对象都使用过两套以上不同的汉语初级综合教材，三是既要有汉语为母语的国际中文教师，也要有汉语为第二语言的汉语教师。按照这三个要求，我们在海内外18所高校邀请了20名国际中文教师作为访谈对象，其中汉语为母语的国内高校教师13名，汉语为第二语言的海外高校教师7名（美国2名，英国2名，越南2名，马来西亚1名）。

所有访谈在线上进行，我们首先将访谈的问题线上发给访谈对象，请访谈对象思考问题的答案并反馈审题时的疑惑（是否明白问题所要了解的信息），约定在两天后进行线上访谈。访谈过程中，访谈对象逐一回答问题，调查员如发现访谈对象对问题的理解有偏差，会重新表述问题或加以追问。如得到访谈对象的许可，我们还会进行录音。

(二)访谈结果分析

1. 对传统教材语法编排的满意度。

国际中文教师对传统教材语法编排的满意度，主要是通过访谈提纲中第一个问题的答案来获知的。访谈结果表明，80%的国际中文教师认为，相较于20世纪八九十年代之前的教材，目前汉语作为第二语言教材语言点的编排在科学性和实用性上有了很大的提升，部分发展得较为成熟的教材，如《发展汉语》《汉语教程》等，受到了不少一线汉语教师的认可。但是，接受访谈的教师也依据自己的教学经验指出了当前教材所存在的一些问题。

如在教材语言点讲解方面，有不少教师（国内7名，海外6名）认为，大多教材缺乏必要的语法背景知识介绍，常直接利用语法术语讲解，导致学习者很难理解知识点。教材中语言点的讲解也缺乏必要的语用规则的介绍，容易造成学习者对一些语言点的使用过度泛化。

在语言点的实用性和编排顺序方面，多数教师（国内8名，海外7名）认为，教材中部分语言点在生活中的使用频率相对较低、相关例句典型性也不高、丰富性不够。有些语法点（如"了$_2$"、"被"字句）在日常生活中使用频率非常高，然而因其本身的复杂性，很多教材将其编排得比较靠后。

针对围绕语法点编排的课文，多数教师（国内10名，海外7名）指出，部分教材中的课文因回避所谓的较难语法点而造成语言不够自然，而一课内能够出现的语法点有限且已事先设定，从而又导致课文内容不能按照日常交际实际来展开，缺乏灵活性、趣味性，交际性也不足。有些教材的课文内容编写依然套用几十年前的教材中的旧主题来展开，尤其是一些海外高校使用的汉语教材，更新换代跟不上，常出现与中国现实国情相脱节的内容。7名海外汉语教师都直接列举了一些教材课文语言不自然、缺乏交际性的具体实例。

2. 对"格局+碎片化"语法编排理念的认可度。

国际中文教师对"格局+碎片化"语法编排理念的认可度，主要由第二至第五个问题的调查结果来体现。下面依次对这四个问题的访谈所得结果进行分析。

20位接受访谈的国际中文教师中，有90%的教师认为"教材语法点编排顺序应兼顾难易度和实用性"。有教师明确指出："语言点的难易度，即由浅至深，符合学习者的认知规律。语言点的实用性虽难以判断，但如能依据交际需要选择语言点无疑能够增加课文内容的真实性，也会增加学习者对教材内容的认可度。"部分教师表达了对编写课文时不讲求语法点难易度的担心："如果语法点的出现顺序仅由交际需求来决定，会使得一些复杂的语法点早早出现，这样学习者是否能够很好地掌握还有待进一步验证。"对于如何兼顾语法点的实用性和难易度，受访教师普遍认为："应优先考虑语法编排的实用性，后考虑语法编排的难易度。"

在接受访谈的20位教师中，有18位都认为有必要在序言部分或者前面有限的几课里用学习者母语先简要介绍一下汉语语法框架和语法特点，普遍指出：这种做法能够帮助成年学习者理解汉语语法，较快认识汉语语法系统，能够一定程度上避免学习者出现"学了多年汉语却对汉语语法系统缺乏整体认识"的现象，实现汉语学习"既见树木，又见森林"的最佳状态。但部分教师在对这种做法持肯定态度的同时，也表达了自己的疑虑。有5位国内教师认为，因目前缺乏相关的教学实验，教材一开始简要介绍的汉语语法框架对学习者汉语语法的学习到底有多大作用还难以确定；是否先向学习者展示汉语语法框架，必须考虑其先前是否已扎实掌握其母语的语法知识，否则会在一开始就引起其对汉语学习的畏难情绪。此外，在实际教学中，是否要先展现汉语语法格局，还应考虑教学对象的年龄、学习时间等因素。如果教学对象是成人或长期学习者，先展现汉语语法格局是有益的；如果教学对象是短期和以儿童为主的学习者，似乎就没有必要。我们认为，教师的这种认识是正确的，"格局+碎片化"的语法编排思路主要适用于了解自己母语语法且志在长期学习汉语的成人学习者。

85%的受访教师对"教材先运用框架图对本册课文中所出现的语法点进行展示，凸显各语法点之间的联系"表示高度赞同，给出的理由归纳起来主要是：这样的设计符合成年学习者的语法认知习惯，无论是对学习者在学习某一课语法点时的课前预习，还是对学习者在学习过程中或课后复习时将相关语法点联系起来，都能起到很好的辅助作用。一方面能够帮助学习者理清教材中各语法之间的内部逻辑关系，另一方面又能方便其对教材语法点的检索。同时，如此设计还能够帮助新手教师更好地把握教材中语法点之间的关系、提升教师的备课效率。剩下的3位受访教师则认为，"语法框架放在教材附录中以做学习者总结之用似乎更佳"，"讲清各语法点之间的联系有一定的难度，如果过于复杂恐将引起学习者的畏难情绪"等。

对采用"格局+碎片化"语法编排思路编写教材的利弊，受访教师均表示利大于弊。对于采用这种思路编写教材的优势，受访教师指出了以下几点：

（1）根据使用频率来安排教材的语法点，语法的学习能够满足日常交际之亟需，语法点又能在交际中得到不断强化，一举两得。

（2）初学汉语的成人已经具有母语语法意识和能力，在学习汉语时有意无意地会将汉语的一些语法规则与自己母语语法规则进行对比，首先呈现汉语语法格局和语法特点，可以让他们很快地找准对比对象，明辨两者的异同。

（3）从教材内容编排上看，依据"格局+碎片化"语法编排思路编写出的教材，课文内容因不受语法点的束缚相较于传统教材将会更加自然、生动、实用。而实用性高的教材能够帮助学习者在汉语学习上取得较大进步。学以致用能够提升学习者的成就感，进而提升其学习汉语的兴趣，促进其汉语学习。

至于采用这种思路编写教材的弊端，或者说是教学者的一些顾虑，有2位受访的国内教师指出，要想研制出一个适用于第二语言学习者的汉语语法格局，以及编写课文时要确定哪些话题是比较常用的，都有一定的难度，一旦把握不住结构与功能之间的关系，就可能出现将二者割裂的风险。

3. 访谈调查得出的结论。

通过分析针对国际中文教师的访谈结果，我们认识到：一方面，虽然大部分教师能够接受当前教材的语法编排，肯定了它们的进步性，但整体满意度还不是很高，普遍认为当前教材在语法编排上仍有不少需要改进的地方，无论是语法点的编排顺序、语法点的讲解方式，还是围绕语法点编写的课文内容，都应该进一步注重实用性；另一方面，绝大多数受访教师都肯定了"格局+碎片化"语法编排理念，认为"格局+碎片化"教材更加符合成人学习者的思维特征和学习需求，依据"格局+碎片化"语法编排理念编写出的教材内容更加实用，更能顺应交际需求，能够帮助学习者在学以致用中获得更多的成就感，产生更高的求知欲，从而激发其进一步学习汉语的愿望。

此外，从一些访谈教师对"格局+碎片化"语法编排理念的疑虑中，我们认识到：在编写"格局+碎片化"教材时，应遵循"以实用性为主，以难易度为辅"的语法编排原则；构建汉语语法格局，既要做到能够较为全面地展示汉语语法的基本结构，又要注重内容的简约性和表述方式的通俗易懂性，避免使得学习者在学习之初便产生不必要的畏难情绪。

总之，"格局+碎片化"的教学语法编排理念在国际中文教师中有较高的认可度，在教师群体中凸显出了较高的需求度，值得进一步研究并在教学和教材编写中进行实践探索。

第五章
面向英语背景学习者的汉语语法格局构建

依据"格局+碎片化"语法的思路来教学和编写基础教材,首先要做的是构建一个汉语语法格局,在学习者分课学习课文之前予以呈现。要想构建一个满足于英语背景学习者的汉语语法格局,从前文所述语法格局的意义、作用及与碎片化语法的关系来看,至少要做到以下几点:

(1)要考虑的是能够反映汉语语法的基本组织和结构,也就是说,要较为全面地反映各级语法单位的组合和聚合关系。这一方面是让学习者尽可能对汉语语法基本系统有全局的认识,也是为了保障后面学习的碎片化语法点能够在其中找到节点,学习者能将碎片化语法置于系统之中借助系统的定位来深入学习。

(2)还要考虑初学汉语者对语法内容的承受力,内容不能太多、太复杂,要力求做到最简。以概述系统中的典型语法事实和结构为主,尽量借助学习者已有的母语(英语)语法系统知识,尽量少用语法术语。如果可以不用术语就应尽可能不用。如果出现中文术语,则以学习者易学易用为原则。有的语法点如果可以用简明描述的方式,就不出现术语(刘月华,2003)。

(3)在内容的选择和描述上要体现针对性。一是要将汉语语法与英语语法系统做对比以找出汉语语法特点,汉语语法特点往往是学习者的学习难点,因此要在描述上加以凸显,而对与英语相同的语法现象则可以一笔带过或略去不说,即不特别指出的就默认为与英语没有差别;二是要注重学习者在学习汉语语法时体现出来的一些认知规律。

(4)由于是在学习者尚未开始系统学习汉语之前呈现汉语语法格

局,因此要用英语来阐述语法格局的内容,并用汉语拼音加英语注释的方式展示例词、例句,以方便学习者理解。

第一节 汉英语法对比及汉语语法特点

汉语语法格局不仅要为学习者展现汉语语法的基本框架,还要尽显汉语语法特点。所谓的汉语语法特点,都是将汉语与某种或某类语言进行对比而体现出来的。如与英语对比,汉语的 SVO(主语+动词+宾语)语序就不是其语法特点,但与韩语、日语对比(基本语序是 SOV),这种语序就成了汉语语法的特点。已有研究表明,成人学习第二语言语法主要是采取语际转移策略,即会借助头脑中已有的母语语法知识把母语语法规则迁移到第二语言中来(王还,1986；Ellis,2006；赵金铭,2018)。这种情况下,汉语跟英语相同的一些语法规则,较容易被英语背景的汉语学习者所掌握;而汉语中跟英语不同的一些语法规则,则是他们的学习难点(王还,1984；赵金铭,1994；李泉,2016)。

语法格局要为学习者进一步学习较难的碎片化语法奠定基础。因此,要想构建一个适合英语背景学习者的汉语语法格局,就必须将汉语语法与英语语法加以对比来发现汉语语法特点,并将其置于语法格局之中。Fries(1945:9)指出:"最有效的教材应该是以对学习者的母语和目的语进行科学描述和仔细对比为基础。"赵金铭(1994)指出:"给外国人讲汉语语法,……如果通过语际对比来讲,就会更加显露汉语语法的特点。只有突出汉语语法特点并讲透了,外国学生才易于理解。"

前辈学者在教材编写时虽然没有构建语法格局,但很多人都认识到了让学习者首先认识到汉语与其母语语法所不同的特点的必要性。如威妥玛在《语言自迩集——19世纪中期的北京话》第一版序言中明确指出,该书的《词类章》实际上是"企图在有屈折变化的英语和无屈折变化的汉语这一语法条件下,给学生提供一些主要的对照和类比"(威妥玛，1886/2002：18）。赵元任在《国语入门》第一卷第三章中有一部分是"英语语法范畴的翻译"（Translation of English Grammatical Categories），实际上就是对汉英语法进行对比，因此，李荣在将这部分翻译成中文时，直接翻译成了"汉英语法比较"（李荣，1952：42）。《汉语教科书》虽然采取的是分课编排语法点的做法，但还是在绪论中点出了汉语语法的一些特点（北京大学外国留学生中国语文专修班，1958：16—17）。

与此同时，进行汉英语法对比，还可以让我们明确学习者已经具备了哪些语法基础，从而精简语法框架内容的描述——对于汉英两种语言中同质的语法单位或结构，直接用英语语法术语来称说而不必再加以解释，通过调动和利用学习者已有的母语语法知识来理解和记忆；对于同中有异的，在简单提示相同点的基础上将重点放在说明两者的不同之处上。有鉴于此，本节将对比分析汉英语法的异同，以便依据对比结果来构建一个尽显汉语语法特点的、完整而又简洁明了反映汉语语法基本组织与结构的、满足英语背景学习者汉语学习需求的语法格局。

一、汉语语素和构词法的特点

语素是最小的音义结合体。与英语基本一样，汉语的语素大致可以分为两大类：一类可以表示事物、动作、性状等概念，如"人、学、美、民、习、丽、桌、师、猩猩、葡萄、沙发"等；一类是不能表达概念，只能附着在前一类上构词，如"（桌）子、（花）儿、（木）头、老（师）、阿（姨）"等。第一类中，有些可以独立成词，如"人、学、美、猩猩、葡萄、沙发"等；有些则必须与其他语素组合构词，如"民、习、丽、桌、师"等。

汉语和英语在构词方式上的主要区别是：汉语以用第一类语素作为词根复合构词为主，依据这种方式构造的合成词约占词汇总量的80%，靠两类语素组合构成的派生词少于3.3%（丰国欣，2016：83）；而英语中靠两类语素组合构成的派生词占比最高，约占词汇总量的30%—34%，用第一类语素作为词根构成的合成词仅占词汇总量的 28%—30%（Pyles & Algeo, 1982∶289）。因此，我们可以说汉语语素构词的一个主要特点是以复合法为主。词根＋词根，可构成联合式、偏正式、补充式（又分两种：动补型和名量型）、动宾式、主谓式、重叠式。

二、汉语词类系统的特点

英语中有名词、动词、形容词、代词、数词、副词、助词、介词、连词、叹词、象/拟声词，因此在介绍汉语语法格局时可以直接借用这些概念，而不必再加以解释说明。

（一）没有严格意义上的"性、数、格、级、时、态"等词形变化

汉语的词没有反映西方语言中的"性、数、格、级、时、态"等语法范畴的词形变化，这一特点非常明显。因此，西方人一开始研究汉语语法、编写汉语教材时就发现了这一特点，并努力寻找汉语中用来表达这些语法范畴的词汇手段（刘振平、李倩颖，2021）。但汉语的语法事实是，并没有单独的词汇手段来全面表达这些语法范畴。"汉语中也经常出现一些似是而非的东西，它们看似语法标志，细加分析，却又与以印欧语研究为基础确定的语法范畴的实质相去甚远。"（赵金铭，1994）如汉语的"们"加在表人名词后可以表示复数，但并不像英语的复数标记那样具有强制性，例如："学生们都到齐了"也可以直接说成"学生都到齐了"，同样是表示多个学生都到了。而且，名词后加了"们"就不能再受数量修饰了，例如不能说"三个学生们"，只能说成"三个学生"，而英文中则必须带上复数标志"s"说成"three students"。另外，汉语中的"着、了、过"虽然常常用来表示动作或状态的持续、发生和经历，但都难以完全对应英语中的某个时态，且在使用上也不具有强制性。

（二）部分动词、形容词、量词以及少量的名词可以重叠

汉语中算得上形态变化的应该是词语重叠，主要是动词和形容词的重叠，动词重叠表示短时、尝试义，形容词重叠表示程度的加深。两者

在双音节词的重叠上又有不同：双音节动词的重叠形式是 ABAB 式，如"研究研究、学习学习、打扫打扫"等。而双音节性质形容词的重叠式是 AABB 式，如"认认真真、急急忙忙、高高兴兴"等；双音节状态形容词与动词具有同样的重叠形式，即 ABAB 式，如"雪白雪白、通红通红、笔直笔直"等。

另外，有些单音节名词、量词也可以重叠，表示"每一"义，如"事事、人人、天天、个个、样样、条条"等。这些都是英语的动词、形容词和名词所不具有的特征。

（三）词类与句子成分之间的对应关系复杂

英语中每类词充当什么句子成分，都是非常明确的。名词充当主语、宾语和定语，动词充当谓语，形容词充当定语和表语，副词充当状语。即便是要表达同样的意思，只要是充当不同的句子成分，则一般情况下就要发生词形变化。如"happy"是形容词，只能做定语或表语，如"a happy child" "The child is happy."；如果做主语或宾语就要改变词形，变成名词 "happiness"，如 "They found happiness."；而要做状语就又要改变词形，变成副词"happily"，如"She went to school happily."。但在汉语中，一个句子成分可以由多种词类充当，一种词类可以充当多个句子成分；而且一个词无论充当何种句子成分，都没有所谓的词形变化。如主语和宾语不仅常常由名词充当，而且代词、数词、动词、形容词也能充当；名词则不仅可以充当主语和宾语，也可以充当谓语、定语、状语。

（四）量词丰富，有语气助词

汉语中，一般情况下数词不直接修饰名词，需要先与量词组成数量短语再来修饰名词，如"一个人、一位老师、一张桌子、一盘菜"等；描述或限制动作的数量时，一般情况下也要使用数量短语，如"一次旅行、看三次、哭一场、吃一顿、砍一刀"。除了有大量的专用量词，还临时借用名词、动词来表示事物或动作的量，如"一桶水、一脸疲倦、一头白发、一屋子人"等（借用名词的名量词），"一挑水、一捆柴、一堆土、一捧月光"等(借用动词的名量词),"踢一脚、放一枪、看一眼、叫一声"等(借用名词的动量词)。

英语中可数名词可以直接受数词的修饰,汉语中大量的个体量词在英语中是没有对应词的。而且,汉语中有些量词与名词搭配的理据性不明显,量词的学习主要是词汇学习层面上的问题,学习者需要逐个记忆汉语的量词,这确实是个很重的负担(梁霞,2020:128—129)。但从语法学习层面来看,英语背景学习者对汉语量词的理解还是有一定的基础的。因为,虽然英语的教学语法体系中没有设立量词类,但是实际上英语中是有度量衡量词的,只不过被看作了名词,如"centimeter、gram、hectare、kilogram、metre、pint、ton"等。英语中,不可数名词同样也是不能直接受数词修饰的,中间也需要用表达计量单位的名词,这些名词大致对应汉语中的借用名量词。另外,"group、kind、loaf、pair、part、piece、sheet"等这些词后加"of",既可以用于可数名词前又可以用于不可数名词前,也大致可以对译为汉语中的名量词。例如:

(1) a. 一公斤水果——a kilogram of fruit

b. 一瓶水——a bottle of water

c. 一双手套——a pair of gloves

d. 一条面包——a loaf of bread

汉语有些句子的末尾会用上一些语气助词,来帮助表达句子的陈述、疑问、祈使或感叹语气,常用的有"的、了、吗、吧、呢、啊",其中,"吧、呢、啊"还可以用在主语后表示停顿。英语中则完全没有与这类词对应的词。

(五)表现于某一类词内部的一些特点

1. 汉语方位词丰富,常用于构成方位短语。

汉语中的方位词较为丰富,除了有单纯方位词即"东、西、南、北、上、下、前、后、左、中、右、里、外、内、旁"等之外,还有由这些单纯方位词前面加上"以"或"之",或者后面加上"边、面、头"等构成的大量的复合方位词。作为名词的附类,这些方位词跟其他名词一样可以做主语、宾语、定语、谓语和状语,如"上有老,下有小。""我往东,你往西。""上一节""我左,你右!""左转!"等。但其更常见的用法是放在其他词语后面构成方位短语,如"房间里、学习中、精神上"等。

  由于汉语中的方位短语翻译成西方语言时往往对应的是一个介宾短语,19世纪以前学习汉语和编写汉语(语法)教材的西方学者往往把汉语方位词看作介词(卫匡国,1653;瓦罗,1682;Prémare,1728),进入19世纪以后一些英美学者逐渐认识到了汉语中方位词的特殊性,将其称作"后置词"以与介词加以区别(马礼逊,1811;艾约瑟,1857;狄考文,1892),直到高第丕、张儒珍的《文学书官话》(1869)中对汉语方位词的认识才跟今天基本一致。由此来看,汉语方位词因其与西方语言(包括英语)中的介词有一定的关联,学习者并不能轻易认清其本质特征。

  2. 汉语人称代词的单复数词根相同,且没有格的变化,跟英语人称代词在用法上也不完全对应。

  英汉人称代词都有单复数之别,但英语第一人称和第三人称单数与其对应的复数,词根不同且有格的变化,即:I—we、me—us、my—our、mine—ours、he / she / it—they、him / her / it—them、his / her / its—their、his / hers / its—theirs;而汉语则是在单数人称代词后加"们"来构成复数,也就是说,汉语人称代词单复数的词根是一样的:我—我们、你—你们、他 / 她 / 它—他们 / 她们 / 它们。

  第二人称代词有个常用的尊称"您",使用反身代词"自己"时不必使用介词引入,而是常常放在人称代词或表人名词后,如"我自己、你自己、他自己、小明自己"。这些都是汉语代词在用法上不同于英语的地方。

  汉语的第三人称单数代词在文字上分为"他、她、它"三个,分别代指男性、女性和人以外的事物,而英语第三人称单数代词也分为三个"he、she、it",两者看似一一对应,实则有细微差别。英语中的"it"是可以代指婴儿的,而汉语中的"它"不用于代指任何人。

汉语的任何代词无论放在主语、宾语还是定语位置上都不会发生词形变化，即不像英语代词那样有"格"的变化。另外，询问事物的数量时，如果预设事物数量不超过十，一般会使用"几"；如果预设事物数量超过十，则一般使用"多少"。英语中则没有这种差别。

3. 汉语疑问代词可以用于表示任指。

汉语和英语中都有专门表示任指的代词（如"任何""everyone"等），但汉语中一些常见的疑问代词还可以直接用于表示任指，英语中的疑问代词不能直接用于任指，而是需要后加"ever"组成新词。汉语中疑问代词"谁、什么、哪、哪儿、哪里"等都有任指用法。"谁"可以表示任何人，"什么"和"哪"（后面常常带量词或数量短语）可以表示任何事物，"哪儿"和"哪里"可以表示任何地方。例如：

(2) a. 大家坐在那儿，谁也不开口。
　　 b. 你喜欢吃什么就吃什么吧。
　　 c. 哪件漂亮就买哪件吧。
　　 d. 你想去哪儿就去哪儿。

4. 汉语基数词的构造比较简单，有时也可以表示序数，汉语分数与英语分数的表达相差较大。

汉语基数词的表达比英语简单，汉语基本的基数词主要有"零"到"九"10个系数词和"十、百、千、万、亿"5个位数词，其他的基数词都是由它们构成的，如"五百一十八、五百六十万零四百"等，而英语中基本的基数词则多达31个。汉语中有"万"这个位数词，而英语中没有；英语中的位数词"million"和"billion"在汉语中则需要用位数词的组合"百万"和"十亿"来表示。

汉语序数词的表达也比较简单，通常是在基数词前加上"第"即可，而有时基数词放在名词前也可以表示序数，如"二楼、三哥、五月、六班"等。

汉语分数的表达法是"分母+'分之'+分子"，不同于英语主要采用"分子+分母的序数词"和"分子+over+分母"表达法。例如：

(3) a. 五分之三——three-fifths

b. 千分之五十三——fifty-three over one thousand

5. 汉语动词可以带动词性或形容词性宾语，汉英动词的及物性不完全对应。

汉英两种语言的动词都可以依据能否带宾语分为及物动词和不及物动词，但两者之间的差别主要有：一是汉语的及物动词除了带名词性宾语、双宾语之外，还有一些动词可以带动词性或形容词性宾语，如"进行学习、开始上课、同意出去、喜欢游泳、记得吃饭、爱美、追求时髦"等；二是汉语的及物动词在英语中对应的词有可能是不及物动词，如"到达"可以带宾语"到达北京"，而"arrive"则不能带宾语"*arrive Beijing"；三是汉语的不及物动词在英语中对应的词有可能是及物动词，如"结婚"不能带宾语"*结婚一名医生"，必须由介词引出对象"跟一名医生结婚"，而"marry"可以带宾语"marry a doctor"。受英汉动词这种不对应的影响而出现的偏误，在很多的研究成果中都有揭示（佟慧君，1986：32—33；叶盼云、吴中伟，1999：176—178；程美珍主编，1997：45）。

6. 汉语形容词可以做谓语，非谓形容词除外。

汉语中大部分形容词都可以做谓语，英语中形容词不做谓语但可以做表语对主语的性状进行描述，即构成"Subject+be+adjective."的结构，如"She is smart."。不过，汉语中的性质形容词一般不单独做谓语，因此英语的"Subject+be+adjective."翻译成汉语往往需要在形容词前加上"很"（没有加深程度的意义，只是为了满足语法上的需要），如一般会把"She is smart."翻译成"她很聪明"。

汉语中也有不能做谓语的形容词，即非谓形容词，如"男、女、正、副、横、竖、单、金、银、彩色、黑白、纯粹、主要、次要、基本、一切、初级、中级、高级"等，这类形容词如果要放在谓语位置上要用"是"作为谓语中心词，后加"的"，如"英语老师是男的。""你的作用是主要的。""他的汉语水平是初级的。""科学是人为的。"等。这种情况下,这些非谓形容词实际上是后加"的"做"是"的宾语,这可以从这些非谓形容词做主语一般也要后加"的"可以判断出来,如"男的都来了。""主要的一定要抓住。"等。而这些形容词在英语中对应的词跟其他形容词在用法上却没有什么区别。

7. 汉语副词主要做动词或形容词的状语,但也有一些可做补语。

英语中副词只能修饰动词或形容词做状语,除程度副词和时间副词外,一般情况下都放在动词之后。汉语副词多放在动词或形容词之前做状语,但也有一些程度副词放在心理动词或形容词之后做补语,如"极、很"等,凸显某种心理或性状达到的程度。例如:

(4) a. 伤心极了!

b. 这里的网速慢得很。

8. 汉语介词不单用,不限于跟名词性词语构成介宾短语。

汉语介词除了跟英语介词一样主要放在名词前构成介宾短语外,放在动词性、形容词性词语和主谓短语前构成介宾短语的现象也不乏见。英语中有介词悬空的现象,如"Where are you from?""That's what he is talking about.";而汉语介词没有后面不接任何成分的用法。另外,由于汉语介词大多是从动词演变而来的,有些介词还兼有动词的功能,例如:

(5) a. 他为了保护学生牺牲了。(介词+动词短语)

b. 树叶由绿变黄。(介词+形容词)

c. 自从工程开工,他就没有睡过一个好觉。(介词+主谓短语)

(6) a. 他今天在家休息。(介词)——他今天在家。(动词)

b. 他会给人看病。(介词)——他给我一本书。(动词)

c. 他比你高。(介词)——你们俩比一比身高。(动词)

三、汉语短语的特点

由于英语中也有主谓短语、偏正短语、联合短语、动宾短语、介宾短语,因此在汉语语法格局中不再对这些短语及所涉及的主语、谓语、定语、状语、宾语等术语加以解释说明,只是简单指出汉语中同样有这样的结构和结构成分,充分借助学习者已有的母语语法知识来理解这些结构和结构成分。汉语的兼语短语在英语中也有对应的结构,因此我们可以借助英语中对应的结构来帮助学习者理解汉语的这一结构。例如:

(7) a. 他要求学生们出去。

——He asked the students to go out.

b. 老师提醒我注意发音。

——The teacher reminded me to pay attention to pronunciation.

(一)联合短语中不必用关联词语

汉语的联合短语中不必使用关联词语,而英语中则一定要使用连词。汉语中如果词、短语或分句之间的逻辑关系靠语境能够辨别清楚,都可以不用关联词语,尤其是在口语中更少使用。有关这一点早在 1814 年马士曼出版的《中国言法》中就得到了重视。例如:

(8) a. 我、你、他——you, he and I

b. 吃喝——eat and drink

c. 他送我一本书、一支笔。

——He sent me a book as well as a pen.

(二)偏正短语的语序是"修饰语+被修饰语"

汉语与英语的偏正结构在语序上差别较大。汉语中,偏正短语是指语序上修饰语在前被修饰语在后的短语。然而,英语中具有修饰关系的两个词语之间,并不一定是这样的语序,更常见的是"被修饰语+修饰语"的语序,名词的非并列结构的长定语一般要放在被修饰的名词之后。程度副词会放在被修饰的形容词之前,时间副词会放在被修饰的动词之前,其他副词和介词短语修饰动词则一般情况下都要放在动词之后。汉英偏正短语之间的差异,例如:

(9) a. 句子的主语——the subject of the sentence

b. 跟他谈话的人——the man talking with him

c. 慢慢走——walk slowly

d. 我爸爸总是六点起床。

——My father always gets up at six o'clock.

（三）动词或形容词前后成分有状语和补语之分

汉语中语序的重要性，早在1653年卫匡国用拉丁文写成的《中国文法》中就被明确指出来了，随后西方人在撰写汉语教材或汉语语法著作时都非常重视这一点，如瓦罗1682年用西班牙文写成的《华语官话语法》、法国传教士马若瑟于1728年用拉丁文写成的《汉语札记》以及马礼逊1811年用英文写成的《通用汉言之法》中都明确强调了语序在汉语中的重要作用。

汉语中哪怕是同一组词，如果位置前后颠倒，所要表达的意思也就会发生明显的变化。一个词语放在动词、形容词前与后，充当的句法成分不一样，作用和意义也都不一样。动词、形容词前面的修饰性或限定性成分是状语，描写与限制动作或性状；后面又可以出现补语，来补充与说明动作、性状达到或造成的结果等。如"多说了——说多了、快跑——跑得快、很漂亮——漂亮得很、到操场上跑——跑到操场上"等。英语中没有这种现象。

英语中介宾短语做状语一般放在所修饰的动词之后，往往居于句子末尾。而汉语中介宾短语做状语要放在所修饰的动词之前，如果介宾短语放在了谓语动词之后则是做补语，介宾短语做状语和做补语意义不同。汉英介宾短语用法差异对比，例如：

(10) a. 他在办公室加班。——He worked overtime in the office.

b. 他在船上跳。——他跳在船上。

"他在船上跳"中介宾短语"在船上"表示"跳"这个动作发生的场所，而"他跳在船上"中"在船上"表示"跳"的目的地。

（四）表处所的介宾短语其中的宾语必须为处所名词或方位短语

汉语和英语在处所的表达上有较大的差别：英语中介词可放在非处所名词之前构成表示处所的介宾短语，而在汉语中，如果不是处所词，则必须后加方位词构成方位短语后才能再与介词相结合来表达处所。例如：

(11) on the table——*在桌子——在桌子上

（五）数量短语丰富且能充当各种句子成分

汉语中的量词一般不能单用，重叠后可以做定语、状语、主语或谓语，但更常见的是与数词组成数量短语充当各种句子成分。由于汉语中量词丰富，数量短语也就较多，且能够做谓语和补语等，这些都是相对于英语而表现出来的特点。

（六）日期和地址的表达顺序是先大后小

日期的表达，英语中先说日，再说月，最后说年，是由小到大；汉语正好相反，由大到小，先说年，再说月，最后说日，如"1983年5月14日"。地址的表达，英语中也是小到大，汉语中则是由大到小，由国家到省，由省到市，由市到区或县，由区县到街道或乡村，如"中国河南省正阳县兰青乡兰青村"。

四、汉语句子的特点

汉语和英语都有主谓句和非主谓句，也都有表达并列、承接、递进、选择、转折、因果、假设、条件、目的、让步和解说关系的复句，汉语在复句上的一个重要特点就是并非所有的复句都需要使用关联词语（鲁宝元，1988）。有些复句如果分句之间的逻辑关系已经非常明显则就不必再使用关联词。例如：

(12) a. 我喜欢看电视，弟弟喜欢打球。（并列复句）

b. 吃完晚饭，我们出去走走。（承接复句）

c. 那个地方我去过，去过两次了。（递进复句）

    d. 我们星期六去，星期天去？（选择复句）
    e. 这件衣服样子不错，有点儿贵。（转折复句）
    f. 明天不下雨，我们去天安门。（假设复句）
    g. 大卫病了，没来上课。（因果复句）
  汉语和英语的主谓句都是"主语＋动词（＋宾语）"这样的语序，非主谓句也都主要由名词或名词性短语、动词或动词性短语、形容词或形容词性短语、叹词和象/拟声词构成。从功能上看，汉语和英语的句子也都是可以分为陈述句、疑问句、祈使句、感叹句和呼应句五种。
  对于上述概念和类别，我们在语法格局中就不再做详细的解释，只重点指出汉语中的这些句子相对于英语而表现出来的一些不同。
  （一）主语和谓语之间的联系比较松散
  汉语句子中主语和谓语之间的联系比较松散表现在：一是意义上只要是谈论的话题就可以放在主语位置上。如"王冕七岁上死了父亲"中主语跟动词没有任何语义关系，英语中是没有这样的主语的。又如"春天雨水多""那本书他看了三天了"翻译成英文，"春天"和"那本书"对应的词语就不再做主语。二是主语和谓语之间可以停顿，或插入"吧、呢、啊"等语气词，如"他呢，喜欢清净。""这个问题吧，很难！"等，因此，可以说汉语的主语话题特征显著。而英语则是主语特征相对显著的语言，一般情况下句子都得有主语，而且主语还要跟谓语动词在数、人称等语法范畴上保持一致（施春宏，2011：228—229）。
  （二）意义被动句在形式上与主动句无差别
  汉语中动作支配对象（受事）做主语的句子（即被动句），从形式上看，主要有两种：
  一种是用"被"（口语中可以用"叫、让、给"）引出动作发出者，即构成如下句式：动作支配对象＋"被"＋动作发出者＋动作行为＋结果，如"手机被我弄坏了"。如果不便或不能说出动作发出者，可仅仅在动词前用"被"，但口语中"叫、让、给"后面一定要有动作发出者，至少要在它们后面加上"人"来模糊代指动作发出者。这种被动句往往带有不幸的语气，表示主语遭受了某种损失，而英语中的被动句并没有这种语义倾向。

另一种句式与主动句完全一样：动作支配对象+动作行为+结果，如"药吃完了"。这种句式在英语中一般都要用被动语态来表达，与主动句在形式上相差较大。但"在汉语里，以受事为主语的句子大量存在，在口语中用得更多。只要受事主语不会被人误解为施动者，就不必在动词前加上'被'字，有时甚至根本不能加上'被'字，句子里受事主语和动作在意念上自然吻合，被动关系非常明显"（杜荣，1993）。

（三）更多的表达采用非主谓句

汉语中可以或者说通常采用非主谓句表达的意思，在英语中则需要使用主谓句来表达。例如：

(13) a. 下雨了。——It's raining.

b. 上课了！——The class is starting.

汉语表达中，只要不引起误解，主语往往就不必说。例如：

(14) A: 你有中文词典吗？

B: 没有。

另外，汉语中名词、代词或名词性短语可以直接后加"呢"构成疑问句，这种句子也是汉语特有的非主谓句。例如：

(15) a. 妹妹呢？怎么没在家？

b. 你呢？你要不要去？

c. 你的作业呢？为什么没交？

（四）形容词谓语句、名词谓语句、"把"字句、重动句是汉语特有的句式

英语中形容词、名词都是不能做谓语的，但在汉语中形容词谓语句（主要是由形容词性短语充当谓语）并不乏见，特定的环境中也会用名词谓语句。另外，汉语中的"把"字句在英语中没有对应的句型，也没有与

"把"字相当或类似的对应体。汉语中的"把"字句,常常用于凸显对某个事物进行了处置。"把"字句的结构特殊,最常见的结构可以表述为:S(动作发出者)+"把"+O(动作对象)+处置性动作+O的位置或状态变化的结果;语义上主要表达:S发出某个动作使得O的位置或状态发生变化并产生了一个结果;语用功能上主要是强调动作对象被处置或影响而产生的结果。

重动句也是汉语的一种特殊句式,这种句子的谓语由一个动宾短语加上一个动补短语构成,两个短语中的动词是一样的,最基本的结构可以表述为:S+V+O+V+C,语义上表示某人做某事做得怎么样或造成了什么结果(该结果跟宾语无关)。如果一个句子里既要说明谓语动词的宾语又要说明谓语动词的补语,而这里的补语跟宾语又没有直接的语义关系,则一般要用这种句式。大致可以分为三小类:一是补语描述动作的状态,如"他打篮球打得很好。""她游泳游得很快。""我看电视看了两个小时。"等。二是补语描述主语受动作影响而产生的结果,如"她走路走累了。""他看电视看入迷了。"等。三是补语表示"S+V+O"这个事件造成的结果,跟S、V、O都没有直接的语义关系,如"他弹琴弹得室友烦死了。""年轻人在大庭广众之下亲嘴亲得路人反而感到不好意思。"等。

(五)主语和宾语位置的动词或形容词可以受定语修饰

前面已经指出,汉语中的主语和宾语不限于名词和代词,动词和形容词也可以做主语或宾语。由于主语或宾语的前面可以有定语修饰,汉语中也就出现了主语或宾语位置上的动词或形容词受定语修饰的现象。英语中动词和形容词不能做主语或宾语,因此也就不会出现定语修饰动词或形容词的现象。例如:

(16)a.他的死比泰山还重。
b.他的聪明能干无人不晓。
c.我们受到了中国朋友的热烈欢迎。

d. 这是我的不对，我向你道歉。

（六）方位词或方位短语可做主语和定语

汉语中表示某处存在、出现、消失某物可以用方位短语做主语，构成"处所＋有／是／存在动词（着）／出现义动词性词语／消失义动词性词语＋（数量短语）存在物"的存现句，而且限定事物所处的处所时可以用方位短语做定语。这些表达中方位短语前都不能用介词，而所对应的英语表达则要用"介词＋名词性词语"做状语。例如：

(17) a. 桌子上有一本书。→ There is a book on the table.
b. 我读了桌子上的书。→ I read the book on the table.

（七）汉语中回答是非问先对问话者倾向进行表态

英语是非疑问句、选择疑问句的句首要用助动词，特指疑问句要把疑问词置于句首。而汉语疑问句的语序跟陈述句一致，主语在前、谓语动词在后，句末可能会添加语气词，主语之前不会特别添加任何成分，疑问代词处于所代替成分在陈述句中所在的位置。

汉语中回答是非问时，如果答案与问句陈述的情况相同就先用"是（的）、对、嗯"等予以肯定，如果跟问句陈述的情况相反，就用"不"予以否定。而英语中则完全是按照自己的答案是肯定句还是否定句来使用"yes"或"no"，如果答案是个肯定句，那么前面就先用"yes"加以确认；如果答案是个否定句，那么前面就用"no"加以确认，问句是肯定还是否定形式对"yes"和"no"的使用没有影响。这就造成了汉语和英语在回答否定式是非疑问句上所使用的应答词正好相反。例如：

(18) A: 你不是美国人吗？——Aren't you an American?
B: 不，我是美国人。——Yes, I'm an American.
A: 你不是老师吗？——Aren't you a teacher?
B: 是的，我不是老师。——No, I am not a teacher.

第二节　英语背景学习者汉语语法学习的特点和难点

依据对比分析假说，一般情况下，汉语语法特点也是学习者语法学习的难点。然而，随着研究的深入，人们更加全面地认识到影响语言学习的因素很多，学习者个体之间也具有很大的差异性和复杂性，仅通过与学习者的母语做对比还无法准确预测学习者第二语言学习过程中的难点。因此，为了更加准确把握语法格局中需要突出强调的语法点（学习难点）以及针对学习者的学习特点来描述格局中的语法点，我们广泛搜集并分析有关英语背景汉语学习者语法学习特点和难点的研究成果。就目前的情况来看，有关这方面的研究还不够系统，但也能为我们构建语法格局提供一些参考和带来一些启示。

一、英语背景学习者汉语语法学习的特点

（一）特点

英语背景学习者在学习汉语语法过程中表现出来的特点主要反映在一些习得研究的成果中，总结起来，主要有以下几点：

1. 理解句子既依赖语序又依赖词汇意义。

温晓虹（2008：153—158）指出，汉语母语者主要依赖词汇—语义线索来理解句子，不论一个句子何种语序，他们都倾向于选择有生性的名词作为句子的主语和施事；而英语背景的汉语学习者会将英语中的语序策略迁移至汉语的句子理解当中，既依赖语序又依赖词汇意义，他们常常忽略有生性线索而认为语序最重要。

2. 在主题句的习得上不如主题突出型语言背景的学习者。

Sasaki（1990）、靳洪刚（1993）等研究表明不同语言的学习中普遍存在主题句习得较主语句容易的现象。但主语突出型的印欧语系学习者对

"把"字句的掌握程度不如主题突出型语言的学生,表现在前者的"把"字句使用率低,且错误率偏高(熊文新,1996)。从不同类型的存现句的习得情况来看,英语背景学习者较容易习得的是"处所+有+名词短语"的句式,在基础汉语教学阶段就比较顺利地掌握了(温晓虹,1995)。

3. 语法结构的核心用法比外围用法容易习得。

如在"把"字句的习得中,学习者掌握"把"字后名词的定指特征并不困难(黄月圆、杨素英,2004)。而且,一般都能较好地理解"把"字句的意义表达,对"把"字句主语表示动作主体、谓语表示主语有意识发出的动作并造成了事物的位移和变化等能够很好地掌握,所以习得"把"字句的核心用法相对不是很难,但习得表致使义的非典型"把"字句就不容易,也较少使用(靳洪刚,1993;熊文新,1996;刘颂浩,2003)。

4. 句式整体结构的习得先于内部细节。

如对"把"字句的学习,基础汉语学习者首先掌握了其整体结构"施事+把+受事+动词短语",但对其中动词短语的具体要求,尤其是对动词短语的附加成分还不能准确把握(熊文新,1996;温晓虹,2008:60—80)。

5. 连动句会被转化成多个以单个动词为中心的单句。

刘威(1995)、佟乐泉和张一清(1994)等研究表明欧美学习者在学习汉语多动词句时,往往会把它们转化为多个以单个动词为中心的语义自足的主谓宾句。

6. 基础汉语教学阶段习得句式的方式以模仿为主。

VanPatten(2007:45—57)指出,当学习的新知识尚未被重构进入其已有的知识系统,或这个知识系统尚不稳定时,学习者更倾向于通过模仿使用新的规则。温晓虹(1995)研究发现美国学习者在习得汉语存现句的过程中普遍采用了模仿的策略。

7. 理解和运用相结合才能真正习得语法点。

很多学者通过实验发现,如果仅仅教给学习者一些语法知识而不操练，不让他们通过交际对知识加以运用，学习者无法获得良好的语法能力（Ellis，2006）。

8. 越接近英语语序的语法结构越先习得。

王嘉天、彭爽（2018）通过分析美国汉语学习者习得动量补语时产生的偏误，发现汉语中越接近英语语序的语法结构越先习得，这实际上也是符合第二语言学习或习得的迁移理论的。

9. 善于使用类推的方法学习语言。

杨惠元（2003）指出："成年人学习第二语言一定要学习语法，他们掌握了语法规则就可以自动生成语言。在对外汉语教学中，由于教学对象是外国成年人，他们都是在掌握了母语语法系统以后开始学习汉语的，有较强的认知能力，善于使用类推的方法学习语言。他们迫切需要掌握汉语的规律和规则，以便能够举一反三，尽快提高汉语水平。"

（二）几点启示

总结已有研究成果揭示的英语背景学习者汉语语法学习的上述特点，我们大致可以得出以下几点启示：

1. 对语言结构的描述既要强调语序又要凸显出各个位置上的成分的语义，如对"把"字句的描述，采用"S+'把'+O+V+C"的描述，就不如这样描述："S（动作发出者）+'把'+O（动作对象）+处置性动作+O的位置或状态变化的结果"。

2. 格局中对主题句的特点要加以介绍。

3. 一个句法格式能够表达多种意义时，格局中应主要介绍其核心用法，外围用法作为碎片化语法点进行强化训练。

4. 描述短语或句子时不仅仅要描述其整体义，还要特别分析组成成分的特点。

5. 要强调汉语中存在多个动词或动词短语共用一个主语的句子，而不必是每个动词前都要重复用上一个主语。

6. 教学中应该加大例句和练习的量，并提供大量的语法点使用场景，帮助学习者在具体使用中将语法知识转化为语言能力。

7. 重视汉语语法与学习者母语语法之间的对比，充分利用学习者母语语法知识的正迁移，同时指明两者之间的差别从而减少母语语法知识的负迁移。

8. 注重引导学习者将学习到的语法规则进行类推，同时也要防范学习者对语法规则进行过度类推，因此要特别点出一些规则的例外。

二、英语背景学习者汉语语法学习的难点

很多学者都对英语背景学习者学习汉语语法过程中出现的偏误有一定的揭示，但还不够系统，尤其是很少用充足的事实和数据表明哪些偏误出现得更多。我们广泛搜集有关语法偏误分析的论著，将其中所涉及英语背景学习者的汉语语法偏误挑选出来，来分析哪些语法点是难点。当已有研究不足以反映出某个语法点是不是难点时，我们会进一步到"全球汉语中介语语料库"中检索英语背景学习者的使用情况，最终分析得出偏误率较高的一些语法点，为确定格局中的语法点提供参考。下面以涉及的语法点及其特征为标题加以分类展示与分析。

（一）能愿动词不能重叠，在主语之后、描写性状语前做状语

虽然汉语中的能愿动词是动词的一个下位类，但它们却不能像普通动词那样重叠。英语背景汉语学习者错误地将普通动词可重叠的规则泛化，从而就造出了诸如"他想想学会打球。"这样的偏误句（程美珍主编，1997：56）。

能愿动词最常见的句法功能是做状语。做状语时，要放在主语之后、描写性状语之前。如"我能把这本小说翻译成中文。""我要好好儿谢谢您！"等。然而，英语背景学习者对此并不是能够轻易掌握，而是受英语中能愿动词紧邻谓语动词及用于疑问时要提到句首的影响，常常会出现一些将能愿动词放在疑问句句首的偏误，以及将能愿动词放在描写性状语之后的偏误（程美珍主编，1997：53—56）。例如：

(19) a. *可以你的词典借用一下吗？
　　　b. *我们跟小朋友可以谈话了。
　　　c. *我们痛痛快快地可以玩几天。

还要注意的是：能愿动词在连动句中做状语，则需要放在第一个动词之前。英语背景学习者对此把握不住，便出现了诸如"*阿里去图书馆要借一本书。"的偏误句。

以上分析结果启示我们在构建汉语语法格局时要注意强调能愿动词的以下几个特点：不能重叠，做状语要放在主语之后、描写性状语之前，在连动句中放在第一个动词之前。

另外，很多学者指出，英语背景汉语学习者难以分清能愿动词"会、能、可以"之间用法的不同。这是因为"会、能、可以"语义上有交叉，且都跟英语的"can"有一定的对应关系。英语背景学习者常常出现"能"与"会"混用、"能"与"可以"混用的偏误（周小兵、朱其智、邓小宁等，2007：99）。例如：

(20) a. *只有有才能的人，才会当大使。（误代"能"）
　　　b. *甲：阿里在家吗？乙：他现在不能在家。（误代"不会"）
　　　c. *如果你没有钱，不可以结婚。（误代"不能"）
　　　d. *已经十点了，他可以来吗？（误代"能"）
　　　e. *在十天内，你们可不可以造好箭？（误代"能不能"）
　　　f. *请把你的词典借给我用用，能吗？（误代"可以"）
　　　g. *甲：请问，这儿能不能吸烟？乙：能。（误代"可以"）
　　　h. *你会什么时候去？（误代"能"）
　　　i. *一个好演员既会跳得好，又会唱得好。（误代"要"或"应该"）

"能、会、可以"之间的混用，属于具体词使用中的语法问题。"能、会、可以"这几个词的关系较为复杂，涉及好几个方面，内容多而琐碎，且暂不辨析这几个词的用法也不影响学习者了解汉语语法框架，因此，虽然这几个词的用法差异是学习者的学习难点，也不宜放在语法格局里辨析，而应作为碎片化语法点（赵金铭，2018），根据课文中出现的情况逐步加以解释，待三个词都出现后再详加对比。为了使得这个碎片化语法点在语法格局中有节点，我们在语法格局中介绍能愿动词时会具体列出这几个词目。

(二)形容词可直接做谓语

汉语的形容词跟英语的形容词做谓语的要求不一样，英语的形容词前面要用系动词"be"；汉语的形容词跟动词差不多，前面不用"是"（叶盼云、吴中伟，1999：40）。由于英语中形容词或形容词短语做谓语要用系动词"be"，如"My father is very handsome."；而该系动词在其他句子中又往往翻译成"是"，如"Alice is a bird."，英语背景汉语学习者受此影响，便简单地把英语中"Subject+be+adjective."句直接翻译成了汉语的"主语+'是'+形容词"句，于是造出了诸如以下例句的偏误句。这种偏误是英语背景学习者常常出现的偏误（林戴祝念，1986；徐凌志韫，1993；陆俭明，2000；杨玉玲、吴中伟，2013：26）。

(21) a. *我爸爸是很帅。

　　　b. *她是很漂亮。（引自徐凌志韫，1993）

　　　c. *城里的住宅是很拥挤。（引自徐凌志韫，1993）

　　　d. *这是很贵，有便宜的吗？（引自程美珍主编，1997：213）

当然，形容词或形容词性短语做谓语，前面也并不是一定不能加"是"，加"是"主要是为了达到以下几点功能：

(1)为了强调，表示"的确"的意思，"是"一般需要重读。如："今天天气是真好。"

(2)为转折表达提供基础，如果"是"直接加在形容词前，后面的表达往往要发生转折。如："人是丑点儿，但心地很善良。"

(3)在答句中，如果用形容词做谓语前加"是"来回答对方，有肯定某人说法的意味。如:"他这个人特别自私。""他是自私。"

从英语背景汉语学习者使用例(21)中的"主语+'是'+形容词"句的语境来看,他们造出这些句子显然不是为了表达上述这些意思,属于明显的不该用"是"而用了"是"的偏误。

基于上述分析,我们在语法格局中会表明汉语形容词能够直接做谓语(无须前加所谓的系动词)这一特点。

(三)非谓形容词主要是做定语,后加"的"做宾语和主语

非谓形容词,即不能做谓语的形容词。汉语中的非谓形容词对应的英语形容词,在用法上与其他形容词没有什么区别,受母语的影响,英语背景汉语学习者误认为汉语中的非谓形容词与其他形容词在用法上也没有区别,便错误地将其他形容词做谓语的用法类推到这类形容词身上,从而造出诸如"*这些学生都男。"的偏误句(徐凌志韫,1993)。针对这一情况,我们要在语法格局里特别指出这类形容词的特殊性,即主要做定语而不能做谓语,如果要放在谓语位置上则要用"是"作为谓语中心词,并在后面加"的"。这实际上也表明非谓形容词做宾语要后加"的"。既然做宾语要后加"的",那么做主语也应该有这样的要求。有些英语背景的学习者同样不了解这一点,又造出非谓形容词用在主语位置上该后加"的"而未加的偏误。例如程美珍主编(1997:59)中列出了这样的偏误句:

(22)a. *男要长得好的女朋友,女要文化水平比她高的男朋友。
  b. *他们离婚的理由是女不喜欢男,男也不喜欢女。

英语背景学习者的这些偏误启示我们在语法格局中要明确把非谓形容词作为形容词的一个下位类列出来,表明它不能像其他形容词那样具有做谓语的功能,同时还表明它做主语和宾语时的一个重要特点就是后加"的"。

(四)状态形容词和形容词重叠式不受程度和否定副词修饰、不能带补语

状态形容词和形容词重叠式本身已经表明性状的程度较深，具有量点特征，不能受程度副词或否定副词修饰，也不能带补语来补充说明性状的程度。请看下面各组搭配中前后两个结构的不同：

很白——*很灰白　很漂亮——*很漂漂亮亮

不黄——*不蜡黄　不快乐——*不快快乐乐

高兴极了——*高高兴兴极了　好得很——*好好得很

干净得一尘不染——*干干净净得一尘不染

然而，英语中形容词内部并不能分为这样的两小类，而是一般情况下都可以受程度副词修饰。因此，受母语的负迁移，学习者会简单地以为只要是形容词就可以受程度副词修饰，从而对汉语形容词的类型不加区分，在本不能再用程度副词修饰的状态形容词和形容词重叠式前后误加程度副词，如："*同学很高高兴兴地走出教室去了。""*他的房间收拾得干干净净极了。"（程美珍主编，1997：60）这种偏误在中介语语料库中并不乏见，很多学者也都指出这对于学习者来说是一个难点，如郑艳群（2006）、刘振平和杨延宁（2012）等。

同时，由于教学和教材的处理不当，使得学习者将性质形容词可受程度副词修饰的规则泛化，也是造成程度副词修饰状态形容词和形容词重叠式的重要原因。教学和教材中较早出现的一般是简单的性质形容词及其受"很"或"不"修饰的结构，如《新实用汉语课本》第一课便出现了"我很好"这样的表达（刘珣主编，2010：5）。也就是说，学习者在一开始学习汉语时接触到了大量的"很/不+形容词"的结构，就很容易留下形容词前可以加"很/不"修饰的印象，再加上教师在教形容词做谓语的要求时会反复强调形容词前要加虚义的"很"，这就使得学习者对形容词前可加"很"的印象更为深刻（鲁健骥，1994），当学习者遇到状态形容词或形容词重叠式时，如果教师或教材中相关语法点没有特别强调其前不能加"很/不"，学习者就有可能将性质形容词前可加"很/不"的规则泛化，从而造出"'很/不'+状态形容词/形容词重叠式"的偏误句。

基于上述分析，我们在语法格局里有必要强调状态形容词和形容词重叠式不能前加程度副词、否定副词修饰，也不能后加程度补语，尽早给学习者留下并非所有汉语形容词都能受程度副词、否定副词修饰以及可以带程度补语的印象。

另外，从英语背景汉语学习者出现诸如"*这件工艺品做得细细致致。"的偏误来看，其掌握"并不是所有形容词都可以重叠"这一规则还是有一定的难度的（程美珍主编，1997：60），因此需要在语法格局中向学习者强调一下。

（五）形容词前后不能同时加上程度副词

程美珍主编（1997）分别在 100 页、196 页和 256 页指出，英语背景汉语学习者出现了"*这个展览很好看极了。""*他排球打得很好极了。""*这个地方最安静极了。"的偏误。这样的偏误实际上是在形容词前后同时用上程度副词做状语和补语而造成。我们在教学中发现诸如"*很好极了"这类的偏误并不少见，学习者还会造出"*很漂亮极了、*很好吃极了、*很高兴极了、*很帅极了、*很丰富极了、*很好玩极了"等偏误结构。

无论是本身已具有量的形容词，还是通过重叠或外加程度副词而表达了量的形容词短语，已经满足了表达量的需要。因此，一般情况下不能再受程度副词的修饰（刘振平、杨延宁，2012）。无论是"很好、最好"还是"好极了"都已经有了程度副词来凸显量，无论是在其前加程度副词还是在其后加程度补语都不再是合法的结构，因而，也就不能再构成"*很好看极了、*最安静极了"这样的结构。

鲁健骥（1994）认为，学习者之所以出现这类偏误，是他们将"汉语中形容词做谓语前面往往加'很'"这一规则泛化的结果。形容词谓语句是基础汉语教学阶段学习者最先接触的句式之一。在教授形容词谓语句时，教师往往会强调，在肯定形式的形容词谓语句中谓语形容词前要加上一个意义弱化的"很"。然而，在后期学习其他程度副词修饰谓语或状态补语时，教师却没有同时说明此时应该去掉形容词前的"很"。学习者一旦误以为形容词前都必须加上程度副词"很"而过度使用形容词谓语句中"很+形容词"，就会造成类似"*你说得很好极了"这种误加程度副词的语法偏误。

我们通过访谈调查发现，英语背景学习者之所以会产生该类偏误，还受到了英语中"比较级还可以进一步加程度副词'much'表更深程度"语法规则的影响。英语中，形容词的程度级别主要是通过形态变化来表达，即英语的形容词具有"原级、比较级、最高级"这一语法范畴。无论是原级、比较级还是最高级，都是用一个词来表达，但用汉语翻译形容词的比较级或最高级时，往往需要在形容词前加上程度副词，如在很多情况下我们会把"better"翻译成"很好、更好"等，把"best"翻译成"最好"。而英语中还可以在形容词比较级前加"much"强调形容词所表性状的程度，构成"much better"这一短语，也就是说，英语与汉语的一个重要不同是英语中可以在本身已有程度量标的形容词（主要是形容词的比较级）前继续加程度副词修饰。英语背景汉语学习者受此影响，也就会造成在已有程度副词修饰的形容词结构上再加一个程度副词的偏误。如在翻译"much better"时，学习者把"better"翻译成"很好"之后发现前面还有"much"没有在字面上得到反映，"much"修饰的是已表达主观程度高量的"better"，而汉语中凸显比高量更高的程度副词是极量程度副词，相应的主观极量程度主要有"极、极其、极为"等，因此也就在"很好"后面再加上口语中更常用的"极了"，以表达比很好还要更好的意思。

英语背景学习者产生这样的偏误启示我们在语法格局中介绍形容词的语法特点时，除了要特别强调形容词可以做谓语等特点外，还要对"形容词前后不能同时加上程度副词做状语和补语"这一特点加以说明。

（六）介宾短语做状语放在谓语动词之前

英语中介宾短语做状语通常放在谓语动词之后，而汉语中介宾短语做状语要放在谓语动词之前，做补语则放在谓语动词之后。英语背景学习者分不清汉语状语和补语的语义区别，从而依据英语的语序错误地将应放在状语位置上的介宾短语放在了补语位置上。林戴祝念（1986）、徐凌志韫（1993）、崔希亮（2005）、刘振平（2014a）等对此类偏误都有研究，并指出了这类偏误的常见性。例如：

(23) a. *丽莎昨天来从香港。

b. *我家不远离学校。

c. *我们不吃饭用筷子。

d. *我们这个暑假住了两天在苏州。

这四个偏误例句对应的正确句子都是要把句尾的介宾短语放在动词前做状语，而对应的英语句子中介宾短语则是放在动词之后。"丽莎昨天从香港来。"翻译成英语为"Lisa came from Hong Kong yesterday."；"我家离学校不远。"翻译成英语为"My home is not far from the school."；"我们不用筷子吃饭。"翻译成英语为"We don't eat with chopsticks."；"我们这个暑假在苏州住了两天。"翻译成英语为"We stayed in Suzhou for two days this summer vacation."。由此可见，学习者之所以会出现这些偏误例句，是因为他们简单地依据这些介宾短语在英语句子中的位置来安排它们在汉语句子中的位置。英语背景学习者造出的这类偏误句很多，下面是程美珍主编（1997）中列出的一些。

(24) a. *地主逼林道静住在一起跟一个有钱人。（见 113 页）

b. *阿里买来一个录音机从上海。（见 114 页）

c. *他不太礼貌对老师。（见 118 页）

d. *他们正在讨论一些问题关于汉语语法。（见 121 页）

e. *老师讲语法给我们。（见 121 页）

f. *我们每天上午有课从八点到十二点。（见 165 页）

g. *我每天下午复习从三点起。（见 166 页）

h. *天安门很远离我们学校。（见 187 页）

基于以上的分析，我们在语法格局中要明确表明：介宾短语做状语通常放在谓语动词之前，而不放在谓语动词之后，只有介词"在、于、自、向"所介引的介宾短语可以放在动词之后做补语。

(七)时间状语放在句首或主语后的第一个位置上

张维耿(1993)指出，"说英语的学生用汉语表述时便常常照搬英语的词序，造出了不符合汉语语法习惯的句子"，其中有"*他们一起到城里看电影昨天下午。"这样的偏误句。这个句子中时间状语"昨天下午"应该或放在句首，或放在主语"他们"与其他状语之间，即正确的句子为："昨天下午他们一起到城里看电影。"或"他们昨天下午一起到城里看电影。"英语背景学习者之所以会出现这种偏误，是因为英语中时间状语通常处于句子末尾，学习者把时间状语在英语句子中的位置直接照搬到汉语句子中了。"他们昨天下午一起到城里看电影。"翻译成英语为"They went to the city to watch a movie together yesterday afternoon."。

程美珍主编(1997：115)也指出了这类偏误，如"她妈每天从家去工厂早晨六点钟。"中"早晨六点钟"应该放在"每天"的后面。这个偏误句里还有一个需要注意的情况，即：由于汉语句子中的时间状语是除了放在句首之外，就是放在主语后的第一个位置上，所以如果一个句子当中既有时间状语又有地点状语，时间状语是要处于地点状语之前的，如："我每天晚上在校园里散步。""每天晚上，我都在校园里散步。"然而，在英语的句子中，如果既有时间状语又有地点状语，通常是地点状语在前时间状语在后，如"I walk around the campus every evening."学习者虽然掌握了汉语中状语应该放在动词之前的规则，但完全照搬了英语中地点状语在前、时间状语在后的语序，从而也就造出了诸如"*我在校园里每天晚上散步。"的偏误句。

基于以上的分析，我们在语法格局中会特别强调"时间状语要放在所有状语的前面"这一规则。

(八)"把"字句强调动作对象被处置或影响而产生的结果

学界普遍认为,"把"字句是外国人学习汉语的一个很大的难点,是外国人"最感头疼的一个问题"(李大忠,1996:132)。对于英语背景的汉语学习者来说,"把"字句也是最为难学的结构之一,原因是英语中没有相应的结构(黄南松、胡文泽、何宝璋,2015:175)。从英语背景汉语学习者在"把"字句上的偏误来看,他们学习"把"字句的难点在于:一是"把"字句的语序安排;二是"把"字句中谓语动词的语义要求和后接成分的要求;三是"把"字句的语用功能,即什么情境下应该用"把"字句。学习者在语序安排的偏误表现在一般都比较清楚"把"字句必须拥有哪些构件,但对这些构件在句式中所处的位置还不能准确把握,通常只是把其中一个成分的位置搞错了。例如:

(25)a. *她在柜子里把衣服放。

b. *阿里把带回来了录音机。

c. *把那棵小树大风刮倒了。

d. *黑板把阿里擦干净了。

e. *玛丽把安娜给自己的自行车了。

f. *我同屋把收音机没弄坏。

g. *我把新课在宿舍里预习好了。

"把"字句中主语是谓语动词所表动作行为的发出者(即施事),主语之后是副词状语,接着是其他类型的状语,然后是"把"和谓语动词所表动作处置或影响的对象。也就是说,"把"字句当中如果有任何其他的状语都要放在"把"字之前,"'把'+O(动作对象)"之后是谓语动词或带有后接成分的动词短语。上述偏误表明,英语背景学习者会将谓语动词后的介宾补语放在状语的位置上,见例(25a);将"把"后宾语放在整个句子的宾语位置上,见例(25b);将"'把'+O(动作对象)"放在主语之前,见例(25c);将主语与"把"后宾语调换位置,即将本该做主语的放在"把"后宾语的位置上,将"把"后宾语放在了主语位置上,见例(25d);将"把"的宾语与谓语动词的宾语调换位置,见例(25e);将副词状语和介宾状语放在"'把'+O"之后、谓语动词之前,见例(25f)和例(25g)。

更常见的偏误,则是没有按照"把"字句对谓语动词和动词短语的要求来组构该句式。首先,"把"字句中的动词一般是表达处置性动作的动词,即能够对"把"的宾语产生影响使其位置或状态发生变化,出现某个结果。学习者对"把"字句中谓语动词所需具备的这种语义特征没能很好地把握,从而出现了诸如下面各例的一些偏误:

(26) a. *那位先生把提包在座位上了。
b. *放假以后,我们打算去把上海旅行。
c. *他把那件不愉快的事知道了。
d. *希望你们把这个地方喜欢。
e. *大家都把《基础汉语课本》有了。
f. *我把电脑有。
g. *我把她爱。

其次,"把"字句中谓语动词一般不能是光杆动词,后面往往需要接上补语或宾语来表示"把"后宾语(O)状态变化的结果或所到达的位置。学习者所出现的偏误反映了他们在学习中并不能很容易地掌握这一点。例如:

(27) a. *我上午要把这篇文章翻译。
b. *我把排球打了半个小时。
c. *我也把北京烤鸭吃过。

上面这几个句子都是缺少了表达动作结果的成分,例(27a)中谓语是由光杆动词充当的,例(27b)中的"半个小时"表达的是动作持续的时间而非结果,例(27c)动词后加动态助词"过"表示有过某种经验,不能表达动作对受事处置而出现的结果。

相对于掌握"把"字句的结构,学习者掌握"把"字句的用法更是不易,学习者的偏误更多地是表明他们难以把握住用与不用"把"字句的区别、什么情况下应该或必须使用、什么情况下不能或不必使用（刘颂浩，2003；张宝林，2010）。汉语中有些"把"字句对应英语中的"S+V+O+Prep+N"（Prep 和 N 分别代表英语介词和名词，下同），但汉语"把"字句所具有的特殊表达功能，即强调动作对象被处置或影响而产生的结果，这是英语中的"S+V+O+Prep+N"所不必具有的，英语背景学习者不了解两者之间的差别，却在该用"把"字句的语境中仿造英语的"S+V+O+Prep+N"句式造出了诸如下面各例的偏误句：

（28）a.＊阿里挂这张地图在那张世界地图旁边了。

b.＊你扔果皮进垃圾箱里边。

c.＊我写"太"成"大"了。

与例（28a）对应的正确句子是"阿里把这张地图挂在那张世界地图旁边了。"，英语背景学习者之所以会造出这种偏误句子，实际上是对英语中对应表达"Ali hung this map next to that map of the world."的直译；与例（28b）对应的正确句子是"你把果皮扔进垃圾箱里边。"，英语背景学习者之所以会造出这种偏误句子，是对英语中对应表达"You throw the peel into the bin."的直译；与例（28c）对应的正确句子是"我把'太'写成'大'了。"，英语背景学习者造出这种偏误句子是简单直译英语中对应表达"I wrote '太' as '大'."的结果。

针对英语背景学习者学习"把"字句的难点，我们在语法格局中叙述"把"字句的结构时，明确展现结构中每部分所表达的语义，即将"把"字句的结构描述为：S（动作发出者）+"把"+O（动作对象）+处置性动作+O 的位置或状态变化结果；整个句子的语义表达描述为：S 发出某个动作使得 O 的位置或状态发生变化并产生了一个结果；其语用功能描述为：主要是强调动作对象被处置或影响而产生的结果。并且还会强调如果句中有状语要放在"把"字前面。

（九）"被"字句强调受事遭受某个动作影响而性状改变及出现的结果

我们在北京语言大学"全球汉语中介语语料库"中共检索到 77 个英

语背景学习者所出现的"被"字句偏误用例,其中有两类偏误占比最高。

一类是句中的谓语动词或者动词短语不符合要求,有 26 例,占 33.8%。如:"*他的爸爸已经被死了。""*最近几年在北京很多胡同被消失了。""*我一直被她上当受骗。""*我被收音机醒了。""*他被人骗。""*那件事被我忘了。"

"被"字句中的谓语动词一般要是行为性动词(冯胜利、施春宏,2015:5),即表示一种能对主语位置上的受事产生影响的动作行为,谓语动词后面一般要有表示完结或结果的成分(动态助词"了"或补语),除非其本身是一个带有结果义的双音节词。上文已经指出,英语背景汉语学习者对句式整体语义的习得要先于内部细节,其造出的大量的谓语动词或者动词短语不符合要求的偏误句,也印证了这一点。

一类是该用受事主语句的用了"被"字句,有 20 例,占 26%。程美珍主编(1997:241—250)也列出了很多此类偏误句,如:"*信被寄走了。""*我的作业被做完了。""*那件衣服已经被洗过了。""*我的钱包被丢了。""*这月房租还没被交呢。""*北京 1949 年被解放了。""*困难已经被克服了。""*房子是怎么被卖掉的?""*大家的意见正在被研究中。""*课文已经能被念熟了。""*这些旧习惯早该被改了。""*衬衣被洗得很干净。""*汽车被开得太快了。""*你的衣服被送到宿舍里去了。""*他的书被放在桌子上了。""*那些画报被还给图书馆了。""*这个电影两个小时被演得完演不完?""*书架里边的书被看不到。"杜荣(1993)也列出了美国汉语学习者所造出的这类偏误句,如:"*工厂被建在沿海。""*奖章被戴在衣服上。""*字典被送给小王。"

英语的一些被动句翻译成汉语时,应该用"受事主语+'是……的'"结构,而英语背景汉语学习者却因为它们在英语中是被动句,便简单地在施事之前加上"被"字,造出了诸如"*那本书被李教授写了。""*他父母死得早,他是被伯伯养大的。"这样的偏误句。这两个偏误句分别是对"That book was written by Prof. Li."和"His parents died long ago, he was raised by his uncle." 的直译(徐凌志韫,1993)。

这类偏误产生的主要原因是受到了学习者母语中凡是表被动皆用被动句的影响。Liu & Yao *et al.*(2009)在 Level 1 · Part 2 的第十八课(244页)里介绍"被"字句语法点时,明确指出汉语"被"字句没有英语中的被动句使用频率高,汉语"被"字句通常带有负面意义,表示受动作影响的事物(主语)遭受不幸或损失。从英汉被动句对比的研究成果来看,英语中很多的被动句翻译成汉语并不需要用"被"字句(王还,1983),但学习者往往会过度使用"被"字句,把英语中用被动句而汉语中不应用"被"字句翻译的句子硬生生地译成"被"字句。刘振平(2014a)对新加坡英汉双语学习者习得汉语"被"字句的研究结果也表明,受英语的影响,新加坡学习者常常不该用"被"而用"被"。吴勇毅(1994)也指出留学生通常会对"意义上的被动句"(即受事主语句)进行回避,将本该用"意义上的被动句"的地方而错误地加上"被"字。

针对英语背景学习者汉语"被"字句的习得难点,我们在语法格局中将列出"被"字句基本的结构式:S(动作支配对象)+"被"(+动作发出者)+动作行为+结果,并强调两点:一是"被"字句中的谓语动词表示一种能对主语位置上的受事产生影响的动作行为,要么是带有结果义的双音节动词,要么在后面加上"了"或补语;二是在汉语中,一般来说,如果上下文语境要求一个受事放在句首作为话题,而只要它不会被误解为动作的施事,就可以构成受事主语句,而不必运用"被"字句,除非是为了突出强调受事遭受某个动作的影响而发生的改变(遭受"不幸"或"损失")。

另外,跟学习"把"字句一样,英语背景学习者学习"被"字句时也出现了将其他状语放在动词之前而未放在"被"字之前的偏误。如:"*那些画被他都卖了。""*自行车被丁力没骑走。"因此,我们在语法格局中还会简单强调"被"字句中状语要放在"被"字之前。

(十)比较句中比较结果前一般不用程度修饰成分

汉语中常用的三种比较句,一种是"A 跟 B 一样 Adj / V+ 补充成分"(Adj 代表形容词、V 代表动词,下同),一种是"A 有 B 这么 / 这样 / 那么 / 那样 Adj / V+ 补充成分",一种是"A 比 B+Adj / V+ 补充成分"。前两种句式是学界常说的等比句式,相同的表达功能是:借助听说双方都熟悉的 B 来说明 A 在某种性质的量度上达到了 B 的程度;其中,"A 跟 B 一样 Adj / V+ 补充成分"还具有"对比 A 和 B 在某种性质上的量度高下,表明两者程度相等"的功能(刘振平,2010)。最后一种句式是学界所说的差比句,用于比较 A 与 B 在某种性质上的量度,表明两者程度有别。无论是其中的哪一种句式,如果要具体细化比较结果,主要是在充当谓语的形容词或动词后面加补充成分,只有"A 比 B+Adj / V+ 补充成分"中"Adj / V"前可以加"更 / 更加 / 还"。但英语背景学习者则常常出现将应放在形容词后面做补语的成分以及"很、非常"等绝对程度副词放在了形容词前的偏误(林戴祝念,1986;徐凌志韫,1993)。例如:

(29) a. *他比我一点儿高。

b. *这些年人们的生活比以前非常好。

c. *我觉得武戏比文戏很有意思。

d. *说话和听力水平,他们比我太高。

e. *这间房子有那间很大。

有鉴于此,我们在语法格局中将特别强调"比较句中比较结果前一般不用程度修饰成分"这一规则。

(十一)汉语中补语和状语有不同的表达功能

汉语的句子成分,既有状语又有补语,分别分布在谓语中心词前后,但有些"状语和补语用英语表达时可以毫无区别地用状语。因此,说英语的学生用汉语表达思想时,往往在该用补语时仍用状语,说出不合汉语习惯的句子"。"在另一些情况下,英语的状语翻译成汉语必须译成动词加'得'后的补语。这是英语所没有的东西,学生就感到困难。"(王还,1984)例如:

(30)a. 这个学生在课堂上总认真地听讲。
　　　b. 他每次考试都很好，可见他学习得很认真。

这两句话用英语表达"认真"都可以做状语，然而在汉语中，b 句后半部分如果说成"*可见他很认真地学习"，则显然是出现了偏误。

又如，状态（情态）补语历来被认为是汉语作为第二语言教学中的一个难点。这是因为情态补语是汉语中特有的结构，英语中没有对应形式，学习者不明确其使用条件，掌握起来比较困难（赵金铭，1994）。我们常听到学习者把"He is very ill"说成"他很病"，把"You write beautifully"说成"你很好地写字"，但正确的说法是要使用"动词 + '得' + 状态补语"格式，分别为"他病得很厉害""你写得很好"（林戴祝念，1986）。

由于"补语是欧美学生较难掌握和运用的一个语法点"（苏英霞主编，2015：22），英语背景汉语学习者就不仅会出现将该做补语的成分错放在状语位置上的偏误，也会出现将该做状语的成分错放在补语位置上的偏误，如："*这本小说很有意思，我想看多几遍。"

除了上述学习难点，英语背景学习者在学习汉语的特有语法现象时都出现了较多的偏误，表明汉语语法特点确需在语法格局中加以凸显。如徐家祯（2002）指出："以英语为母语的学生最难学的汉语语法点或者句型，一般来说，就是跟英语的语法结构和句型差异较大的那些，比如状语的位置、量词的运用、含动词词组的定语在句中的位置，等等。因为在那些句型中，中英文的结构顺序往往都是相反的，学生要掌握较为困难。""当然，那些汉语中有而英语中却没有的表达方式，就更是学生学习的难点了。比如'了'字句、'把'字句等等，都是学生感到最困难的语法点。"

另外，英语背景学习者在学习汉语的存现句时，受英语中表示处所的短语前一般要有介词的影响，就造出了在做主语的方位短语前误加介词的偏误句，如"*在桌子上放着很多书"；或者没有掌握存现句对动词的特殊要求，用了非存现义的动词或在动词后未加"着"，从而造出了诸如"*座位上放那位同学的衣服。"的偏误；还受英语中"被修饰语+修饰语"语序的影响，常常把"in front of the house"说成"前头的房子"。

第三节　汉语语法格局的基本内容

　　汉语语法的格局，就像一个房屋的间架结构，关注的是支撑语法系统的关键因素，即基本的语法单位以及它们之间所具有的基本的组合和聚合关系。认识了语法格局，也就掌握了基本的组词造句规则。格局完整才能保障每一个具体的语法点都能链接其上，而要想建立汉语语法的格局，则首先必须了解汉语语法系统。客观存在的汉语语法系统到底是什么样的，主要是靠语法研究者借助相关理论加以研究而构建出的理论语法体系来揭示。理论语法体系是否科学也主要是看其能否准确地揭示客观语法规律。在理论语法体系的基础上，根据教学需要而构建的汉语作为第二语言教学语法体系自然也蕴含着汉语语法格局。而且，如果能够准确提取出来，则更能满足第二语言学习者的需要。

　　然而，随着汉语作为第二语言教学的发展，学界对现有的汉语作为第二语言教学语法体系表现出了不满，修订和重建体系的呼声日益增高。因此，我们不会简单地直接从当前使用的某个语法大纲或某本以语法为纲编写的教材中提取汉语语法格局，而是综合汉语理论语法体系和教学语法体系研究成果，在前述汉英语法对比所得汉语语法特点和英语背景汉语学习者的学习难点的基础上，结合英语背景成人汉语学习者已掌握的母语语法体系，最终确定适用于英语背景学习者的汉语语法格局的基本内容。

一、语法格局中的语法单位

　　无论是在汉语的理论语法体系中，还是在教学语法体系中，所包含的语法单位在历时层面上一直都有变化，在共时平面上一直也不统一。因此有必要加以梳理、辨证才能确定语法格局中选择哪些语法单位是合理的。

（一）汉语理论语法体系中的语法单位

中国学者所著第一部语法书——《马氏文通》（马建忠，1898）构建了"词本位"汉语语法体系，关注点是词的分类及词充当句子成分的情况，只有"词"和"句子"两级语法单位。

《新著国语文法》（黎锦熙，1924）构建了现代汉语语法史上第一个语法体系，这个语法体系最大的特点就是学界一直所指出的"句本位"，即以句子为基础来分析语法现象。不仅分析了词类、组词造句的规则和类型，还分析了词与词组合成短语的规则以及短语的类型，形成了词、短语、句子三级语法单位。《现代汉语语法讲话》（丁声树等，1961：220）构建的语法体系也是词、短语（句法结构）和句子三级语法单位。

《语法讲义》（朱德熙，1982：9—10）则明确将"语素"作为"语法系统里的基本符号"，"最基本的语法单位"，因此构建的语法体系中有语素、词、词组（短语）和句子四级语法单位。后来编写的、国内影响较大的现代汉语教材，如邢公畹主编（1992）、黄伯荣和廖序东主编（2017）等在有关语法的章节都明确指出汉语语法系统由语素、词、词组（短语）、句子四级语法单位构成。描写现代汉语语法的煌煌巨作——《现代汉语描写语法》（张斌主编，2010）也主要是详细描写语素、词、短语、句子这四级语法单位的聚合类别和组合关系。

赵元任的《汉语口语语法》（1968）构建了由语素、词、结构（短语）、句子四级语法单位组成的语法体系。罗杰瑞的《汉语概说》（1995）在第七章概述汉语语法时，虽然只是主要介绍语素、词、句子三级单位，但同时也提到了复合词、短语和句子中都存在着"主谓、并列、从属、动宾、动补"等语法关系，表明其也承认还存在"短语"这一语法单位。

也有学者构建的汉语理论语法体系中把"句群"作为最高一级语法

单位。如邢福义主编(2010：183)明确指出汉语的语法单位包括语素、词、短语、句子、句群五种。

(二)汉语作为第二语言教学语法体系中的语法单位

本书第二章,我们梳理了汉语作为第二语言教学语法体系的构建历程并分析了不同时期教学语法体系的特点。聚焦体系中的语法单位来看,历史上不同时期的汉语作为第二语言教学语法体系中的语法单位也有所不同。

早期来华传教士撰写的汉语语法著作,如卫匡国的《中国文法》(1653)、瓦罗的《华语官话语法》(1682)和马礼逊的《通用汉言之法》(1811),汉语语法体系都是只有"词、句"两级语法单位。

19世纪中期出版的《汉语官话口语语法》(艾约瑟,1857)中,突破了传统拉丁语教学语法体系中只有词和句子二级语法单位的局限,设立"字组"(即短语)这一语法单位,从而形成了由词、短语和句子三级语法单位构成的语法体系。

1948年出版的《国语入门》在讲解汉语语法知识时明确使用了"morpheme"(语素)这一术语,使得汉语作为第二语言教学语法体系由词、短语、句子三级单位构成转变为由语素、词、短语、句子四级语法单位构成。另据鲁健骥(2007)的介绍,朱德熙1952—1955年间在保加利亚编写和使用的《华语教材》(手稿)中语法体系也是由语素、词、短语、句子四级语法单位构成的。

新中国正式出版的第一部汉语作为第二语言教材——《汉语教科书》(1958)所构建的教学语法体系,被普遍认为是"对外汉语教学语法体系的奠基之作"(吕文华,2008：2)。虽然《汉语教科书》深受《国语入门》的影响,却没有沿用《国语入门》设立的语素、词、短语、句子四级语法单位,而是构建了一个只有词、句子两级语法单位组成的语法体系。

《语法大纲1995》被认为是最为完整的对外汉语教学语法体系(赵金铭,2018),其语法单位是词素(语素)、词、词组(短语)、句子四级。

作为国家标准颁布的《等级标准2021》中则设置了语素、词、短语、句子、句群五级语法单位。

最后，我们再来看一些汉语作为第二语言教学参考语法著作或体系的语法框架。《实用现代汉语语法》（刘月华、潘文娱、故韡，1983/2019）"是目前使用最广的对外汉语教学参考语法工具书"（齐沪扬、张旺喜，2018）。这部参考语法著作在第一页就明确指出"语法单位包括语素、词、短语、句子"。

《汉语语法概要》（赵永新，1992）、《实用汉语语法》（房玉清，2008）、《现代汉语八百词》（吕叔湘主编，1999）、《汉语语法教程》（孙德金，2002）、《对外汉语教学语法》（齐沪扬主编，2005）、《汉语基本知识（语法篇）》（施春宏，2011）、《国际汉语教学语法教学方法与技巧》（苏英霞主编，2015）等构建的语法体系同样是由语素、词、短语、句子四级语法单位构成。

当然，有一些参考语法著作所构建的语法体系里只有词、句子两级语法单位，如《实用对外汉语教学语法》（陆庆和，2006）等；也有一些是由词、短语、句子三级语法单位构成，如《外国人实用汉语语法》（李德津、程美珍，2008）、《汉语语法教学》（李德津、金德厚，2009）等；还有一些是由词、句子、篇章三级构成，如《对外汉语核心语法》（杨德峰，2009）等。另外，《汉语教学参考语法》（张宝林，2006）构建的语法体系包括语素、词、短语、句子、语段五级语法单位，《国际汉语语法与语法教学》（杨玉玲、吴中伟，2013）中则包括语素、词、短语、句子、篇章五级语法单位。

（三）本书构建的语法格局中的语法单位

综上所述，汉语语法体系所包含的语法单位无论在历时层面还是在共时层面一直没有统一。主要的变化和分歧有三点：（1）"语素（词素）"要不要作为最小的语法单位？教学中应给予它何种地位？（2）"短语（词组）"要不要作为一级语法单位纳入语法体系之中？（3）"句群（语段、篇章)"要不要纳入语法体系之中？

1. 语素（词素）要不要纳入语法体系以及给予其何种地位的问题。

就理论语法的发展来看，当前理论语法中已经普遍把"语素"作为最低级的语法单位。吕叔湘（1979：15）指出，"讲汉语的语法，由于历史的原因，语素和短语的重要性不亚于词"，"最小的语法单位是语素"。教学语法是以理论语法为基础的，除非将"语素"纳入语法框架会给学习者带来学习上的负担，教学者一般都会将"语素"纳入教学语法框架。

汉语合成词中的语素之间结构关系、意义联系以及与整个词的语义关系都比较复杂。因此，如果不讲解语素组词的规则，学习者对汉语词语的理解和运用就会遇到更多的困难，从而也会影响到组词造句的能力。而且，因为汉语与印欧语的构词法有明显的不同，印欧语为母语的汉语作为第二语言学习者普遍都能感受到两者之间的一些差异，所以即便教学者不讲，学习者也会不断去探索。而不在教学者引导下的自我探索，其效率和系统性相对来说都较低，为了让学习者尽快把握住汉语构词法上的特点，教学者有必要主动加以介绍，或引导学习者认识并掌握。吕文华（1992）、柯彼德（2000）、赵金铭主编（2019：335）等主张将语素教学纳入语法教学系统之中的相关文献，都或多或少地表达了类似的观点。第二章分析的9个教学语法大纲有7个都将语素纳入了语法框架中。

另外，19世纪西方来华传教士、外交官或汉学家们编写的汉语教材中普遍重视对语素构词类型和构词单位之间结构的分析，这些传教士、外交官或汉学家都是成功的汉语作为第二语言学习者，他们所编的（语法）书里主动分析语素及语素构词，这无疑表明在他们看来这些内容是重要的，也是有必要讲解的。

还有一点非常重要，即汉语语法的一个重要特点：词、短语和句子的主要结构规则基本一致，都有主谓、动宾、动补、偏正、联合、重叠、附加等几种结构关系。鉴于汉语的词法和句法规则基本一致，将语素纳入教学语法框架不仅能够帮助学习者识别、理解、生成和运用词语，而且还能为学习者学习短语、句子的构造规则奠定基础。

综上所述，我们将会把语素作为最小的语法单位纳入语法格局中。然而，需要特别说明的是，我们虽然主张将语素纳入教学语法体系之中，但并不是跟吕文华（1993，2008：186—199）一样——主张语言教学从语素教学入手，更不赞成在语法大纲和实际的语法教学中将大量的词根语素列为语法点。

实际上，语素应不应该纳入教学语法体系之中，与是否要从语素入手开展汉语教学，原本是两个并没有太多联系的问题，前者是有关教学语法的问题，而后者实际上是以什么样的语言结构作为基本单位进行教学的问题。吕文华（1993，2008：186—199）却反复呼吁将语素纳入汉语作为第二语言教学语法体系中，并不断强调从语素入手进行教学，将当前汉语教学不从语素入手也看作语法体系存在的问题。这显然是将教学语法的范畴扩大化了。在这个问题上，我们还是认同当前的主流观点——从词入手，即坚持词本位（赵金铭，2017），但在词语教学过程中可以针对学习者的偏误解析词中语素之间的意义和结构关系（赵金铭，2012）。

教学中，如果是希望学习者能够掌握一些具体的语素，这就如同要学习者掌握一些具体的词语一样，这完全属于词汇教学的范畴。而有关语素的教学语法内容则应该关心的是语素作为一级语法单位，其构词功能如何及其构词规则有哪些。只有阐述这些方面才是真正抓住了语法的"关系"本质，即语法是关于成分间关系的规则（孙德金，2016b）。

然而，在《等级大纲1988》《等级大纲1996》《专业大纲2002》《进修大纲2002》和《等级标准2021》的语法大纲中都列了一些词缀或类词缀作为语法点，如果说从词缀的"实义不足，更多地是标示词的语法意义且可类推"这些特点来看，这几个大纲将其算作语法内容还能说得过去。不过，从大纲列出这些词缀的目的来看，主要是帮助学习者掌握它们与一些词根构成的词，因此将它们列入词汇大纲也未为不可。

尤其是当前一直都有对汉语作为第二语言教学中语法教学内容过多的不满，如果我们把词缀放入词汇大纲，就可以使得教学语法体系或大纲瘦身，至少从外观上让那些希望尽量少教语法的人更能接受。但《等级大纲1996》还将大量的词根语素也作为语法点，这显然是不恰当的，这不仅使得教学语法的内容变得模糊不清，等于取消了词汇与语法教学的界限，也使得教学语法体系过于庞杂（孙德金，2012；黄南松，2017），而且操作上也费时费力（高顺全，2016）。

2. 短语（词组）要不要纳入语法体系的问题。

从静态层面来看，汉语的句子简单者可以只由一个词构成，但复杂者则是每个位置（依据传统句法分析出的主语、谓语、宾语、定语、状语和补语）上都可能由多个词组合而成的结构充当。这是汉语语法的事实，不管采不采用"短语"或"词组"这样的术语，设不设立这个语法单位，它都是实实在在的存在。而且，它作为一个单位又完全在早期语法体系界定的"词—句"范围之内，也就是说，如果把它作为一个层级的语法单位，并没有突破之前语法体系的外延。因此，立足于汉语自身的特征，将短语视为词和句子之间的中间站尤为合适（陆丙甫，1992）。这样才真正符合汉语语法事实，也更能说清楚汉语语法事实。

而作为教学语法，要不要设立短语这一层级的语法单位，除了要看设立后能不能更准确地说明语法事实，更重要的是，还要看能不能更简便、清楚地让二语学习者理解和分析相关语法现象。上面一节已经指出，《汉语教科书》(1958)、陆庆和(2006)、杨德峰(2009)等构建的语法体系里都没有"短语"这级语法单位，但在描述语法事实时实际上又没能绕开这一单位。

由于介词不能直接做状语，《汉语教科书》在第二十课中分析状语的构成成分时，不得不用到"介词结构"这样的表述(174页)；在第二十一课中又把"动宾结构"作为语法点，解释为"由动词和宾语组成的词组",并描述了它的两个特点(182页)。仅从这两处的描述,我们就可以看出,由于短语在汉语中也是构成句子的一种重要单位,描述句子的结构时则不可避免地要用到相关概念。

陆庆和(2006)分四编分别详细介绍了词类、句子成分、单句、复句,并没有独立的内容来介绍短语,对短语既没有定义也没有系统分类。然而,在描述句子成分时却直接用了"名词性短语""动词性短语""形容词性短语""主谓短语"等名称,这显然是很突兀的。作为一个体系来说,内容的逻辑性不够严密,前文不介绍何为"名词性短语""动词性短语""形容词性短语""主谓短语"等,后文却直接运用,作为一个系统来说明显是缺乏自洽性。读者能够理解其所说的"名词性短语""动词性短语""形容词性短语""主谓短语"等名称,并不是靠其系统内部提供的信息,而是要靠在其他地方学到的有关这几类短语的知识。

杨德峰(2009)同样存在这样一个问题,因此赵金铭教授所作的序中明确指出:"所憾者,该书对于词组,付之阙如。而汉语词组是词和句的中间站,具有特殊的重要性,似应给予一定的地盘。"

综上所述,汉语的语法事实是:句子成分不仅由词来充当,也能够由短语来充当,因此即便不把短语纳入语法体系,具体描述句子成分时又难以绕开"短语"这一层级。同时,由于短语是介于词和句子之间的语法单位,即便不纳入语法框架,学习者也要理解这个结构的性质后才能更好地认识句子的结构,而纳入语法体系既不会造成外延的扩大,也不会额外给学习者增加负担。而且,由于短语和句子的结构规则基本一致,短语的结构分析有助于学习者理解和掌握句子的结构。"在对外汉语教学中重视和加强词组的讲练,老师启发学生用某个词说出各种各样的词组,有助于学生正确地把词语排列组合成句子。"(杨惠元,2003)因此,我们将"短语"纳入语法体系之中。

3. 句群(语段、篇章)要不要纳入语法体系之中的问题。

赵元任(1968/1979:6,41)指出:"一般只把最小的有意义的单位即语素,两个停顿之间的最大的单位即句子,以及这二者之间的大大小小的单位,包括在语法分析之内。""句子是最大的语法分析上重要的语言单位。"吕叔湘(1979:29)指出:"一般讲语法只讲到句子为止,篇章段落的分析是作文法的范围。事实上,句和句之间的联系,段和段之间的联系,往往也应用语法手段(主要是虚词);但是除此之外还有其他手段,如偶句、排句、问答等等;还常常只依靠意义上的连贯,没有形式标志。因此,篇章段落的分析方法和句子内部的分析方法有较大的差别,语法分析基本上到句子为止,还是有点理由的。"这表明理论语法学界的权威学者并不主张将句群、语段或篇章纳入语法框架中。

然而,汉语教学语法学界从20世纪八九十年代开始,便出现了将句群(语段、篇章)纳入语法教学的呼声。较早将句群纳入教学语法体系的是《中学教学语法系统提要(试用)》(1984),随后崔永华(1990)呼吁汉语作为第二语言教学语法教材和著作"增加对段落篇章结构的描写",吕文华(1992)则呼吁将其纳入汉语作为第二语言教学语法大纲。

此后出台的7个教学语法大纲有4个设置了句群(语段、篇章)等句子以上层面的语法点。如《等级大纲1996》在丁级语法大纲里专门为句群设立了39个语法点;《专业大纲2002》在二年级语法大纲中介绍了语段的定义,并按句间关系将其分为11类,在三、四年级语法大纲中介绍了语段的结构层次和表达功能分类以及句间的连接手段;《进修大纲2002》在高等阶段语法项目表里列了11个有关篇章主题推进方式和篇章衔接手段语法点;《等级标准2021》在五级语法点中设立了2个有关句群的语法点,在七—九级语法点中有关句群的语法点有4个。

从上文的分析中,我们可以看到一些汉语作为第二语言教学参考语法著作,如张宝林(2006)、杨德峰(2009)、杨玉玲和吴中伟(2013)等,也将篇章纳入了教学语法体系。刘月华、潘文娱、故铧的《实用现代汉语语法》初版(1983)中并未论及句群或篇章相关内容,从增订本(2001)开始加了一章《篇章》,最近出版的第三版(2019)中依然有这一章内容,但各版本在分析语法单位时都只是将语素、词、短语、句子作为语法单位。

那句群(语段、篇章)到底要不要纳入语法体系之中呢?依据赵元任、吕叔湘、朱德熙等这些著名语言学家的观点,句子是最大的语法单位,句群(语段、篇章)在语法体系中并无地位。而一些汉语作为第二语言教学的研究者之所以将句群(语段、篇章)纳入教学语法大纲或教学参考语法之中,显然是认为连句成群、成段和成篇的规则也是学习者应该掌握的内容,它是培养学习者成段表达能力的需要(崔永华,1990;刘月华,2003;肖奚强,2018)。

我们认为,无论是母语学习者还是第二语言学习者,确确实实需要具有连句成群、成段、成篇的能力,但并不能因此就要求将句群(语段、篇章)纳入语法框架之中。具体理由如下:

一是,语言教学的任务很多,如果将句群(语段、篇章)能力的训练作为语法教学的任务,那其他的内容是不是也都要纳入语法教学?如果一股脑地都交给语法教学,这岂不是模糊了语法的界限(孙德金,2006,2012,2016a,2016b)?这是学科发展的一种倒退,又回归到了古代西方传统语言学理论对语法的认识,即将语言中大小结构的规则都看作语法。翻检古代西方出版的印欧语法著作和明清时期传教士出版的汉语语法著作或教材,我们都不难发现其内容不仅包括目前我们说的语法内容,还会有语音、文字、词汇和篇章等方面的内容。

二是,虽然学界都认可语法教学在汉语作为第二语言教学中必不可少,但又都一直在强调不要过多地教学语法,能自然习得的尽量习得(李泉,2016),能练得的就不必讲(吴中伟,2007:20),"特别是不要一条一条地大讲语法规则,而要善于点拨"(陆俭明,2000)。在这样的形势下,如果还要把本属于篇章范畴的内容纳入语法范畴,势必会给人以"汉语作为第二语言教学过于注重语法教学"的印象。句子和句子之间虽然有着一定的结构规则,但句子与句子之间的关系至少不是一般意义的语法关系,属于篇章范畴(高顺全,2016),即便是要教也"应该交给阅读、写作教学，或者单独编制教学大纲，或者做另外的安排"（孙德金，2016a），而不能什么都往语法教学或语法大纲里塞。

三是，到底有多少篇章规则以及到底教哪些篇章规则是有助于学习者成段、成篇表达的？所教的篇章规则是真的能促进学习者语篇能力的提高，还是会使得学习者成段、成篇表达的模式化，死板而无文采？目前这些方面的相关研究还严重不足。而且，学习者是通过学习相关规则能够更快地获得语篇能力，还是通过大量地阅读和模仿范文才能更快地获得语篇能力？目前看来，人们更倾向于选择后者，实际的学习过程中人们也多是通过阅读、分析和模仿教材中提供的课文而潜移默化地获得连句成群、成段和成篇的能力。

综上所述，我们构建的语法格局中将包含语素、词、短语、句子四种语法单位。

二、语法格局中语素的基本内容

语素是语言中最小的音义结合体。语素（morpheme）这一概念是由美国结构主义语言学提出来的，该学派的代表人物布龙菲尔德在《语言论》（1933）中对语素及其构词类型做了系统论述。另一个代表人物霍凯特在《现代语言学教程》中指出："在许多语言里，词起着重要的语法作用，这表现在词由较小的成分按照一定的模式构成，它们又通过相当不同的另一些模式组合起来构成句子。因此，通常把一种语言的语法系统看作由词法和句法两个次系统构成。词法包括全部片段语素和由它们构成词的方法；句法包括词和超片段语素在语句里彼此相对的配列方法。"（霍凯特，1958/2002：189）由此可以看出，霍凯特认为语法框架中应该包括语素、词、短语（超片段语素）、句子四级语法单位，语法规则就是语素构成词、词构成短语和句子，以及短语构成句子的规则。

目前，语素这个概念已为我国理论语言学界和教学语法学界普遍接受，进入了汉语语法体系。我们将在语法格局中说明：汉语语素分为词根和词缀两大类，以词根复合为主要的构词方式，由此构造的词语结构主要有主谓式、动宾式、补充式（又分动补型和名量型）、偏正式、联合式、重叠式；汉语中典型的词缀有限，主要有"老、第、阿""子、儿、头"，可放在词根前或后构造出有限的附加式合成词。

三、语法格局中词类的基本内容

"区分词类，是为的讲语法的方便。"（吕叔湘、朱德熙，1951/2013：8）不区分词类"就没有办法总结、概括出语法规则来"（陆俭明，2022）。因此，任何一个语法体系都会区分词类。

（一）19世纪前西方人对汉语词类的划分

汉语作为第二语言教学语法体系从一开始便非常注重对词进行分类，并详细介绍各类词的句法功能。如在卫匡国的《中国文法》（1653）中，汉语词类系统包含名词（含形容词）、代词、动词、介词、副词、感叹词、连词、数词、数量词；瓦罗的《华语官话语法》（1682）所构建的汉语词类系统较为复杂，包含名词、形容词、代词、动词、抽象词、动名词、指小词、叹词、连词、否定词、疑问词、介词、副词、数词、量词、小词，其中名词和形容词合称静词。

这些早期来华传教士主要是用拉丁语语法中的词类判断标准来判定汉语的词类，但汉语的词跟拉丁语中的词有明显的不同，一是没有形态变化，二是词跟句子成分不是一一对应的关系。因此，这些来华传教士们在划分汉语词类时往往削足适履，出现了以下一些问题：（1）认为汉语的名词、代词有格、数的变化；（2）将名词、形容词归为一类，并认为其有"级"的变化；（3）认为汉语的动词有时态、式的变化；（4）简单地认为凡是修饰谓语动词的成分都是副词，使得副词实际上成为了一个杂类；（5）由于汉语的方位短语很多都能翻译成拉丁语的介宾短语，从而把汉语的方位词看作介词；（6）"依句辨品"，即同一个词处在不同的句法位置上词性就发生了变化。

（二）19世纪西方人对汉语词类的划分

进入19世纪后，西方人普遍依据时用的本民族语言教学语法框架来构建汉语教学语法体系。区分词类时，他们还是主要依据词在句子或组合当中的位置来判断，句子当中某个位置上的词是什么词性的，这个又主要是看对应的印欧语（汉语语法体系构建者的母语）句子中某个位置是什么词性，那汉语句子中这个位置上的词就是什么词性。当然，还会从语义上加以判断，尤其是在判定汉语中的特有词类时主要看语义表达。因此，还是会出现将出现在不同句法位置上的同一个词判定为不同词性的问题，以及简单地将大部分修饰动词的词看作副词的问题。同时，基本上都还是认为汉语的名词有格、数的变化、形容词有级的变化、动词有时态的变化。

然而，19世纪西方人在汉语词类划分上的进步性也是非常明显的，主要表现在以下几个方面：(1)因为英语中名词、形容词是两个独立的词类，所以依据英语而构建的汉语教学语法体系中不再出现名词包含形容词或者名词形容词合类的问题；(2)逐渐认识清楚了汉语中方位词与介词的区别，将方位词从介词中剥离出来；(3)将动量词从副词中剥离出来纳入了量词类。如艾约瑟的《汉语官话口语语法》(1857)所构建的汉语词类系统包括名词、量词、数词、形容词、代词、动词、介词、副词、连词、感叹词。另外还指出如下的一些小词不便归入任何一类："的、个、了、们"，句尾的"哩、呢、哪、拉、咯、阿"，表抗议的疑问词"么"(吗)。其中的"量词"分为"普通名词的量词""物质名词的量词""集体量词""表示种类或者方式的量词""适用于动词的量词"五类，"适用于动词的量词"即为动量词。其中的"介词"分为"前置介词"和"后置介词"两类，"后置介词"实际上就是方位词，这跟目前人们把方位词作为名词附类的做法不同。

（三）20世纪至今汉语作为第二语言教学语法体系中的词类系统

《国语入门》对我国汉语作为第二语言教学语法体系的影响，我们在第二章中已做介绍。该教材第一部分第三章《语法》中的词类系统包括限定词、辅助名词(量词)、名词、时间词、处所词、方位词、代词、动词(含形容词)、介词、副词、连词、叹词。这个词类系统,与之前西方人构建的汉语作为第二语言教学语法体系中的词类系统有较大的差异,主要表现在以下几个方面:(1)将数词、指示代词等用于量词前面构成量词短语的词归为一类,称作"限定词";(2)把时间词、处所词、方位词等独立为与名词并列的一个词类;(3)虽然将介词作为一个独立词类,但是还看到了汉语介词来源于动词、有些还可以做谓语的事实,因其常常用于连动结构中表达第一个动作,不是该结构中的主要动词,故而将它们定义为介词;(4)不同于西方人受拉丁语语法体系的影响将汉语形容词看作名词的附类或与名词合为一大类,《国语入门》将形容词看作动词的一个附类,认为形容词是不及物动词的一类——不及物性质动词(quality v. i.),这实际上是基于汉语中形容词与动词有很多相同的语法特征而做出的分类,也表明赵元任先生更加注重词语的语法功能,而不是仅仅依靠意义来判定词性。

《国语入门》中的这个词类系统,跟汉语理论语法学界已经构建的词类系统也有很多不同。如《马氏文通》(马建忠,1898)将我们现在所说的"词"称作"字",依据意义来划分词类,所构建的词类系统包括名字、代字、动字、静字、状字、介字、连字、助字、叹字九类。在这个词类系统中,形容词没有被作为动词的附类,而是跟数词合成了一类"静字";将《国语入门》称作词尾的助词明确作为了一个词类;将《国语入门》中作为独立词类的量词、时间词、处所词、方位词等都归入了名字。

《新著国语文法》(黎锦熙,1924)被认为是我国第一部系统讲授白话文语法的著作,其中的词类系统包括名词、代名词、动词、形容词、副词、介词、连词、助词、叹词。黎氏主张"词类主要是从句法上做分业的辨认和处理"(黎锦熙,1924/1992:17),因此这些词类主要是通过分析它们充当句子成分的情况划分而来的。这个词类系统同样是把助词作为一个独立的词类，把量词、时间词、处所词、方位词等都归入了名词，把数词归入了形容词，这是跟《马氏文通》的相同之处。另外，从该词类系统同样可以看出其对形容词的认识不清，把一些指示代词和疑问代词也归入了形容词。

经过20世纪50年代的"词类问题大讨论"后，汉语理论语法学界基本上都认同了汉语量词、助词和形容词的独立词类地位，但还是有一些学者依然认同《国语入门》将形容词作为动词附类的做法。如赵元任(1968)、Li & Thompson(1981)等，吕叔湘(1979：37—38)也指出："如果把形容词合并于动词，把它作为一个半独立的小类，也不失为一种办法。"沈家煊(2007，2019：21—24)等反复提到一个观点：汉语的名词、动词、形容词彼此是层层包含关系——汉语的形容词属于动词，而汉语的动词又属于名词。

在汉语作为第二语言教学语法学界，也有一些学者主张将全部形容词或部分形容词看作动词的一个附类。如李英哲、郑良伟、Larry Foster等(1990：112)参照确立动词词类的两个语法标准：一是可以做句子的谓语，二是可以被"不"或"没"修饰，认为"英语形容词的汉语等值词就是动词"。崔永华(1990)主张应该依据分布来对形容词重新分类，"一般形容词"应归入动词，而"非谓形容词"可以单独称为形容词。

1958年出版的《汉语教科书》将形容词与名词、动词分立为了不同的词类，此后出台的语法教学大纲也都是将形容词与名词、动词分立为不同的词类。《汉语教科书》构建的词类系统包括名词、代词、动词、形容词、数词、量词、介词、副词、连词、助词、叹词。从这些名称来看，显然与《国语入门》相差较大，而与汉语母语教学语法体系《暂拟汉语教学语法系统》中的词类系统完全一致，以至于有些学者认为《汉语教科书》是参照《暂拟汉语教学语法系统》构建的词类系统(孙德金，2012)。不过，如果进一步对比两者对每类词的下位分类，我们不难发现，《暂拟汉语教学语法系统》将动词后的"着、了、过"称作"时态助词"("助词"

的一个下位类），而《汉语教科书》则将它们看作"词尾"。

我们在第二章中分析的 9 个汉语作为第二语言教学语法大纲均将"着、了、过"作为助词的一类，即"动态助词"，其中 5 个大纲构建的词类系统包括名词、动词、形容词、数量、量词、代词、副词、介词、连词、助词、叹词和象/拟声词 12 类。目前的汉语作为第二语言教材和教学参考语法著作也多是对汉语词类做如此划分。

（四）语法格局中的词类系统

目前有少数的汉语作为第二语言教材、教学语法大纲和教学参考语法著作在词类系统的构建上跟主流认识有所不同。这主要表现在对助动词（或称能愿动词）、象声词（或称拟声词）、离合词和非谓形容词（或称区别词）的处理上。

1. 能愿动词作为动词的附类。

《语法大纲 1995》《初级大纲 1999》将"助动词"独立成类。这表明汉语的助动词是汉语作为第二语言教学中需要特别注意的一类词，但考虑到无论是理论语法学界还是汉语作为第二语言教学语法学界，多是将助动词作为动词的一个附类，我们在语法格局中将助动词作为动词的一个小类，并特别阐述它的特点。

在具体术语的使用上，我们采用"能愿动词"这一术语。这主要有以下几个原因：(1)"能愿动词"这一术语能一定程度上传达出该类词的意义和词性归属，即主要表达能愿义，属于动词。(2)最新的汉语作为第二语言教学语法大纲——《等级标准 2021》中的语法大纲，将这类词称作能愿动词。这个大纲是国家标准，必将对今后的教材编写产生较大的影响，与其保持一致，至少在术语的理解上能够减少教学者和学习者的负担。(3)一些影响较大的教材、理论语法著作、教学参考语法著作，如齐沪扬主编（2005）、刘珣主编（2010）、张斌主编（2010）、杨德峰（2009）以及刘月华、潘文娱、故韡（2019）等，也都是使用这个术语。

2. 离合词作为动词的附类。

《初级大纲1999》明确将"离合词"列入了词类系统,这是很特别的。因为其他的大纲、参考语法著作、理论语法著作等都没有将离合词作为独立的一类词。实际上,离合词是依据词的结构特征而判别出来的一类词,即一个词内的两个语素之间还可以插入其他成分,其插入后两者的结构和意义没有变化,这跟"名词"和"动词"等的划分标准不一样,自然不应纳入一个系统。但不可否认离合词是汉语中一类比较特殊的词,而且大部分大纲都设立了有关离合词的语法点。有鉴于此,我们在格局中会指出汉语中有这类词,但并不将其作为一个与名词、动词、形容词等并列的独立词类,只是根据它们在功能上与动词相当而将其作为动词中的一类,重点说明它们具有短语的一些特点(两个语素之间可以插入其他成分)。

3. 选用"象声词"这一名称而不用"拟声词"。

有关象/拟声词,《初级大纲1999》在"语法概要"中并未介绍这类词,在"语法条目"中也没有相关的语法点。《通用大纲2014》同样没有设立有关象声词的语法点。这或许是因为象声词的形式(语音)、意义和用法都相对简单,不必作为语法点,但这并不代表汉语中没有象声词。

无论是从理论语法的研究结果来看,还是分析语言事实,我们都不难发现象声词是各个语言中都事实存在的一类词。构建语法格局的重要目的是反映语法的基本组织和结构,为此应将象声词列入词类系统之中,这样才符合汉语事实,才能真实反映汉语语法的基本面貌。之所以选用"象声词"这一名称,而不用"拟声词",主要是因为"象"比"拟"更常用,"象声"比"拟声"更容易理解。

4. 不单独设立"非谓形容词"或"区别词"类。

对于"男、女、正、副、公共、共同、公、母、雌、雄"等这类表示事物性质的词,因其具有做定语而不能做谓语、不能受程度副词修饰、不能用"不"而只能用"非"否定等特点,到底是应该将其作为形容词的一类,还是要独立出来与形容词并列?理论语法学界的认识有较大分歧。吕叔湘(1979:38)等将这类词作为形容词的一个下位类,称作"非谓形容词";而朱德熙(1982:52—54)等却将其独立为与形容词并立的"区别词"。但是,汉语作为第二语言教学语法学界基本上都是将其作为形容词的下位类。明清时期外国人编写的汉语教材,赵元任的《国语入门》,新中国成立后出版的影响较大的汉语作为第二语言教材、语法大纲和教学参考语法书大都将这类词归入形容词。

　　为什么汉语作为第二语言教学界明显倾向不设立"区别词"这一词类呢?原因还是跟汉语作为第二语言教学中区分词类的目的有关。上文说过,区分词类主要是为了教学的方便,因此,要不要设立区别词要以是否有利于教学为准绳。通过第二章对汉语作为第二语言教学语法体系和语法大纲发展历程的梳理,我们不难看出,为了教学上的方便,如果汉语中的某类词跟学习者母语中的某类词意义对应,无论是教学者还是学习者都会优先将母语中的词类概念移用到汉语中。也就是说,与理论语法研究中以语法功能作为区分词类的主要标准不同,在第二语言教学中,意义是用来区分词类最直接的标准。遇到汉语中的某个词,学习者会首先去寻找其母语中是否有对应的词,并默认这个词与母语中对应的词词性相同。有此基础,学习者便会借助对母语中这类词功能和用法的已知来奠定对汉语中这类词的认知(即两者相同的功能和用法不必再学习),只需进一步掌握与母语对应词之间的差别即可。

　　汉语中的形容词主要表示事物的性质或状态,英语中形容词的意义也是如此。英语背景的汉语学习者一旦将两者对应上,就能很轻松地理解汉语形容词的意义以及两者之间相同的用法。汉语中的"男、女、正、副、公共、共同、公、母、雌、雄"等在英语中有对应词,这些对应词在英语教学语法体系中被称作形容词。因此,我们在构建汉语作为第二语言教学语法体系时最好也将其称作形容词。

　　由于学习者在母语学习中已经对形容词这一词类的意义、功能和用法有了较为明确的认识,我们把这类词称作形容词,学习者可以借助对母语形容词特征的已有认知,轻松把握这些词在意义上的一些基本特征,如表示性质或状态、能够做定语等。在此基础上,我们只需在教学中点出它们与英语中对应词之间的差异即可。而如果将这类词称作区别词,而英语教学语法体系中并未设立该词类,学习者无从借助已有的母语词类知识作为基础,不仅要学习一个新的语法术语,还要将这类词的每项特征作为全新信息加以记忆,其学习负担无疑会更重。基于上述原因,我们在语法格局中不设立"区别词"这一词类,而是将这类词归入形容词,并指出其相对于英语中对应词而体现出来的语法特点。

综上所述,我们在语法格局中将汉语词类分为 12 大类:名词、动词、形容词、代词、数词、量词、副词、介词、助词、连词、叹词和象声词。

四、语法格局中短语的基本内容

对于何为短语,英语背景的成人汉语学习者因有母语语法的一些知识,当看到英文单词"phrase"时并不难理解这是一类什么结构,在语法格局中我们不再对何为短语做出解释。

从理解句子的角度来看,学习者需要知道句子每个位置上的短语的结构,明确结构才能更好地理解短语的意义;从生成句子的角度来看,学习者需要知道每个句法位置上可以出现哪些类别的短语,即每类短语能够充当什么句子成分。因此,我们应该既描述短语的结构分类又分析其功能类别。

(一)短语的结构类型

有关短语的结构分类,学界公认主谓短语、偏正短语、动宾短语、动/形补短语、联合短语是五类最基本的结构类。另外,常见的结构类别还有介宾短语、数量短语、方位短语、复指短语、"的"字短语、连动短语、兼语短语。对此我们不持异议,但这些短语的名称无论是理论语法著作还是汉语作为第二语言教学语法大纲、教材和参考语法著作中有一些不同,我们本着方便外国汉语学习者理解的原则选择上述名称。

一方面,我们希望选用的名称最好能在字面上反映出这个短语的意义或构成。例如:(1)我们采用"介宾短语、数量短语",是因为从字面上就能看出这两类短语分别是由"介词+宾语"和"数词+量词"构成的,而"介词短语、量词短语"这两个名称从字面上只能反映出这两类短语分别由介词和量词构成,无法得知其中还有"宾语"和"数词";(2)我们采用"复指短语、连动短语",是因为这两个名称能够较为清楚地表明短语中词与词之间的意义关系,前者能反映出短语中的两个词表述同一事物,后者表明短语中的词表示连续的动作。

另一方面,我们尽量不增加新的术语,以减轻外国汉语学习者的负担。我们采用"动宾短语、动/形补短语",不采用"述宾短语、述补短语",是因为这样的名称表明了它们的构成成分之一是动词或形容词,动词、形容词是通用的词类概念,学习者不难理解,而用"述宾短语、述补短语"的话,学习者就需要再掌握一个术语——述语。

另外,还有两种短语——"所"字短语、比况短语,一是不常用,二是比较书面语化,各个大纲中都没有在初级阶段列出这类语法点,为了使得语法格局简洁,我们对这两种短语不做介绍。

(二)短语的功能类别

词和短语都可以充当句子成分,因此往往将两者合在一起来说明它们充当句子成分的能力。能够充当相同句子成分的词和短语,也就是具有相同的语法功能,为了描述语法体系的方便,学界对词和短语做了功能归并,通常将跟名词功能相当的短语叫作名词性短语,将跟动词功能相当的短语叫作动词性短语,将跟形容词功能相当的短语叫作形容词性短语。不仅理论语法学界进行如此归并和分类,汉语作为第二语言教学语法大纲、参考语法著作等也基本如是。教学语法学界依据短语与词的功能对应关系进行归并和分类,不仅可以方便语法体系的描述,而且是因为学习第二语言的成人对词类概念和各类词的属性并不陌生,如果告诉他们某类短语跟某类词功能相当,他们就可以借助词的语法功能来认识短语,这显然是提供了记忆短语功能的捷径。因此，我们在语法格局中也会简单介绍哪些短语是名词性的、哪些短语是动词性的以及哪些短语是形容词性的。下面是我们将要在语法格局中对短语功能分类进行介绍的基本内容。

名词性短语包括：(1)"定语+名词"的偏正短语；(2)由名词、代词或名词与代词组合而成的联合短语；(3)数量短语；(4)方位短语；(5)复指短语；(6)"的"字短语。

动词性短语包括：(1)"状语+动词"的偏正短语；(2)动宾短语；(3)动补短语；(4)由动词组合而成的联合短语；(5)连动短语；(6)兼语短语。

形容词性短语包括：(1)"状语+形容词"的偏正短语；(2)形补短语；(3)由形容词组合而成的联合短语。

五、语法格局中句子成分的基本内容

句子成分指句子的组成部分，是借助于一定的分析方法确定的，通常有主语、谓语、宾语、定语、状语和补语。就汉语作为第二语言教学语法而言，《汉语教科书》(1958)采用的析句法主要是传统语法的句子成分分析法，《等级大纲1988》以及随后的《等级大纲1996》开始采用脱胎于美国结构主义语法的层次分析法，最明显的特征就是承认各类短语都能充当句子成分，《等级标准2021》的《语法等级大纲》也是如此。

通过对比，我们知道英语的语法系统中，也有主语、谓语、宾语、定语、状语这些句子成分。因此，具备英语语法知识的汉语学习者在学习过程中，会把对母语句子成分的理解迁移到对汉语句子成分的理解中，并不难理解汉语中主语、谓语、宾语、定语、状语的功能。但是，汉语句法的一个重要特点是词类与句子成分之间并不是严格的一一对应关系，基本上每类词语都能充当每个句子成分。因此，我们在语法格局的开头介绍汉语语法特点时先指出这一点，在后面介绍句子成分时简单指出每个句法位置上出现的词类，以及这些词类充当句子成分的句法语义条件。

"补语是汉语中一种特殊而重要的句子成分，其特殊性，不仅表现在结构上，也表现在语义上，是学习汉语的难点。"（赵金铭，2015）结构上，有的直接接在所补充说明的动词或形容词之后，如"吃多了、赶出去了、气糊涂了、累死了、放在桌子上"等；有的是需要与所补充说明的动词或形容词之间加上"得"，如"跑得满头大汗、吃得完、好得很"等。语义上，可以表示动作的结果、趋向、数量、时间、地点等，也可以表示性状的程度。从构成成分上来看，补语可以由形容词和形容词性短语、动词和动词性短语、介宾短语、主谓短语和少量的副词充当。

正因为补语这一句法成分较为复杂，无论是汉语作为第二语言教学语法大纲还是参考语法对其分类都不统一。如第二章分析的 9 个大纲，除了《初级大纲 1999》没有完整展现汉语补语系统之外，其他 8 个大纲存在以下分歧：

第一点，《等级大纲 1988》《语法大纲 1995》《通用大纲 2008》《通用大纲 2014》把诸如"打 + 得 + 非常激烈、激动得流了泪"结构中的补语和诸如"好极了、高兴得要死"结构中的补语都称作程度补语，而《等级大纲 1996》《专业大纲 2002》把前者称作情态补语，《进修大纲 2002》则称作状态补语。

第二点，《语法大纲 1995》《专业大纲 2002》把诸如"走了十分钟、等一会儿"等结构中的补语称作时量补语，把诸如"看了两遍、等一下"等结构中的补语称作动量补语；而其他的几个大纲把两者看作一类，称作数量补语。另外，有关数量补语还需要说明的是：由于《等级大纲 1988》和《进修大纲 2002》都没有表明诸如"大三岁、瘦了五公斤"这样的结构是不是属于数量补语，因此我们对它们在这两个大纲中归属何类补语不得而知。

第三点，只有《语法大纲 1995》和《专业大纲 2002》明确将"动词 + '自'……/'于'……/'向'……"中的"自……""于……""向……"

作为一类补语,分别称作"介宾词组补语"和"介词短语做补语"。其他大纲根本没提到这类补语。值得注意的是《语法大纲1995》和《专业大纲2002》又把跟这三个结构形式和意义都基本相同的"动词+'在'……",看作"在"做结果补语的动补结构。《进修大纲2002》和《通用大纲2014》也是把"动词+'在……'"看作"在"做结果补语的动补结构。

我们进一步考察了明确展现补语系统的13部汉语作为第二语言教学参考语法著作。张宝林(2006)、杨德峰(2009)、杨玉玲和吴中伟(2013)、苏英霞主编(2015)以及刘月华、潘文娱和故韡(2019)将补语分为结果补语、趋向补语、可能补语、情态(状态)补语、程度补语、数量补语、介词短语(介宾)补语七大类,但在数量补语所包含的下位类上存在分歧。刘月华、潘文娱和故韡(2019)以及苏英霞主编(2015)明确表明数量补语包括动量补语、时量补语、比较数量补语三小类,而张宝林(2006)、杨德峰(2009)以及杨玉玲和吴中伟(2013)对数量补语的举例和分析中都没有比较数量补语这一类。

陆庆和(2006)、李德津和金德厚(2009)、施春宏(2011)将补语分为结果补语、情态(状态)补语、程度补语、趋向补语、可能补语、数量补语六大类,但相互之间存在两点分歧:(1)陆庆和(2006)、李德津和金德厚(2009)明确表明数量补语包含时量补语、动量补语、比较数量补语(名量补语)三小类,而施春宏(2011)则明确表明数量补语有时量补语和动量补语两类;(2)对于"动词+介词+宾语"这种结构,陆庆和(2006)连其是否属于动补结构都没有明确,也就无从进一步得知其属于哪一类补语,而李德津和金德厚(2009)、施春宏(2011)则明确将其作为结果补语中的一小类。

李德津和程美珍(2008)将补语分为结果补语、程度补语、数量补语、趋向补语、可能补语五大类,与刘月华、潘文娱和故韡(2019)的分类相比,缺少了情状补语和介词短语补语。其中,情状补语被归入了程度补语,介词短语补语被归入了结果补语。

赵永新(1992)将补语分为结果补语、程度补语、趋向补语、可能补语、动量补语、时量补语、数量补语七大类，只不过是把李德津和程美珍(2008)称作"数量补语"的三个小类（动量补语、时量补语和名量补语）独立为三大类，分别称作"动量补语""时量补语""数量补语"。

齐沪扬主编(2005)将补语分为结果补语、情态补语、程度补语、趋向补语、数量补语五大类，没有明确"动词+介词+宾语"的归属，将其他学者所说的"可能补语"，看作结果补语和趋向补语的下位类，即"结果补语和趋向补语的可能式"。

孙德金(2002)把趋向补语、介宾补语都归入了结果补语，而且把可能补语称作"结果补语的可能式"。除了结果补语、结果补语的可能式之外，该书构建的补语系统里还有情态补语、程度补语和数量补语，其中的数量补语也只是包括动量补语和时量补语两个下位类。

房玉清(2008)构建的补语系统里只有结果补语、情态补语、程度补语、趋向补语、可能补语五类，对于数量补语（含动量、时量和名量）和介宾补语，既没有单独分别列为一类补语，也未见到其被归入了哪一类补语之中。

我们认为，结果补语、趋向补语在形式上相同，但充当趋向补语的词具有明显的特征，语义上表达动作的趋向，与结果补语所表达的意义有明显的不同，且其是一个封闭的类，因此有必要单独作为一类补语；情态补语虽然有时也带有一定的程度义，但与程度补语在形式和意义上的侧重点都有所不同（苏英霞主编，2015：22），我们主张分为两类；将"可能补语"称作"结果补语、趋向补语的可能式"，且将其作为结果补语和趋向补语的下位类更好，因为其在表义上确实只是表示动作结果或趋向的可能，也确实主要是在这两类补语与动词之间加上"得"或"不"构造而成。

我们还认为"动词+介词+宾语"这类结构，与"动词+动词/形容词"构成的动结式在形式上有明显的不同，一些大纲和教学参考语法把"动词+'在'+处所/时间"这样结构中的"在"看作结果补语,这样做可以减少设立一类补语类型——介宾补语或介词短语补语,但是把诸如"他坐在车里"中的"在"看作补语,要么修改结果补语的界定,明确表明不仅仅动词、形容词可以做结果补语,介词也可以做结果补语;要么将"在"看作动词。但是,如若这样处理,我们还要注意的是:一方面,如果把"坐在椅子上、住在北京"等"动词+'在'+处所/时间"结构中的"在"看作动词,而把"在椅子上坐着、在北京住"等结构中的"在"看作介词,这势必会给学习者带来疑惑,明明是同一个短语为什么其中的"在"一个是动词一个是介词,这显然是陷入了"依句辨品"的"泥沼";另一方面,除了"动词+'在'+处所/时间"以外,还有"动词+'于'+处所/时间""动词+'自'+处所/时间""动词+'向'+处所/时间"等结构,这些结构中的"于、自、向"等无论怎么解释都不可能是动词,而在意义上把其中的介宾短语看作动作的"结果"也难以让人接受,如"他来自英国"中的"自英国"是没有办法解释为"来"的结果的。总之,把"动词+'在'+处所/时间"结构中的"在"或"在+处所/时间"看作结果补语是不合理的,把"动词+'在'+处所/时间"与"动词+'于/自/向'+处所/时间"分别看作"动词+结果补语"和"动词+介宾补语"显然是对同质成分的主观割裂,而对"动词+'于/自/向'+处所/时间"视而不见也不是解决问题的办法,毕竟这些结构是客观存在的,因此最为妥帖的处理是把"动词+介词+宾语"这类结构中的补语单独作为一类。因充当补语的成分为介宾短语,故可以简称其为介宾补语。

对于"大三岁、瘦了五公斤"这样的结构是否属于形补结构,一些汉语作为第二语言教学语法大纲没有明确表达,而一些汉语作为第二语言教学参考语法著作也没有将其单独列为一类补语,所说的"数量补语"也只是包括"时量补语"和"动量补语"这两个下位类。这类结构之所以特殊,是因为它主要出现于比较句中。讲解补语类型时不介绍这类结构,而到了介绍比较句时还是要分析它,这就造成前后不得照应。无论采取什么样的句子分析方法分析比较句，作为比较结果的"大三岁、瘦了五公斤"中的"三岁、五公斤"都是补充说明前面的形容词"大、瘦"的程度的，只能看作是补语。而且，从形式上看这类结构与"形容词＋时量补语／动量补语"一样都是"形容词＋数量短语"的结构，既然大纲和参考语法愿意把时量补语和动量补语称作数量补语，那这类结构中的数量短语也应该作为数量补语的一类。因此，我们主张数量补语包含三个下位类，即时量补语、动量补语和比较数量补语。当然，有些大纲和参考语法将这三个下位类提升到与结果补语、程度补语等并列的大类补语，分别称作时量补语、动量补语和数量补语（赵永新，1992），这也未尝不可，但为了控制同一层级的类型数量以减少学习者的记忆负担，我们还是倾向于将这三类补语作为数量补语的下位类。

综上所述，我们在语法格局中将补语分为结果补语、趋向补语、程度补语、情态补语、数量补语、介宾补语。除了表明各类补语的意义和构成之外，还会特别指出：结果补语和趋向补语存在可能式，有些程度补语与所补充说明的形容词或心理动词之间需要加"得"而有些不需要，数量补语包括动量、时量和比较数量三类。

六、语法格局中单句的基本内容

早期（17、18世纪）出现的汉语作为第二语言教材中对句子的讲解与分析只是以单句为对象，1948年出版的《国语入门》中所讲解的句子也限于单句。直至1956年出台的母语教学语法体系《暂拟汉语教学语法系统》，才依据句子的内部结构将其分为了单句和复句两大类。1958年出版的《汉语教科书》在编写过程中参考了这个语法体系，也将句子分为单句和复句。此后，我国编制的汉语作为第二语言教学大纲、教材和教学参考语法书所展现的教学语法体系里都将句子分为单句和复句两大类。

（一）单句的结构分类

对于单句的结构分类，自《国语入门》以来，汉语作为第二语言教学教材、语法大纲或教学参考语法书多是先将单句分为主谓句和非主谓句两大类,进而再依据谓语的构成成分将主谓句分为四大类:动词谓语句、形容词谓语句、名词谓语句和主谓谓语句,我们在语法格局中沿用这种分类,简要介绍各类谓语句中谓语的具体构成成分以及相对于英语所呈现出的一些特点。

　　对于非主谓句,最简单的分类是仅分为无主句和独词句,如《汉语教科书》(1958)、《等级大纲1988》《等级大纲1996》《专业大纲2002》、苏英霞主编(2015:14)以及刘月华、潘文娱和故铧(2019:848—854),等等,都是如此分类。这样的分类存在两个问题:(1)"无主句"的意思是没有主语的句子,然而,所有非主谓句都是没有主语的句子,也就是说,非主谓句和无主句的意思是一样的,因此将非主谓句再分为无主句和独词句,这在逻辑上是有问题的。(2)分类有些简单、传达的信息较少,无主句和独词句只是说非主谓短语以及单个的词也可以独立成句,而并未表明具体是哪些类的非主谓短语和单个的词能够独立成句,不利于学习者生成句子。

　　不过,也有人做出了更为复杂的分类,如《语法大纲1995》将非主谓句分为名词性非主谓句、动词性非主谓句、形容词性非主谓句、叹词句、称呼句和应答句,这样的分类也存在两个问题:(1)分类标准不统一,名词性非主谓句、动词性非主谓句、形容词性非主谓句、叹词句,这显然是依据构成成分的词性功能做出的分类,而称呼句、应答句这显然是按照句子的语用功能分出来的类。依据不同标准分出来的类,在外延上势必有交叉。从构成成分来看称呼句、应答句要么是名词性非主谓句、要么是动词性非主谓句、要么是形容词性非主谓句、要么是叹词句。(2)遗漏了一类常见的非主谓句,即象声词构成的非主谓句。

　　在对话中,尤其是问答和回应要求、请求等情境下,或者是上下文能够提供相关信息,有些词语省略也不至于在理解上出现误解,汉语中经常会省略一些句子成分,从而会出现更多的没有主语的句子。省略了某些成分的句子跟非主谓句有着本质的不同,这些句子离开了语境不将省略成分补充出来便表义不明,而非主谓句一般不需要借助特定的语境就能表达明确的意思,无须或者无法补出其他成分。

然而,由于非主谓句和省略主语的句子在形式上是一样的,都分不出主语和谓语,汉语母语者尚且不易区分,第二语言学习者更是不会加以区分,因此有些汉语作为第二语言教材、教学参考语法著作便将两者归为一类。如赵元任在《国语入门》中将它们不加区分地统称为"minor sentence"(零句)。实际上,将非主谓句和省略句作为一类也是赵元任在理论语法研究中的主张,如赵元任(1968／1979:41—44)中所介绍的零句,包含着大量的省略句,如"是谁呀?""是我。""来不来?""来。"等。李英哲、郑良伟、Larry Foster 等(1990:108—111)将在形式上分不出主语和谓语的句子统称为"不完全句",分为呼唤短语、感叹短语、陈述短语、祈使短语、感叹词、省略句六小类,这显然是把非主谓句和省略句看作了一大类。李德津和程美珍(2008:332)、李德津和金德厚(2009:102—103)将无主语句、独词句、简略句统称为非主谓句。施春宏(2011:162—163)将非主谓句分为了以下几类:(1)动词性非主谓句;(2)形容词性非主谓句;(3)名词性非主谓句;(4)特殊非主谓句,包括叹词句、拟声词句、招呼语句、副词句等。不仅举例中有因上下文或特定语境而省略成分的句子,如"一张动物园票",而且还明确表明"如果将主谓齐全的句子看做整句的话,主谓不齐全的句子(非主谓句)则可以看做零句。零句经常出现在对话、祈使、赞叹、发现新情况、场景说明等语境中"。这显然也是沿袭了赵元任(1948)的观点。

我们也认为,在汉语作为第二语言教学中没有必要严格区分一个表达到底是非主谓句还是省略句,更主要的是让学习者明确对话、祈使、赞叹、发现新情况、场景说明等语境中汉语表达不必强求使用主谓结构,只要不会引起误解或不解,表达形式上可以不拘一格。无论是否因省略而成,只要不是由主谓短语构成的句子,皆可简单称作非主谓句。汉语作为第二语言教学语法体系中将省略句归入非主谓句中，则非主谓句的构成成分更加丰富，名词、代词、数词和名词性短语、动词和动词性短语、形容词和形容词性短语、叹词、象声词、副词，都可以构成非主谓句。因此，我们在语法格局中将采取这种分类。

(二)单句的功能分类

关于单句的功能分类主要存在以下一些分歧。朱德熙(1982：23—24)依据功能(用处)将单句分为陈述句、疑问句、祈使句、称呼句和感叹句五类。并指出：陈述句是可以翻译成形式逻辑中的命题的句子，即可以判断是真是假的句子。例如，"铁比水重"是真的，"水比铁重"是假的。疑问句的作用在于提问，它本身无所肯定，也无所否定，所以没有真假的问题。例如，"铁重还是水重？""铁比水重吗？"等。祈使句的作用是要求听话人做某事。例如，"你打个电话给老王。""走吧！"等。称呼句的作用是引起听话人的注意。例如，"老王！""同志们！"等。感叹句的作用是表达情感，但同时也报道信息。例如，"好极了！""中华人民共和国万岁！"等。

不过由于"语气是句子语用目的或表达用途的外在表现"(张斌主编，2010：497)，更多的学者则直接依据语气对单句进行分类。影响较大的现代汉语教材，如齐沪扬主编(2007：416—417)、黄伯荣和廖序东主编(2017：100—106)等都明确表示，依据语气句子可以分为陈述句、疑问句、祈使句和感叹句。理论语法著作如张斌主编(2010：497)，汉语母语教学语法体系——《暂拟汉语教学语法系统》和《中学教学语法系统提要》则按用途把句子分为陈述句、疑问句、祈使句和感叹句，汉语作为第二语言教材、教学语法大纲以及教学参考语法著作如孙德金(2002：176)、杨德峰(2009：157—158)、施春宏(2011：163—167)等，也都是依据语气或用途将句子分为陈述句、疑问句、祈使句和感叹句。

依据语气或用途将单句分为陈述句、疑问句、祈使句和感叹句，虽然可谓是语法学界的主流观点，但是这样的分类却完全忽略了朱德熙

(1982:24)所指出的"称呼句"。其实,不仅称呼句在这样的分类中找不到地位,而且针对呼唤的应答句在这种分类中也没有明确的地位。因此,我们更赞同邢公畹主编(1992:387)以及刘月华、潘文娱和故韡(2019:24—30)依据功能将单句分为陈述句、疑问句、祈使句、感叹句和呼应句的观点。所谓的呼应句,主要包括:(1)招呼句,即朱德熙(1982)所说的称呼句;(2)应答句,也就是对招呼的反应,常用的如"嗯。""来了。"等。

另外,疑问句也相对比较复杂,学界基本上都是将其分为以下四类:是非问句、特指问句、选择问句和正反问句。我们赞同这种分类。

综上所述,我们将在语法格局中将单句的功能分类如下:(1)陈述句,又分为肯定式和否定式两小类;(2)疑问句,又分为是非问句、特指问句、选择问句、正反问句;(3)祈使句;(4)感叹句;(5)呼应句,又分为招呼句和应答句两类。

七、语法格局中复句的基本内容

汉语作为第二语言教材中,较早涉及复句内容的是英国传教士艾约瑟于1857年出版的《汉语官话口语语法》。其后,从《汉语教科书》(1958)开始,我国编制的汉语作为第二语言教学大纲、教材和教学参考语法著作都将句子分为单句和复句两大类。

复句是由两个或两个以上意义上相互关联、结构上互不做句法成分的单句连接而成。构成复句的单句一般称作分句,各分句之间的停顿变为句中停顿,书面上用逗号、分号或冒号表示。

复句中分句之间的关系可用关联词语标示,也可以不用;使用关联词语时,可以前后分句都用(合用),也可以只在一个分句中使用(单用)。学界通常是根据分句之间的意义关系,将复句分为11类:并列复句、承接复句、递进复句、选择复句、转折复句、假设复句、条件复句、因果复句、目的复句、让步复句和解说复句。我们在语法格局中也沿袭这种分类,并简要介绍紧缩复句。

第四节　面向英语背景学习者的汉语语法格局

以上各节，我们分别通过对比汉语语法与英语语法，确定了汉语语法的特点；通过分析英语背景学习者汉语习得的研究成果，明确了他们学习汉语语法的特点和难点；通过对古今中外汉语理论语法、汉语作为母语和第二语言教学语法内容的全面梳理、甄别，界定了汉语语法格局的基本内容。在此基础上，我们可以构建、描述一个简明扼要的面向英语背景学习者的汉语语法格局。

这个语法格局，重在满足学习者了解汉语语法基本面貌的需求，展现汉语语法单位最基本的聚合和组合关系，为碎片化语法点的学习提供节点。整个格局力求做到简明扼要，主要介绍可扩展、可类推、不单适用于单一个体的语法规则，非必要不出现只涉及个别词语的语法事实（以是否影响语法系统的完整性为准），力求做到典型、易懂、常用。为了便于初学汉语者接受和理解，整个格局采用汉英对照的形式呈现，置于供英语背景学习者使用的汉语教材的课文之前。以下是这个语法格局的全部内容（受篇幅所限，此处只展现汉语版）。

一、汉语语法特点

第一，以"词根+词根"的复合构词法为主，如：年轻、司机、提高、汉语、美好、妈妈。

第二，词、短语、句子的结构规则基本一致。例如：

	词	短语	句子
主谓结构：	年轻	年纪小	他走了。
动宾结构：	开心	吃饭	吃饭！
动补结构：	提高	洗干净	吃饱了。
偏正结构：	白菜	白纸	好孩子！

吃什么就吃什么吧。""哪件漂亮就买哪件吧。""哪儿"和"哪里"可以表示任何地方，如："你想去哪儿就去哪儿。"

（五）数词

数词一般与量词构成数量短语来修饰名词或动词。分为基数词和序数词。

1. 基数词。

基本的基数词主要有"零、一、二、三、四、五、六、七、八、九"十个系数词和"十、百、千、万、亿"五个位数词，其他的数词都是由它们构成的，如"五百一十八""七百六十万零四百"。汉语分数的表达法是"分母（基数词）+分之+分子（基数词）"。

2. 序数词。

通常是在基数词前加上"第"，如"第一、第二、第五十八"。有时基数词放在名词前也可以表示序数，如"二楼、五月、六班"。

（六）量词

名量词	专用名量词		一个人	一辆车	一把伞
	临时名量词	借自名词	一桶水	一屋子人	一头白发
		借自动词	一束花	一捆书	一堆苹果
动量词	专用动量词		一次考试	一顿骂	哭一场
	临时动量词	借自名词	踢一脚	打一巴掌	看一眼

（七）副词

程度副词，如"很、最、更、非常"。

范围、协同副词，如"都、全、只、一起"。

时间副词，如"才、已、马上、曾经"。

频率、重复副词，如"常常、经常、往往、又"。

关联副词，如"还、也、就、再、却"。

否定副词，如"别、不、没、没有"。

方式副词，如"故意、互相、亲自、悄悄"。

情态副词，如"大概、一定、也许、恐怕"。

语气副词，如"正好、白、简直、难道"。

有少量程度副词可放在心理动词或形容词后做补语，如"好得很、热极(了)"。

(八)介词

介词不能独立充当句子成分，后面必须带上宾语组成介宾短语。

引出处所，如"在、于、从、自、向、往、沿着"。

引出时间，如"在、于、当、从、自、自从"。

引出依据，如"按、按照、依照、根据、据、以"。

引出原因或目的，如"因为、由于、为、为了、为着"。

引出动作发出者，如"被、叫、让"。

引出动作支配对象，如"把、将"。

引出动作关涉对象，如"对、对于、关于、和、跟、同、为、给、比、向"。

引出排除对象，如"除了、除"。

介宾短语主要做状语，只有"'在/于/自/向'+宾语"可以做补语，如："他在船上跳。——他跳在船上。""他自北京来。——他来自北京。"少数可以做定语，如"关于他的故事"。

(九)助词

结构助词，如"的(定语标记、构造'的'字短语)、地(状语标记)、得(补语标记)"。

动态助词，如"着、了、过"(分别表示动作或状态的持续、发生或出现、经历)。

语气助词，(1)陈述语气，如"的、了、吧、呢、啊、嘛、罢了"；(2)疑问语气，如"吗(么)、呢、吧、啊"；(3)祈使语气，如"吧、啊"；(4)感叹语气，如"啊"。

(十)连词

联合连词,如"和、跟、同、与、及、以及、或"(以上主要连接词、短语),"而、而且、并、并且、或者、还是、于是、不但……而且……"。

偏正连词,如"因为……所以……、虽然……但是……、以便、省得"。

(十一)叹词

表达感叹,如"啊、唉、哎呀、哈哈、嘿嘿"。

表示呼唤、应答,如"喂、嘿、嗯、哦、嗳"。

(十二)象声词

如"砰、啪、咚、轰隆、扑通、哗哗、咚咚、哗啦啦、乒乒乓乓、滴滴答答"。

五、短语

(一)短语的结构类

1. 主谓短语,如"我休息、肚子疼"。

2. 偏正短语,如"新衣服、学校的图书馆""认真学习、特别地开心"。

3. 动宾短语,如"买东西、喜欢干净"。

4. 动/形补短语,如"走来、听清楚""玩得很高兴、好得很"。

5. 联合短语,如果词之间的逻辑关系靠语境能够辨别清楚,可以不用关联词语,尤其是在口语中更少使用。如"中国、美国和日本——中国、美国、日本""唱歌和跳舞——唱歌跳舞"。

6. 介宾短语,多为"介词+名词性宾语",少量为"介词+动词性或形容词性宾语"构成,如"关于这个问题、为了生活"。**注意**:表示处所的介宾短语中宾语必须为处所名词、方位词或方位短语,如"在北京、往左、从桌子前边"。

7. 数量短语,如"一个、两杯""两下儿、三遍"。

8. 方位短语,如"教室里、起床后、工作上"。

9. 复指短语,由同指一个人或事物的词组合而成。如"我的朋友小张、游泳这种运动"。

10. "的"字短语,如"我的、新的、吃的、他买的"。

11. 连动短语,如"去买东西、坐飞机去北京、去图书馆借书"。

12. 兼语短语,如"请他进来、通知他开会"。

(二)短语的功能类

1. 名词性短语:(1)"定语+名词"偏正短语;(2)由名词、代词及其组合而成的联合短语;(3)数量短语;(4)方位短语;(5)复指短语;(6)"的"字短语。

2. 动词性短语:(1)"状语+动词"偏正短语;(2)动宾短语;(3)动补短语;(4)由动词组合而成的联合短语;(5)连动短语;(6)兼语短语。

3. 形容词性短语:(1)"状语+形容词"偏正短语;(2)形补短语;(3)由形容词组合而成的联合短语。

六、句子成分

(一)主语

常做主语的是名词、代词、数词、量词重叠和名词性短语,如:

(1)<u>爸爸</u>在看电视。(名词)

(2)<u>他</u>在看电视。(代词)

(3)<u>八</u>是二的四倍。(数词)

(4)<u>个个</u>都很健康。(量词重叠)

(5)<u>这个房间</u>很干净。(名词性短语)

其中,处所词语(含方位短语)做主语构成一种特殊的句式——存现句:处所+有/是/存在义动词(着)/出现义动词/消失义动词+(数量短语)存在物,该句式表示某处存在、出现了或消失了某物,如:"房间里有两张桌子。"**注意**:介宾短语不能做主语。

动词性词语、形容词性词语以及主谓短语做主语对句中的谓语动词有特殊要求,主要是对动作行为或性状进行评价、判断,或者是说明动作造成的变化。如:

(6) 游泳是有氧运动。(动词)

(7) 太冷了不好，太热了也不好。(形容词性短语)

(8) 你去最好。(主谓短语)

注意：从语义上看，汉语中只要可以作为谈论话题的人、事、物、动作行为、性质状态等，都可以做主语。因此，如果上下文语境要求一个动作支配对象作为话题，只要它在句首不会被误解为动作的发出者，就可以做主语，如："药吃完了。"

(二) 谓语

最常做谓语的是动词、形容词、动词性短语和形容词性短语，如：

(9) 他病了。(动词)

(10) 我累了。(形容词)

主谓短语也能做谓语，如：

(11) 奶奶身体非常好。

名词、代词、数词和名词性短语也可以在口语中做谓语构成短句。如：

(12) 今天晴天。(名词)

(13) 这儿怎么样？(代词)

(14) 我北京人，今年二十五。(名词性短语和数词)

(三) 宾语

最常做宾语的是名词、代词、数词和名词性短语，如：

(15) 他吃面包。(名词)

(16) 妈妈来看我了。(代词)

(17) 九加二等于十一。(数词)

(18) 她买了一个手机。(名词性短语)

动词性词语、形容词性词语、主谓短语也能做宾语，如：

(19) 她喜欢游泳。(动词)

(20) 我感到不舒服。(形容词性短语)

(21)老师希望<u>大家取得好成绩</u>。(主谓短语)

(四)定语

常做定语的是名词或名词性短语、形容词或形容词性短语、代词。数词、动词或动词性短语、主谓短语和介宾短语也能做定语。定语主要放在名词性词语前,如:

(22)他在看<u>中文</u>书。(名词)

(23)<u>新</u>书包很好看。(形容词)

(24)<u>我</u>爸爸是工程师。(代词)

(25)<u>五</u>的三倍是十五。(数词)

(26)<u>东边</u>的大楼是教学楼。(方位词)

(27)这是一辆<u>出租</u>汽车。(动词)

(28)这是<u>七点</u>的电影票。(数量短语)

(29)<u>苹果和香蕉</u>的味道不一样。(联合短语)

(30)小王是<u>教中文</u>的老师(动宾短语)

(31)<u>这么冷</u>的天气别出门。(偏正短语)

(32)<u>我买</u>的书在这里。(主谓短语)

(33)<u>对于这件事</u>的调查结束了。(介宾短语)

注意:方位短语做定语表示事物的位置,前面不加介词,如"<u>教室里</u>的学生"。

另外,定语也可以修饰主语和宾语位置上的动词性或形容词性词语,如:

(34)<u>他的</u>死比泰山还重。

(35)我们受到了<u>中国朋友的</u>热烈欢迎。

(五)状语

副词、能愿动词、介宾短语的主要句法功能是做状语。句子中的状语一般放在谓语之前,但时间词和有些介宾短语做状语也可以放在主语之前,"关于、至于、当"等构成的介宾短语做状语则必须放在主语之前。如:

(36)学中文<u>不</u>难。(副词)

(37)你<u>可以</u>走了。(能愿动词)

(38)我们<u>明天</u>去北京。(时间词)

(39)各位朋友<u>里边</u>坐。(方位词)

(40)他<u>称赞</u>地点点头。(动词)

(41)车子<u>慢腾腾</u>地转弯。(形容词)

(42)水<u>哗哗</u>地流着。(象声词)

(43)他<u>一天</u>来了两次。(数量短语)

(44)我们<u>心情愉快</u>地完成了任务。(主谓短语)

(45)<u>星期六晚上</u>,我们举行联欢晚会。(表时间的偏正短语)

(46)<u>刘老师对学生</u>非常好。(介宾短语)

(47)<u>按照规定</u>,我们今天要完成作业。(介宾短语)

(48)<u>关于这个问题</u>,他有个明确的答复。(介宾短语)

(六)补语

1.结果补语,紧接在谓语动词之后,以单音节形容词为主,少量的双音节形容词和动词也能做结果补语。如"写<u>错</u>、做<u>完</u>、洗<u>干净</u>"。

2.趋向补语,由趋向动词构成,紧接在谓语动词之后,如"拿<u>来</u>、开<u>过去</u>"。

3.程度补语,主要用于性质形容词之后,也可用于一些表示情感和心理的动词之后,有两种形式:(1)"形容词/动词+程度补语+了",如"好<u>极</u>(了)、累<u>坏</u>(了)、气<u>死</u>(了)";(2)"形容词/动词+得+程度补语",如"热得<u>很</u>、饿得<u>慌</u>"。**注意**:形容词或动词带程度补语后,前面就不能再受程度副词修饰;状态形容词和形容词重叠式不能带程度补语。

4.情态补语,处于动词或形容词后用"得"连接,可以由形容词性词语、动词性词语或主谓短语充当,如"说得<u>很好</u>、气得<u>跳了起来</u>、跑得<u>满身大汗</u>"。

5.数量补语,依据语义分为三类:(1)时量补语,如"等了<u>三天</u>、毕业一年";(2)动量补语,如"推一下、读一遍";(3)比较数量补语,如"我比他大两岁"。

6. 介宾补语,主要是指动词之后的"在/于/向/自+宾语"。其中:(1)"在/于/向+宾语"表示动作发生的时间、地点、趋向或达到的终点,如"坐在椅子上、跳在船上、生于1949年、走向未来";(2)"自+宾语"表示动作的起点(时间或处所),如"来自上海、源自1888年"。

另外,结果补语和趋向补语存在可能式,即"动词+得/不+结果补语""动词+得/不+趋向补语",表示能否达到某个结果或趋向,如:

(49) a. 我听得懂您说的汉语。(≈我能听懂您说的汉语。)
　　　b. 我听不懂您说的汉语。(≈我无法听懂您说的汉语。)
(50) a. 那座山不高,他爬得上去。(≈他能爬上去。)
　　　b. 那座山很高,他爬不上去。(≈他无法爬上去。)

七、单句

(一)单句的结构类

1. 主谓句。

汉语主谓句中,主语和谓语之间可以停顿,或插入"吧、呢、啊"等语气词,如:"他呢,喜欢清净。""这个问题吧,很难!"

(1)动词谓语句,如:

(51)她哭了。(动词)

(52)他们又唱又跳。(动词构成的联合短语)

(53)他刚走。(状语+动词)

(54)他们学习中文。(动宾短语)

(55)他喝多了。(动补结构)

(56)老王打死了一只狼。(动补宾结构)

(57)马克送我一本英文书。(动词+双宾语)

(58)奶奶上街买菜去了。(连动短语,此句为连动句)

(59)老师请我们去他家玩。(兼语短语,此句为兼语句)

四类特殊动词谓语句:

A."把"字句:S(动作发出者)+"把"+O(动作对象)+处置性动作+O 的位置或状态变化结果。语义上主要表达 S 发出某个动作使得 O 的位置或状态发生变化并产生了一个结果。用于强调动作对象被处置或影响而产生的结果。如:"大家把词典拿出来。"

B."被"字句:S(动作支配对象)+"被"(+动作发出者)+动作行为+结果。"被"字句往往表达 S 的不幸或损失,强调 S 遭受某个动作的影响而发生改变及出现的结果,其中的 V 表示能对主语产生影响的动作行为。如:"电脑被他摔坏了。"

"把"字句和"被"字句中,如果还有其他状语,要放在"把"或"被"的前面,如:"我昨天刚把他送走。""他早就被公司开除了。"

C. 重动句:S+V+O+V+C,语义上表示某人做某事做得怎么样或造成了什么结果。如果一个句子里既要说明谓语动词的宾语,又要说明谓语动词的补语,而这里的补语跟宾语又没有直接的语义关系,则一般要用这种句式。如:"他打篮球打得很好。""她走路走累了。""他弹琴弹得室友烦死了。"

D. 比较句:汉语中有三种常见的比较句式——A 跟 B 一样+Adj/V (+补充成分);A 有 B(+那么/这么)+Adj/V;A 比 B+Adj/V(+补充成分)。前两个是表达两个人或物在某种性状上程度相当,Adj/V 前不用程度修饰成分;后一个是说明两个比较项在某种性状上有差别,Adj/V 前只能加"更/更加/还"进行程度修饰。如:"他跟你一样高兴坏了。""你的房间有我的大吗?""我的房间比你的更大。"

(2)形容词谓语句,如:

(60)屋子里暖和。(形容词)

(61)饺子很好吃。(偏正短语)

(62)街上热闹得很。(形补短语)

(63)我的女朋友<u>聪明又漂亮</u>。(形容词构成的联合短语)

(64)他<u>头脑清醒</u>。(主谓短语)

注意：汉语中形容词做谓语无须前加所谓的系动词，因此英语中形容词做表语的句子(Subject+be+adjective.)翻译成汉语时，不能把其中的"be"翻译为"是"。

(3)名词谓语句，如：

(65)明天<u>国庆节</u>，北京<u>晴天</u>。

(66)现在<u>三点五十</u>。

(67)山本<u>日本人</u>。

(68)她<u>高个子</u>，<u>黄头发</u>，<u>三十岁</u>。

(69)这本中文书<u>二十五块</u>。

(4)主谓谓语句，如：

(70)他<u>汉语说得很好</u>。

(71)饺子<u>外国人也都喜欢吃</u>。

2. 非主谓句。

汉语中，在对话、祈使、赞叹、发现新情况、场景说明等语境中不必强求使用主谓结构，只要不会引起误解或不解，表达形式上可以由主谓短语以外的短语或者单个的词带上语气语调构成句子。

(1)名词性非主谓句，如：

(72)蛇！(名词)

(73)可怜的孩子！(偏正短语)

(2)动词性非主谓句，如：

(74)滚！(动词)

(75)有人找你。(兼语短语)

(3)形容词性非主谓句，如：

(76)漂亮！(形容词)

(77)好极了！(形补短语)

(4)叹词句，如：

(78)唉！

(5)象声词句，如：

(79)哗啦啦！

(6)副词句（通常作为答句），如：

(80) A：我们一起看电影吧？

B：不！

(二)单句的功能类

1. 陈述句，如：

(81)他回家了。（肯定式）

(82)他不喜欢我。（否定式）

2. 疑问句，汉语的疑问句在语序上跟陈述句基本一致，又分四类：

(1)是非问句，如：

(83)你是美国人吗？

(84)我们一起去图书馆，好吗？

(85)你在广州学习汉语，对吗？

汉语中回答是非疑问句时，如果答案与问句陈述的情况相同，就先用"是（的）、对、嗯"等予以肯定；如果跟问句陈述的情况相反，就用"不"予以否定。这与英语中完全是按照自己的答案是肯定句还是否定句来使用"yes"或"no"不同。

(2)特指问句，如：

(86)你们去哪儿？

(87)谁买的蛋糕？

(88)你最近怎么样？

(3)选择问句，如：

(89)你是先吃饭还是先喝汤？

(90)你去还是他去？

(4) 正反问句，如：

(91) 这本书好不好？

(92) 你吃羊肉不？

(93) 我们一起去图书馆，好不好？

3. 祈使句，如：

(94) 走吧！

(95) 你打个电话给老王。

(96) 不要相信他！

4. 感叹句，如：

(97) 唉！

(98) 太冷了！

(99) 努力的孩子！

5. 呼应句，如：

(100) A：老王！（招呼句）

B：哎！（应答句）

(101) A：喂！（招呼句）

B：什么事？（应答句）

八、复句

汉语的复句中，分句之间的关系可用关联词语标示，也可以不用；使用关联词语时，可以前后分句都用（合用），也可以只在一个分句中使用（单用）。

(一) 并列复句

(102) 我们每天复习生词，写汉字，做练习。

(103) 他一边走路，一边唱歌。

(二) 承接复句

(104) 吃完晚饭，我们就出去走走。

(105) 我们先去买东西,然后回房间睡觉。

(三) 解说复句

(106) 我脑海中浮现出一个名字,叫雷锋。

(107) 讲解语法可以采用两种方法:一种是演绎法,一种是归纳法。

(四) 递进复句

(108) 他不但会说中文,而且说得很流利。

(109) 昨天就冷,今天更冷了。

(五) 选择复句

(110) 这次旅行你坐高铁,或者坐飞机?

(111) 他不是在办公室,就是在教室。

(六) 转折复句

(112) 这件衣服样子不错,就是有点儿贵。

(113) 房间虽然不大,但是住着很舒服。

(七) 假设复句

(114) 你如果想学习中文,就来我们学校吧。

(115) 明天要是不下雨,我们去天安门广场逛逛。

(八) 条件复句

(116) 只要你认真学习,就一定能够取得好成绩。

(117) 只有多听多说,你才能提高中文水平。

(九) 因果复句

(118) 因为晚上有课,所以我就在学校食堂吃了晚饭。

(119) 由于喜欢文学,我天天在图书馆里看小说。

(十) 目的复句

(120) 她每天都给家里打电话,好让父母放心。

(121) 为了学好中文,他每天看中国电影。

(十一) 让步复句

(122) 这种方法即使有用，也不能解决根本问题。

(123) 哪怕明天下雨，足球赛也照常举行。

(十二) 紧缩复句

(124) 汉字再难也要学好。

(125) 我吃了饭就去图书馆。

第六章
面向英语背景学习者的汉语碎片化语法资源库建设

通过语法格局的学习，学习者能够对汉语语法框架有个较为系统的把握。然而，要想获得汉语语法能力，进而转化为基本的汉语交际能力，则还要进一步深入理解和掌握一些碎片化语法点的用法。为了满足学习者的需求，教材编者需要做三项工作：选取、讲解和操练碎片化语法点。

首先，要确定到底哪些语法现象有必要设立为语法点。碎片化语法点应该是不经过特别讲解和操练，学习者就难以恰当运用的语法现象。碎片化语法点的选取还应从语法格局出发，服从于交际的需要，依据频率原则，尽可能地展现自然语言中常见的语法事实。

碎片化语法点确定之后，进一步要考虑的是如何讲解、如何操练。讲解要做到的是简明扼要、通俗易懂地把语法点讲清楚；操练则要与讲解相结合，边讲边练，讲练结合。最终达到的目标是学习者不仅能够理解相关语法点，更重要的是能够恰当地运用，而这就需要进行具体的教学设计来全面展现讲练过程。

由于讲练过程的设计属于语法教学的范畴，而本课题主要探讨的是教学语法问题，所以我们不把设计碎片化语法点的讲练过程作为研究重点。我们对碎片化语法的研究，主要是要建设一个涵盖自然语言中出现的语法事实的教学语法知识库，它是一个介绍语法点的形式、意义和用法并提供一定数量例句的语法教学参考资源库，是一个便于检索和动态调整的语法知识语料库。面向英语背景成人汉语学习者的教师可根据教学中遇到的语法问题，随时提取相关内容进行教学和解释(赵金铭，2018)。由于本课题主要关注的是基础汉语教学阶段的语法内容，因此，我们先尝试建设一个以基础汉语教学阶段出现的语法点为主的资源库。

虽然碎片化语法点的讲练过程并不是本课题研究的重点，但是为了方便教学者的教学和学习者的学习，更是为了体现我们对碎片化语法点描述的科学性，我们会选取一些碎片化语法点，展现对其操练的教学设计。我们不追求全面展现所有碎片化语法点的教学设计，主要做以下三项工作：一是收集、整理相关语法教学参考资料中的一些课件，并积极将其用于面向英语背景成人汉语学习者的慕课教学实践，进而根据教学实践中的反馈来加以改进，使得相关课件对英语背景学习者的汉语语法教学更具针对性；二是结合我们的教学实践，挑选一些需要对英语背景汉语学习者多加操练而目前市面上还没有合适教学课件的语法点，来制作教学课件；三是将这些课件集中起来做成一个容易检索的数字化资源库，方便汉语教师提取出来用于教学或作为教学参考。

综上所述，我们最终建设出一个便于检索、可动态调整、服务于英语背景学习者基础汉语教学的碎片化语法资源库。该碎片化语法资源库主要从语法格局出发依据交际需要来选取语法点，对每个语法点的形式、意义和用法(使用条件)进行准确精炼的描写，其中的一些语法学习难点还配有慕课教学课件。具体的建设任务和思路可用图6-1(见下页)来概括。

第一节　碎片化语法点的选取

前面几章的分析已经表明，对于汉语作为第二语言教学中应该教学哪些语法点，学界在1958年《汉语教科书》所开创的对外汉语教学语法体系的基础上做了很多的探索：一方面对语法点的选取目的、原则和方法等做出了理论探讨，一方面依据理论探讨的结果，结合教学经验，并参考语料统计结果来制定教学语法大纲，也就是直接开展了语法点选取

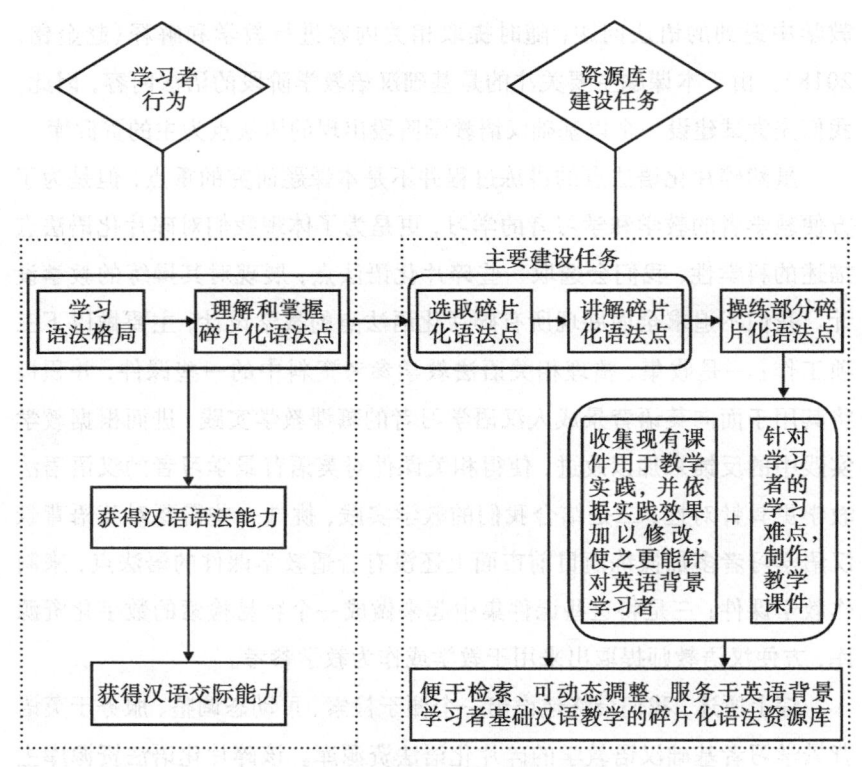

图 6-1　碎片化语法资源库建设任务和思路

的实践。两个方面的成果都颇丰，反映出了学界的一些共识，这为我们选取碎片化语法点奠定了扎实的基础。

一、选取碎片化语法点的目的、原则和方法概述

（一）选取碎片化语法点的目的

从前面几章的分析中，我们可以看出，学界对汉语作为第二语言教学中语法教学目的的达成的一些基本共识是：(1)汉语作为第二语言教学中要"注意"一些语法点，即在教学中要讲解一些语法点(至少要加以"点拨"或使用一定的手段引起学习者加以关注)，只有这样学习者才能更快、更有效率地获得汉语语法能力；(2)为了让学习者更快、更有效率

地获得汉语语法能力,要将基本的语法点集中于基础汉语教学阶段(即初级汉语教学阶段或称初等汉语教学阶段,大致对应于四年制留学生汉语言本科专业一年级阶段的教学及与其相当水平的教学阶段),以使得学习者能够尽快了解汉语语法的概貌,及早习得并重构一套新的语法系统,为汉语技能和汉语交际能力的获得奠定基础。

我们提出汉语作为第二语言教学中语法编排的新思路"格局+碎片化",同样是秉持着汉语作为第二语言教学中必须进行语法教学的理念,也完全赞成在基础汉语教学阶段应使得学习者在头脑中构建起汉语语法系统的观点。我们主张通过汉语语法格局的教学使得学习者对汉语语法的基本框架和一些主要特点有个简单的了解,进而再通过碎片化语法的教学来补充、丰富和细化语法框架,最终使得学习者在头脑中构建起一个相对完整的汉语语法系统。因此,可以把选取碎片化语法点的目的归结为:补充、丰富和细化语法格局,使得学习者在头脑中尽快构建起一个相对完整的汉语语法系统,以便早日获得汉语语法技能,进而获得基本的汉语交际能力。

(二)选取碎片化语法点的原则

有了汉语语法格局,教材就可以根据交际需求来选取日常生活中使用频率高的自然语料来编写课文。而语料中含有大量的语法现象,我们不可能每见到一个就给学习者加以讲解,而只需将那些必须要讲的语法现象挑选出来,设置为语法点。而到底应该选取哪些语法现象作为语法点,学界大多赞成语法点的选取应遵守以下几个原则:一是要选择与学习者母语语法存在差异的语法现象作为语法点,也就是说,要将汉语语法的特点作为语法点;二是要选择学习者日常交际中常用的(出现频率高)且学习有困难的语法现象作为语法点;三是要选择语法系统中最基本的、能体现语法系统整体特征的语法现象作为语法点,也就是说,影响语法格局的语法现象需要特别加以注意。同时,要注意不要将属于词汇教学范畴的内容设为语法点,也不要将属于人类共知的内容设为语法点。学界所提出的上述原则也是我们选取碎片化语法点的原则。

比如我们在语法格局中介绍汉语词类时，只是概括性指出："常见能愿动词有'能、会、可能、可以'（表可能）；'要、应、应该、应当'（表必要）；'肯、敢、要、愿意'（表意愿）。"至于能愿动词如何表达客观的可能性、必要性和人的主观意愿，在语法格局中并没有展开介绍，它们将作为碎片化语法点得到深入、细致的描写。

又如语法格局中对主谓句的介绍，提到了"名词谓语句"，仅仅是做了举例说明。至于名词谓语句主要出现在口语中肯定性的短句中，一般用于说明天气、时间、节日、籍贯、年龄、容貌、数量等限制条件，则需要设置碎片化语法点去解决。

再如语法格局中在介绍动词谓语句时，涉及"把"字句和"被"字句，只是对它们的形式、语义和语用功能做了高度概括。但是两种句式都有不同的小类，而每个小类也都有自己的独特性，如果不对这些小类做进一步讲解，学习者是难以理解、生成以及恰当使用相关的表达的。这就需要设置碎片化语法点进行详细的描写。

总之，选取碎片化语法点，首先要保证其要么能对语法格局中的语法点进一步深化、细化，要么能补充、添加语法格局中某个节点所联系的语法内容。

（三）选取碎片化语法点的具体方法

前面说过，碎片化语法点的选取主要依据使用频率，也就是说，基础汉语教学阶段出现的语法点应该是日常生活中使用频率高的语法现象。

那么哪些语法点的使用频率高呢？已有的汉语作为第二语言教学语法大纲都宣称其初级语法点（或称初等语法点、甲乙两级语法点）能够满足"基本的日常生活"的交际需要（《等级大纲1988》《等级大纲1996》《通用大纲2014》），或者是能够支撑"最基本的日常生活与学习话题"进行交流的需要（《专业大纲2002》《进修大纲2002》），或者是"能够满足日常生活、学习和一般社交场合的交际需要"（《初级大纲1999》），或者是"基于语法点的常用度统计、结合教学经验和研究成果筛选出来的进行基本交际所必需的语法点"(金海月、应晨锦，2021)。因此，已有的汉语作为第二语言教学语法大纲能够为我们选取碎片化语法点提供参考和帮助。

2021年由教育部、国家语委发布的《等级标准2021》所附的《语法等级大纲》是学界在语法点选取上做出的最新研究成果。据研制者介绍，《语法等级大纲》依据3000余册国际中文教材语法点频率统计，参考11部国际中文教学大纲与标准的研制成果，结合汉语语法本体研究成果与汉语教学实际研制而成。之前出版的《等级大纲1988》《语法大纲1995》《等级大纲1996》《通用大纲2014》和《HSK考试大纲》(一——六级)(2015)等都是研制该大纲的重要基础(金海月、应晨锦，2021)。有鉴于此，我们以该大纲中的初等语法点为基础，来建立碎片化语法资源库。

当然，我们并不要求基础汉语教学阶段必须把我们遴选的碎片化语法点完全编排到教材里，而是课文中出现哪些必须教学的语法点就教学哪些语法点，因此，我们在建设碎片化语法资源库时会尽量多收一些语法点。有些语法点可能没有出现于课文中，但我们收入了资源库也不会对语法教学产生影响。反而是如果课文中出现的语法点不能在资源库中找到，则会影响教学。基于这样的考虑，我们还会尽可能地去查检其他的语法大纲中所设置的语法点。如果有《等级标准2021》所附的《语法等级大纲》没有收录，而其他的初级、甲乙两级或一二级语法大纲却收录的一些语法点，我们也会考虑把它们收进来。因此，我们建设碎片化语法资源库时还会进一步参考第二章梳理的其他8个大纲。

教学和教材编写中选取语法点，还要考虑的一个重要因素是应尽量控制语法点的数量，做到只收录那些不讲学习者不明、不讲学习者需要耗费更多的时间才能掌握的语法点。

我们要认识到目前出台的汉语作为第二语言教学语法大纲都不是

专门针对英语背景汉语学习者的，它们所设置的语法点是否适合给英语背景的汉语学习者加以讲解，还需进一步鉴别。目前可行的也是最为便捷的鉴别手段就是参考有关英语背景汉语学习者语法学习难点的研究成果，及其中介语语料库所呈现的偏误情况。偏误率较高的语法点则有必要设置为碎片化语法点。当然，专门面向英语背景学习者的汉语教材也是重要的参考资料，如果这类教材在基础汉语教学阶段普遍把某个语法现象设为语法点，也能表明该语法现象应该作为碎片化语法点。

综合以上分析，我们确定了如图6-2（见下页）所示的技术路线，来选取服务于英语背景学习者基础汉语教学的碎片化语法点。

第一步，梳理《等级标准2021》中的初等语法点，明确有多少类，每类下有多少具体的语法点。由于我们是依据语法格局的框架来选取语法点，因此将语法点先分为六大类：语素类语法点、词类语法点、短语类语法点、句子成分类语法点、单句类语法点、复句类语法点。《等级标准2021》所设立的"动作的态""特殊表达法""提问的方法""强调的方法""口语格式"，根据其属于词的用法还是短语或者句子的用法，分别归入词类语法点、短语类语法点、句子成分类语法点、单句类语法点。例如，该大纲中设立的"口语格式"类语法点"【二80】该……了""【二81】要/快要/就要……了"，实际上分别属于能愿动词"该"和"要"的用法，我们就把它们分别合并到"该"和"要"这两个语法点中，对其意义和用法进行描述。

第二步，参考《等级大纲1988》和《等级大纲1996》中的甲级和乙级语法点、《初级大纲1999》和《专业大纲2002》中的一年级语法项目表、《进修大纲2002》中的初等阶段语法项目以及《通用大纲2014》中的一、二、三级语法项目表。一是确定《等级标准2021》中的哪些初等语法点是多个语法大纲都收录的语法点，哪些语法点只见于个别大纲之中。各个大纲都收录的语法点，一般来说，确实也是在教学中需要重视的语法点，我们原则上会将它们收入碎片化语法资源库。二是找出《等

第六章 面向英语背景学习者的汉语碎片化语法资源库建设 239

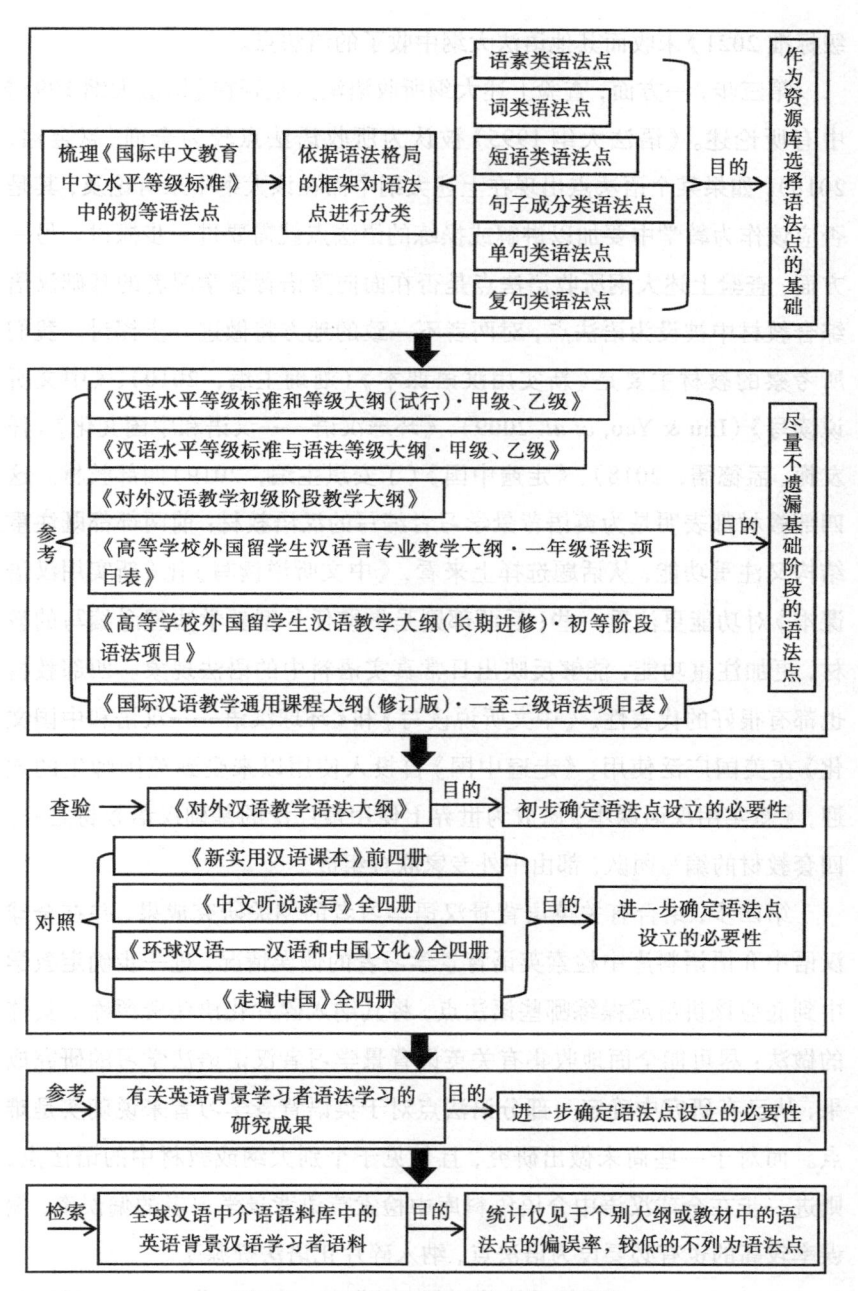

```
┌─────────────────────────────────────────────────────────────────┐
│  梳理《国际中文教育      依据语法格局      ┌─ 语素类语法点 ─┐              作 │
│  中文水平等级标准》 ──→  的框架对语法 ──→ │   词类语法点   │              为 │
│  中的初等语法点          点进行分类      │  短语类语法点  │  目的         资 │
│                                          │ 句子成分类语法点│ ─────→      源 │
│                                          │  单句类语法点  │              库 │
│                                          │  复句类语法点  │              选 │
│                                          └────────────────┘              择 │
│                                                                          语 │
│                                                                          法 │
│                                                                          点 │
│                                                                          的 │
│                                                                          基 │
│                                                                          础 │
└─────────────────────────────────────────────────────────────────┘
                                    ↓
┌─────────────────────────────────────────────────────────────────┐
│        ┌──《汉语水平等级标准和等级大纲(试行)·甲级、乙级》──┐         尽 │
│        │                                                      │         量 │
│        │──《汉语水平等级标准与语法等级大纲·甲级、乙级》──────│         不 │
│        │                                                      │         遗 │
│        │──《对外汉语教学初级阶段教学大纲》────────────────────│         漏 │
│   参   │                                                      │  目的   基 │
│   考 ──│──《高等学校外国留学生汉语言专业教学大纲·一年级语法项 │ ─────→ 础 │
│        │   目表》                                             │         阶 │
│        │                                                      │         段 │
│        │──《高等学校外国留学生汉语教学大纲(长期进修)·初等阶段 │         的 │
│        │   语法项目》                                         │         语 │
│        │                                                      │         法 │
│        │──《国际汉语教学通用课程大纲(修订版)·一至三级语法项目表》│        点 │
└─────────────────────────────────────────────────────────────────┘
                                    ↓
┌─────────────────────────────────────────────────────────────────┐
│   查验 ──《对外汉语教学语法大纲》────────→ 目的 初步确定语法点设立的必要性│
│                                                                           │
│        ┌──《新实用汉语课本》前四册 ──┐                                    │
│        │                             │                                    │
│   对   │──《中文听说读写》全四册 ────│   目的  进一步确定语法点            │
│   照 ──│                             │ ─────→  设立的必要性                │
│        │──《环球汉语——汉语和中国文化》全四册│                            │
│        │                             │                                    │
│        └──《走遍中国》全四册 ────────┘                                    │
└─────────────────────────────────────────────────────────────────┘
                                    ↓
┌─────────────────────────────────────────────────────────────────┐
│   参考 ── 有关英语背景学习者语法学习的 ─→ 目的 进一步确定语法点设立的必要性│
│           研究成果                                                        │
└─────────────────────────────────────────────────────────────────┘
                                    ↓
┌─────────────────────────────────────────────────────────────────┐
│   检索 ── 全球汉语中介语语料库中的  ─→ 目的 统计仅见于个别大纲或教材中的语│
│           英语背景汉语学习者语料            法点的偏误率，较低的不列为语法点│
└─────────────────────────────────────────────────────────────────┘
```

图 6-2 选取碎片化语法点的技术路线

级标准 2021》未收而其他语法大纲中收了的语法点。

第三步，一方面，查验上述大纲所收语法点是否在《语法大纲 1995》中有所论述。《语法大纲 1995》被认为所收语法点较为全面（赵金铭，2018），如果某个语法点出现在上述大纲中而在该大纲中未有论及，其是否应该作为教学中要加以讲解或操练的语法点就需要进一步探讨。另一方面，查验上述大纲所收语法点是否在面向英语背景学习者的基础汉语综合教材中被设为语法点，对两者不一致的地方将做进一步探讨。我们所考察的教材主要是《新实用汉语课本》（刘珣主编，2010）、《中文听说读写》（Liu & Yao, et al. 2009）、《环球汉语——汉语和中国文化》（任友梅、孟德儒，2018）、《走遍中国》（丁安琪主编，2019）四部教材。这四部教材都表明是为英语背景学习者编写的汉语教材：前两部都既注重结构又注重功能，从话题选择上来看，《中文听说读写》比《新实用汉语课本》对功能更注重一些；后两部则是贯彻任务型教学法理念编写的教材，更加注重功能，能够反映出日常真实语料中的语法现象。四部教材也都有很好的代表性，《中文听说读写》和《环球汉语——汉语和中国文化》在美国广泛使用，《走遍中国》自投入使用以来受到英国师生的欢迎，《新实用汉语课本》已成为世界上使用最广泛的基础汉语教材之一。四套教材的编写团队，都由中外专家联合组成。

第四步，结合有关英语背景汉语学习者的相关研究成果，并在全球汉语中介语语料库中检索英语背景学习者的偏误情况，进一步确定教学中到底应该讲解或操练哪些语法点，将其纳入碎片化语法资源库。具体的做法：尽可能全面地收集有关英语背景学习者汉语语法学习的研究成果，从已有研究中确定一部分语法点对于英语背景学习者来说确实是难点。而对于一些尚未做出研究，且仅见于个别大纲或教材中的语法点，则进一步在全球汉语中介语语料库中检索英语背景学习者的偏误率，偏误率较高的也有必要设为语法点，纳入碎片化语法资源库。

经过以上四步，我们最终确定了 74 类 292 个碎片化语法点，尽可能地保障了这些语法点是英语背景汉语学习者日常交际使用频率较高的、真实的语料中可能出现且有必要加以讲解或操练的语法点。

当然,限于研究手段,初步建成的碎片化语法资源库依然有可能出现有些语法点没必要在教学和教材编写中加以讲解却被纳入其中,以及有些需要在教学和教材编写中加以讲解的语法点却未被纳入其中的现象。但是,我们在前文已经指出本课题所建设的碎片化语法资源库是一个开放的动态资源库,资源库初步建成后,我们会进一步依据研究者和教师们在教学实践中发现的问题,不断调整资源库里的语法点、进一步加工语法点的描述和慕课教学课件,并根据教学需要增加一些语法点的课件。

二、语素类语法点的选取

我们将语素纳入语法格局中,主要是要借助这一语法单位表明汉语语素的构词方式与英语有所不同,以及汉语具有词、短语和句子结构规则基本一致的语法特点。至于哪些语素能跟哪些语素组合,并没有太多的规律,学习者对词语的储存和提取主要以词为基本单位(赵金铭,2012),因此语素的教学更多的还是属于词汇教学的范畴。但是,词缀在一定程度上能够标明词性,具有明确的语法意义,我们有必要在教学中讲解一些词缀和一些有一定构词规模的类词缀的语法意义,这有助于学习者理解派生词的词性和意义。综合考察各个大纲和教材,我们确立以下几个有关语素的语法点。

    1 序数词前缀

      1.1 序数词前缀:第-

      1.2 序数词前缀:初-

    2 名词前缀

      2.1 名词前缀:老-、小-

      2.2 名词前缀:阿-

    3 人称代词和称人名词后缀:-们

4 名词后缀

 4.1 名词后缀：-儿

 4.2 名词后缀：-头、-子

 4.3 称人名词后缀：-家、-员、-者

 "第、初"都属于构成序数词的前缀，我们把它们归为一类，称作"序数词前缀"。但"第-"用于修饰各种事物，而"初-"主要指时间，因此再进一步将它们分为两个小的语法点。"老、小、阿"都是构成名词的前缀，因此把它们归为一类，称作"名词前缀"。但"老、小"构成表人称呼时主要放在单音姓前，而"阿"主要放在名字的最后一个字前或亲属称谓前，因此我们又把它们分为两小类。至于"老"和"小"还有一些特殊的搭配，如"老"还可以放在"师、表、乡、外"等语素前构成称人的名词，以及放在"虎、鼠、鹰"等前构成动物名称，"小"主要是放在表示小型动物的词前，这些差异可以例词的方式加以说明，我们建议把它们放在一起讲解，作为一个语法点。

 "们"作为一个后缀，主要放在人称代词和称人的名词后，因此单列为一个语法点，称作"人称代词和称人名词后缀"。"儿、头、子、家、员、者"都是构成名词的后缀，因此把它们归为一类，称作"名词后缀"。但是"儿"构成的名词主要表达事物小或可爱，而"头、子"只是用于构成名词，没有特殊意义，"家、员、者"则主要构成称人的名词，因此再把它们细分为三小类。

三、词类语法点的选取

（一）名词

 名词是世界语言中普遍存在的一类词，主要用于标记世间万物，尤其是标记具体事物的名词一般都不难理解，在汉语作为第二语言教学中通过实物或图片展示，基本上就可以解决其意义理解上的问题。从语法学习的角度来看，因名词的用法相对于其他词类来说比较简单，第二语言学习者感到难学的并不多。从已有研究成果和全球汉语中介语语料库的检索结果来看，方位词是英语背景学习者学习汉语名词时遇到的一个难点。

与印欧语相比，汉语的方位词在用法上是一类比较特殊的名词，它用在其他词语后面构成方位短语，而这个方位短语往往对应印欧语里的介宾短语。因此，明末清初来华传教士在一开始构建汉语语法体系时，多是把汉语的方位词看作介词。然而，汉语的方位短语在句子中做处所状语和介宾补语时，又要在前面再加上一个介词，而在英语中处所状语只用"介词+名词"结构，因此英语背景学习者便常常出现漏用方位词的偏误（崔希亮，2005；刘振平，2014a）。另外，汉语的有些方位词并不只是表达方位处所，还可以表示时间、范围、方面、条件等意义，但现有的大纲和教材在基础汉语教学阶段主要设置的是方位词单纯表达方位处所和时间的语法点。

我们综合分析汉语方位词用法的特殊性、既有大纲和当前教材中的情况，以及英语背景学习者的学习难点，并对应前文所构建的语法格局，在这部分主要为处于基础汉语教学阶段的英语背景学习者设置三类语法点：一类是方位词用于表达方位的语法点，一类是方位词用于表达时间的语法点，一类是方位词"左、右""上、下""前、后"合用表达概数的语法点。表示方位的方位词有单纯方位词和复合方位词之分。单纯方位词放在名词性词语后面构成方位短语，中间一般不能加"的"，而复合方位词与前面的名词之间可以加"的"，因此分为两类语法点。表示概数的合用方位词，有些主要表示数量的大概范围，有些表示时间的大概范围，进而再分为两小类。设置的具体语法点如下：

5 表示方位的方位词

5.1 表示方位的单纯方位词：东、西、南、北、左、右、上、下、里、外、前、后、中

5.2 表示方位的复合方位词：东/西/南/北/左/右/上/下/

里／外／前／后＋边；旁边；中间

6 表示时间的方位词：(在)……以前／以后／前／后

7 表示概数的方位词

 7.1 表示概数(数量)的方位词：上下

 7.2 表示概数(时间)的方位词：前后

 7.3 表示概数(数量、时间)的方位词：左右

(二)动词

  汉语动词能够重叠，这是相对于英语动词表现出来的一个非常明显的特点。汉语动词重叠的形式不止一种，而且动词重叠式在用法上跟基式又有不同(如不能后接数量短语和数量名结构)。英语背景汉语学习者常常会出现偏误，是其学习难点之一(赵金铭，1996；程美珍主编，1997：46—47)。针对英语背景学习者的学习难点，考察现有大纲和教材中有关动词重叠式语法点的设置情况，我们设置下面的语法点：

8 动词重叠式：AA、A一A、A了A、ABAB

  对于英语背景学习者来说，汉语动词中能愿动词的用法较难掌握(王晓钧，1983)。汉语能愿动词的形式和功能对应关系较为复杂，同一个形式表达多个功能且相互之间又有交叉，有些语境中可以替换而有些语境中又不可替换。同时，汉语和英语的能愿动词之间也不完全对应，意义和功能上存在复杂的交叉关系。这些"交叉"是致使英语背景学习者在"对应"和"内置"两个认知环节上产生偏误的主要原因(陈若凡，2002；赖鹏，2006)。现有的大纲和教材在基础汉语教学阶段普遍设置了能愿动词的语法点，影响较大的教学参考语法书，如齐沪扬主编(2005)和刘月华、潘文娱、故韡(2019)等也都用了大量的篇幅来讲解能愿动词的用法。我们参考已有研究对英语背景学习者学习能愿动词的难点分析结果，结合大纲和教材中的语法点设置情况，设置以下几个语法点：

9 能愿动词

 9.1 能愿动词：会

9.2 能愿动词：能

9.3 能愿动词：想

9.4 能愿动词：要

9.5 能愿动词：可能

9.6 能愿动词：可以

9.7 能愿动词：该、应该

9.8 能愿动词：愿意

9.9 能愿动词：敢

9.10 能愿动词：需要

9.11 能愿动词：得

汉语中有一类结构上比较特殊的动词——离合词，如"帮忙、打开"等，结构上分为动宾式和动补式两种。这类词的特殊性表现在：一是常常以词的身份用于句子当中，但两个语素之间也可以有限插入一些成分；二是动宾式离合词的重叠式与普通动词不一样，是 AAB 式，如"帮帮忙、见见面、聊聊天儿"等。这类特殊的动词也是英语中所没有的，有些在意义上还对应于英语的某个及物动词，英语背景学习者运用这些词的时候，因为不了解这类词的特点常常造出"*帮忙他、*见面过一次"等错误搭配的结构，我们在教学中有必要对这类词的特殊性加以强调。而且，这类词的两个语素之间可以插入的成分也是有一定规律的，如动宾式离合词的两个语素之间主要是可以插入"了、着、过、完、好、什么"和数量短语，而动补式离合词的两个语素之间主要是插入"得"或"不"。基于上面的讨论，并结合大纲、教材和中介语语料的考察结果，我们拟为英语背景汉语学习者设立有关离合词的以下两个语法点：

10 离合词

10.1 动宾式离合词：帮忙、说话、见面、生气、洗澡、理发、点头、放假、睡觉、毕业、请客、干杯

10.2 动补式离合词：打开、看见、离开、完成

(三)形容词

汉语的一些形容词可以重叠和直接做谓语,这是相对于英语形容词表现出来的非常明显的特点,但又不是所有的形容词都可以重叠或做谓语。学习者一方面因不了解到底哪些形容词可以重叠或做谓语,从而造出错误的形容词重叠式和非谓形容词做谓语的偏误句;另一方面受英语中形容词做谓语(表语)要前加系动词的影响,从而在汉语的形容词谓语前赘加"是"。这是有关英语背景学习者汉语语法学习的已有研究成果和中介语语料库检索结果集中反映出的问题(徐凌志韫,1993;程美珍主编,1997:59;杨玉玲、吴中伟,2013:26等)。现有的大纲和我们所考察的面向英语背景学习者的基础汉语教材,也普遍将形容词重叠式和形容词做谓语作为语法点。综合考虑上述因素,我们认为有必要将形容词重叠式和形容词谓语句设置为语法点。但形容词做谓语也属于句子成分类语法点,我们将其列在句子成分类语法点中,这部分仅列出形容词重叠式这一语法点:

11 形容词重叠式:AA、AABB、ABAB

(四)代词

汉英代词的一个显著差别是汉语代词没有格和性的变化,无论是做主语,还是做宾语、定语,词形都不发生变化。另外一个明显的差别是汉语的疑问代词用于提问不必提到句首。

汉语中的代词除了具有代替和指示功能,还可以用于表示任指、虚指。如常见的代词中,"谁、什么、哪、哪儿、哪里"都有任指用法,"谁、什么、哪"还有虚指用法,"我"和"你"、"这"和"那"对举也可表示虚指。

已有的教学语法大纲也普遍将代词分为人称代词、疑问代词和指示代词三类语法点,并把这三类代词的任指和虚指用法也设置为语法点。结合我们考察的四套面向英语背景学习者的汉语基础教材中的情况,并对接汉语语法格局中有关代词的相关描述,碎片化语法资源库将收录以下几个有关代词的语法点,详细描述它们的用法。

12 人称代词

12.1 第一、二、三人称代词:我—我们、咱们;你、您—你们;他、她、它—他们、她们、它们

12.2 其他人称代词:别人、大家、咱、自己

13 指示代词

13.1 指代人或物:这—这些;那—那些;

13.2 指代地点:这儿、那儿;这里、那里

13.3 指代程度、方式或性状:这么、那么;这样、那样

13.4 其他指示代词:别的、有的、有些、各、各位、各种、每、任何

14 疑问代词

14.1 问人或物:谁、什么、哪、哪些

14.2 问时间:多久

14.3 问地点:哪儿、哪里

14.4 问方式或性状:怎么、怎样、怎么样

14.5 问程度或数量:多、多么

14.6 问数量:多少、几

14.7 问原因:为什么

15 代词的任指和虚指用法

15.1 疑问代词的任指用法:疑问代词+都;重复使用疑问代词

15.2 代词的虚指用法:谁、什么、哪儿

(五)数词

汉语数量的表达跟印欧语相差较大,因此汉语的数词和量词一直也是汉语作为第二语言学习者普遍关注的词语。从我们见到的第一部由欧美人编写的以汉语语法为主要内容的汉语作为第二语言教材——《中国

文法》(卫匡国，1653)开始，就一直注重对汉语数词和量词及其用法的介绍。对我国汉语作为第二语言教材和教学语法体系有重要影响的《国语入门》和《汉语教科书》，同样都设置了数词和量词的语法点，简要介绍了汉语整数词、序数词以及分数、小数、倍数和概数的表达方式，并特别凸显了与印欧语之间的不同。

现代汉语数词修饰名词一般情况下中间要加量词，然而，汉语"年、月、日"和"星期"的表达则违反这一常规，直接将数词和时间名词相结合，不仅从汉语内部来看较为特殊，与英语中的表达相比也具有独特性。已有的教学语法大纲和面向英语背景汉语学习者的教材，不仅将基数词、序数词及其构成的数词结构设置为语法，也普遍设置了有关"年、月、日"和"星期"的语法点。

以大纲和教材中设置的数词语法点为基础，关注程美珍主编（1997：61—72）所列出的英语背景学习者在汉语数词表达上的偏误，并进而在全球汉语中介语语料库中进行考察，我们最终决定将以下有关数词的语法点收入面向英语背景学习者基础汉语教学的碎片化语法资源库：

  16 整数词
   16.1 系数词：零、一、二、三、四、五、六、七、八、九
   16.2 位数词：十、百、千、万、亿
   16.3 数词："二"和"两"辨析
  17 序数词：第＋整数、初＋一至十、整数＋名词
  18 分数：分母（整数）＋分之＋分子（整数）
  19 小数构成和读法：整数＋点＋依次读出数字
  20 倍数：整数／小数＋倍
  21 概数
   21.1 概数表达法：一至十＋量词＋多
   21.2 概数表达法：数词＋十／百／千／万／亿＋多＋量词
   21.3 概数表达法：大概／大约＋数量短语、几＋量词

21.4 概数表达法：相邻数词连用

22 日期的表达：年、月、日和星期

实际上，还有一种概数表达法，即我们在前面选取有关方位词的语法点时指出的"左右""上下"或"前后"用于表达概数。由于这个语法点已经设置在了方位词下，这里就不再重复列出。有关概数的语法点不必一次讲完，而是课文中遇到哪个讲哪个，以上提到的五种概数表达法都讲完后，可以再把它们放在一起集中展示一下，以便学习者将有关概数表达的知识进一步系统化。

(六) 量词

量词丰富是汉语相对于印欧语的一个重要特点，也是印欧语背景的汉语学习者和教学者所普遍关注的一类词。明末清初传教士所编汉语教材、19 世纪英美人以英语语法框架为基础构建的汉语教学语法体系，都将量词作为一项重要内容，给予了较为详细的介绍和例示。汉语量词用法的复杂性表现在两个方面：一是同一个量词（构成数量短语后）可以修饰多个名词，而同一个名词又可以受多个量词的修饰；二是一个量词可以修饰的名词到底有什么共性，或者一个名词要求修饰其的量词应具有什么特征，往往难以找出非常严整的规律。在汉语作为第二语言教学中，我们很多时候难以向学习者说清楚某个量词之所以能跟某个名词搭配的理据，尤其是个体量词。英语背景汉语学习者在量词的学习过程中常常出现漏用和错用量词的偏误，量词是其汉语学习的难点之一（徐家祯，2002）。

已有大纲都是把具体的量词设置为语法点，而教材并没有把大纲所列出的具体量词都设置为语法点，仅仅是在课文出现数量短语后，设置语法点来说明量词的用法，一是表明汉语中数词修饰名词中间要加量词，二是表明量词的类别以及例示一些常见量词构成的搭配，三是说明量词重叠的意义和用法，以及与一些常见量词搭配的名词的意义特点（戴梦霞，1999）。大纲列出的大多数量词，在汉语教材中只是列在生词表中，实际上是作为词汇教学内容来处理,尤其是那些很难说出其跟名词搭配的规律的量词。我们认为,目前教材的这种做法是合理的。

孙德金(2006)在说明哪些内容属于语法教学范畴时,认为"汉语的数词与名词中间要有一个量词"作为一条规则是教学语法的内容,语法教学要防止的偏误是数词与名词之间该用量词而不用,该用一个而用了两个。至于一个数量名结构中,该用了甲量词而用了乙,则属于词汇教学要管的内容。我们认为该文有意将不能抽取出规则的内容排除出语法范畴,是非常正确的理念,这有助于减少语法教学的负担,但我们并不赞成把所有量词的教学都归入词汇教学范畴。有些量词到底能够跟哪些名词搭配,如果能抽取出例外较少的规则,还是应该作为语法教学的内容。如量词"间",可以构成"一间房子、一间屋子、一间教室、一间办公室、一间卧室、一间宿舍、一间卫生间"等,从这些搭配中可以抽取出"间"对所搭配名词的要求:必须为房屋类事物,"间"是房屋的最小单位。学习者掌握这条规则能够有效类推出新的搭配,因此有必要作为语法规则加以讲解。

综上所述,我们以解决英语背景学习者学习汉语量词难点问题为目标,以所考察的四套教材中的量词语法点为基础,进而考察分析大纲中所列的量词跟名词搭配的规则性,将规则性强的设置为语法点,规则性不强的或难以说出规则的则作为词汇教学内容。

23 名量词

23.1 物量词:个

23.2 物量词:本

23.3 物量词:口

23.4 物量词:间

23.5 物量词:页

23.6 物量词:块

23.7 物量词:件

23.8 物量词：只
23.9 物量词：条
23.10 物量词：位
23.11 物量词：张
23.12 物量词：支
23.13 物量词：层
23.14 物量词：封
23.15 物量词：把
23.16 物量词：架
23.17 物量词：台
23.18 物量词：双
23.19 物量词：家
23.20 物量词：群
23.21 物量词：行
23.22 物量词：束
23.23 物量词：种／类
23.24 物量词：借用容器（杯、瓶、桶、盒、碗）
23.25 时量词：分钟、年、天、周

24 动量词

24.1 动量词：次／回
24.2 动量词：遍
24.3 动量词：场
24.4 动量词：下
24.5 动量词：顿
24.6 动量词：借用人体部位和工具

25 量词重叠：AA

（七）副词

汉语作为第二语言教学的研究结果和实践经验表明，虚词是语法教学中的重点和难点，第二语言学习者所出现的语法偏误超过一半是虚词偏误(陆俭明，1980；李泉，2017)。为什么虚词是语法教学的重点和难点呢？陆俭明(1980)指出："虚词表示的是语法意义，不易叫人捉摸，外国学生要掌握好汉语虚词的意义会有些困难。但是，对他们来说，更难于学习、掌握的是虚词的用法。"赵金铭(1994)认为学习虚词要一个一个地学习它们的用法。陆俭明(2000)进一步阐释到："虚词之所以要重点讲，还在于虚词的'个性'很强，同一类的虚词用法上可以很不一样。因此，对于虚词，老师不能只讲类的特点(如介词，只讲整个介词类的特点)，常用的、重要的虚词必须一个一个讲；而学生也不能一类一类地学，而一定得一个一个地学。而且，由于虚词的使用频率一般都比较高，而使用频率高的虚词往往是用法复杂的虚词，因此虚词的学习与掌握一直是对外汉语教学中的一个难点。"

上述学者所说的虚词都是包括副词的，李晓琪(2005)更是直接把副词作为《现代汉语虚词讲义》的第一章。副词与其他虚词一样，所表达意义主要是比较抽象的语法意义。同一范畴内的不同副词，意义和用法都有自己的特性(杨玉玲、吴中伟，2013：37)。汉语作为第二语言学习者难以掌握副词的意义和用法上的一些特殊要求和制约因素等，往往出现各种偏误现象(郑艳群，2006)。

既然虚词意义抽象，用法复杂，是学习者的学习难点，又要一个一个地讲，那么我们在教学中将每个虚词作为一个小的语法点是合适的，只不过不一定需要在专门的语法教学环节来讲，有些用法相对简单的在生词或课文教学环节加以处理即可。基于上述认识，我们尽可能将各个大纲和所考察的教材中所列的虚词语法点都纳入到碎片化语法资源库中，以备教学者根据虚词在课文中出现的情况来选用。副词语法点的选取如此，下面的介词、助词、连词类语法点的选取也是如此。

26 程度副词

26.1 低程度表达：有（一）点儿、稍、稍微

26.2 中等程度表达：比较

26.3 高程度表达：很、相当、挺

26.4 极高程度表达：非常、十分、特别、尤其

26.5 最高程度表达：最、极

26.6 程度过度表达：太

26.7 赞叹性状程度高：多、多么、好

26.8 表示在原有程度上有所增加：更、更加

26.9 表示程度随时间增加：越来越……

27 范围、协同副词

27.1 表总括：全、一共、总共、到处、处处

27.2 表唯一：只、光、仅、仅仅

27.3 表部分：至少、大都

27.4 表协同：一起、一块儿

28 时间副词

28.1 表时点持续：在、正、正在

28.2 表将要发生：马上、立刻、将

28.3 表过去发生：曾经、曾、已、已经、早已、本来、刚、刚刚

28.4 表突然发生：忽然

28.5 表相继发生：赶紧、赶快、连忙

28.6 表次序：先

28.7 表时段持续：一直、从来、始终

29 频率、重复副词

29.1 表频率高：常、常常、经常、通常、往往、老、老是、总、总是

29.2 表频率低：有时

29.3 表重复：重新

30 关联副词：却
31 否定副词
 31.1 否定副词：不、没、没有
 31.2 否定副词：别
 31.3 否定副词：未必
32 方式副词
 32.1 方式副词：故意
 32.2 方式副词：互相、相互
 32.3 方式副词：尽量
 32.4 方式副词：亲自
33 情态副词
 33.1 情态副词：必须、一定、不必、不用
 33.2 情态副词：差不多、好像、也许、大概、恐怕
34 语气副词
 34.1 语气副词：确实、真、根本、绝对、还是
 34.2 语气副词：难道、究竟、到底
 34.3 语气副词：当然、果然、终于、反正、其实
 34.4 语气副词：白、简直、千万、只好、正好、差点儿、最好、原来、倒
35 多义副词
 35.1 时间、范围、关联、语气副词：才、就
 35.2 程度、时间、关联副词：还
 35.3 范围、语气副词：都
 35.4 重复、关联副词：再、又、也
36 副词兼连词：并

（八）介词

《等级标准 2021》1—3 级语法大纲中共设置 19 个介词语法点，含

28个介词词项（多义介词按义项分布在不同语法点中算作不同的词项），即引出时间、处所的"从₁、在、当、由₁、自从"，引出对象的"跟₁、和₁、比、对、给、离、为₂、向₂"，引出方向、路径的"往、向₁、从₂、朝"，引出目的、原因的"为₁、由于₁、因为、为了"，引出施事、受事的"把、被、叫、让"，表示排除的"除了"，引出凭借、依据的"按、按照"。我们进而参考在前面《选取碎片化语法点的具体方法》一节中所列出的六个大纲，并查检《语法大纲1995》及四套面向英语背景学习者的汉语基础教材，将大纲和教材中所有介词语法点均纳入碎片化语法资源库中。经过重新分类，得到以下一些语法点：

37 引出时间、处所的介词

    37.1 引出时间、处所：在、从、自、由、于、打

    37.2 引出时间：当、自从

    37.3 引出处所：朝、向、往、沿、沿着、顺着

38 引出依据

    38.1 引出遵从的标准：按、按照

    38.2 引出前提或基础：根据、据、依据

    38.3 引出依据的标准：依、依照

    38.4 引出凭借的条件或方式：以、凭、由、趁

    38.5 引出依据的单位或谈论的方面：论

39 引出原因或目的

    39.1 引出原因或目的：为

    39.2 引出原因：因为、由于

    39.3 引出目的：为了、为着

40 引出对象

    40.1 引出动作发出者：被、叫、让、给

    40.2 引出动作支配对象：把、将

    40.3 引出构成材料：由

40.4 引出比较对象：跟、和、同、与、比
40.5 引出协同、关联对象：跟、和、同、与
40.6 引出事物来源：跟、向
40.7 引出服务对象、接受者：给、为、替、向
40.8 引出动作关涉对象：对、对于、关于、至于
40.9 引出排除对象：除了/除……（以外）

（九）助词

结构助词"的、地、得"、动态助词"着、了、过"以及汉语所特有的语气助词，一直以来都是公认的、汉语作为第二语言学习者的学习难点。各个大纲和基础汉语教材普遍将其设置为语法点，作为语法教学的重要内容。

结构助词"的、地"分别作为定语标记和状语标记，却并不是所有的偏正结构都需要用到它们，有些结构中不能用，有些结构中必须用，有些结构中可用也可不用，而用与不用表达的重点又有所不同，这其中的规律复杂且解释性不足，汉语作为第二语言学习者要想掌握实在不易，因而无论是哪种背景的学习者都会出现大量的偏误。又因为"的、地、得"读音相同，学习者往往将其混淆。佟慧君（1986）、李大忠（1996）以及肖奚强、颜明、乔俶等（2015）等一些偏误分析的专著中都列出了大量有关结构助词的偏误例句。

从程美珍主编（1997：142—146）列出的偏误例句来看，英语背景学习者在使用结构助词上所出现的偏误涉及各个类型：不该用而用、该用而不用、该用"得"而用"的"或"地"、该用"的"而用"地"或"得"、该用"地"而用"得"，等等。

动态助词"着、了、过"与英语的时态标记在表达功能上有一定的交叉，但又不完全一样，英语背景学习者因母语的负迁移常常出现大量的偏误。又加上还有同形的语气助词"了"，同样是表达抽象的语法意义，"了"的学习难度更大。又因为"了"（动态助词和语气助词）涉及的句

型、句式较多，对汉语作为第二语言语法教学的影响也较大，以至于有学者完全以"了"为界对教学语法项目进行编排（杨寄洲，2000）。同时，汉语的每个语气助词可以适用的句子类型不同，表达的语气也有细微的差别，用法很复杂，汉语作为第二语言学习者普遍感到难学（刘月华、潘文娱、故韡，2019：409）。因此，这些语法点的研究和教学受到了学界的普遍关注，相关研究成果颇丰。除了语法偏误分析和教学参考语法专著都会分析这些语法点外，大量的期刊论文也对这些语法点进行了专门的探讨，如赵淑华（1977）、刘月华（2003）、郑家平（2017）等。郑懿德、马盛静恒、刘月华等（1992）所分析的英语背景汉语学习者的汉语语法难点主要就是跟动态助词和语气助词相关的语法现象。

综合分析大纲、教材和已有研究成果，针对英语背景学习者在汉语助词学习上的难点，我们拟将以下语法点收入面向英语背景汉语学习者基础汉语教学的碎片化语法资源库中：

41 结构助词

  41.1 定语标记：的

  41.2 状语标记：地

  41.3 补语标记：得

42 动态助词

  42.1 动作或状态持续：着

  42.2 动作发生或状态出现：了

  42.3 曾经发生某个动作或存在某种状态：过

43 语气助词

  43.1 陈述语气：的、了

  43.2 疑问语气：吗

  43.3 陈述、疑问语气：呢

  43.4 陈述、疑问、祈使语气：吧

  43.5 陈述、疑问、祈使、感叹语气：啊

(十)连词

连词主要用于连接词、短语或分句,表明所连接成分之间的逻辑关系。连接分句构成的是复句,仅用于连接复句的常用连词,我们将列在"复句类语法点"下展现。这里我们仅展现能够连接词、短语的连词语法点。各个大纲设置的基础汉语教学语法点都包括连词"和、跟、还是、或、或者",这些连词在日常生活中使用频率较高,基础汉语教材中也都大量出现了这些连词连接的结构,而且英语背景学习者常常出现"还是"与"或者"混用,将"和"用于连接动词、形容词或主谓短语等偏误(李大忠,1996:22—26;程美珍主编,1997:130—132)。连词"和"与"跟"意义是一样的,只不过"跟"相对口语化。因此,我们把两者合在一起作为一个语法点。连词"或者"和"还是"在使用环境上呈互补分布,前者用于陈述句不用于疑问句,后者用于疑问句而不用于陈述句。有鉴于此,我们将"或、或者"和"还是"合成一个语法点,以便于加以对比。

44 连接词或短语的连词

44.1 连接词或短语的连词:和、跟
44.2 连接词或短语的连词:或、或者、还是

(十一)叹词和象声词

叹词和象声词,从语法的角度来看并不复杂,叹词只是独立成句,或作为句子中的独立成分。象声词,除了常常独立成句或作为句子中的独立成分,单音节的主要做定语(需加"的")或状语(需加"地"),双音节的或重叠式的还可以做谓语或情态补语。实际上,学习者只要了解每个叹词和象声词的意义,一般情况下都能很好地掌握其用法。严格区分起来,叹词和象声词应该属于词汇学习的内容,没有涉及多少语法知识。从英语背景汉语学习者的语法偏误来看,叹词和象声词的偏误也是非常少的,之所以会出现偏误主要还是因为没有很好地掌握词语的意义,而不是真正的语法偏误。面向英语背景学习者的基础汉语教材也未见有专门把某个叹词或象声词作为语法点的。因此,我们在面向英语背景汉语

学习者基础汉语教学的碎片化语法资源库中不设置具体叹词和象声词的语法点，仅分别设置一个语法点简单说明这两类词的语法特征，为教师教学提供参考。教材中不必专门设置语法点来详加介绍，教师在教学中如果发现学习者出现叹词或象声词用法上的偏误，可以从资源库里提取相关信息帮助纠正偏误。

  45 叹词的语法特征
  46 象声词的语法特征

四、短语类语法点的选取

  前文指出，设置短语这一语法层级的主要目的是更方便地描述句子结构。语法格局中已经基本介绍清楚了短语的结构类型，而这些短语又会用于构成各种句型，在句子成分类和单句类语法点中都会涉及各类短语的进一步描述。因此，在短语类语法点的设置上，我们不再对每类短语都设置语法点，而是只将在句子成分类和单句类语法点中不做细化描述的短语设置为语法点。

  第一，主谓短语、动宾短语都是英语和汉语中共有的短语类型，学习者结合对母语结构的认识，并通过汉语语法格局的学习，基本能够了解什么样的结构属于主谓短语、动宾短语。汉语主谓短语、动宾短语与英语主谓短语、动宾短语的区别，主要体现在汉语的主语、谓语、宾语的构成成分更为复杂，而有关主语、谓语和宾语的构成成分，我们会在句子成分类的语法点中专门讲解，单句类语法点中也会有所涉及。因此，我们便不再设置专门语法点来描述这两类短语。

  第二，汉语的偏正短语与英语的偏正短语，虽有不同（汉语的偏正短语中修饰语都在被修饰语之前），但我们会专门设置与定语、状语相关的语法点，与定语和状语相关的语法点中会讲到汉语定语、状语的位置问题。因此，短语类语法点中也不再专门设置有关偏正结构的语法点。

  第三，汉语的联合短语跟英语的联合短语的一个重要不同，就是汉语的联合短语中各项中间可以不用连词而英语中则必须使用，这一点并不难认识，且在语法格局中已做介绍。但汉语中还有重复使用副词构成的联合短语，如"又大又圆、不管不问"等。这类联合短语是汉语中特有的，英语背景学习者对其中的构成成分不甚了解，常常出现偏误（刘振平、杨延宁，2012）。各类大纲也都把这类结构设置为语法点。因此，我们也设置这类语法点。

第四，我们在词类语法点中设置了大量的介词语法点，因介词主要用于构成介宾短语，描述介词的用法实际上主要是描述介宾短语的用法。学习者学习介词类语法点的过程中也就了解了介宾短语。另外，介宾短语主要充当状语、补语，少量充当定语，所涉及的语法点可以放在句子成分类和单句类语法点中讲解。但是有些框式介词结构，英语中没有对应的结构，英语背景汉语学习者常常出现遗漏后置词的偏误（崔希亮，2005；刘振平，2014a）。因此，我们结合各个大纲收录框式介词结构的情况，并检索教材中出现的框式介词结构，在短语类语法点中设置一些框式介词结构的语法点。

第五，词类语法点中设置了大量的量词语法点，量词主要是与数词结合起来构成数量短语，因此量词类语法点的学习实际上也就是学习构成数量短语的过程。但是，数量短语还可以重叠使用，表达的功能与量词重叠以及不重叠时的用法均有不同，且做状语、定语表达的意义也较为复杂。有些数量短语有着特殊的用法，如表达日期、钟点、钱数，还能构成一些具有特殊功能的结构。《等级大纲1988》《语法大纲1995》《等级大纲1996》《初级大纲1999》《等级标准2021》以及面向英语背景学习者的汉语教材都特别指出了数量短语的这些用法。我们也将这些设置为短语类语法点。

第六，动/形补短语、复指短语、连动短语、兼语短语，都是汉语中特有的结构。讲解补语类语法点时，将会详细说明含有各类补语的动/形补短语，因此短语类语法点中不再设置描述该类短语的语法点。复指短语的构成和功能都非常简单，从英语背景汉语学习者的偏误来看，该类短语也不是学习难点，语法格局对该类结构的描述已经比较清楚，没有必要再设置为碎片化语法点。连动短语、兼语短语构成了两类特殊的句式——连动句、兼语句，我们将设置为单句类语法点，因此在短语类语法点中也不再设置相关的语法点。

第七，"的"字短语是汉语特有的结构，而且构造成分和语义都较为复杂，"的"前的成分可以是名词、动词、形容词性词语或主谓短语，"的"字短语具体表达什么意义主要是上下文决定的。因此，有必要专门设置语法点对其构造条件和功能进行细化描述。

第八，有些教学语法大纲中把一些固定短语也作为语法点，固定短语从本质上来看还是属于词汇学习的内容，尤其是意义和功能相当于实词的固定短语（孙德金，2006，2016a）。因此，我们不将固定短语纳入碎片化语法资源库，而是建议将其纳入词汇大纲。

综上所述，我们将以下短语类语法点纳入碎片化语法资源库：

47 联合短语

  47.1 联合短语：又+动词性/形容词性词语+又+动词性/形容词性词语

  47.2 联合短语：不+单音节形容词+不+单音节形容词

48 介宾短语组成的常用格式

  48.1 从+时间词语+起

  48.2 对/对于+表人词语+来说

49 数量短语及相关表达

  49.1 数量短语重叠

  49.2 钟点表示法

  49.3 钱数表示法

  49.4 "一+量词……也/都+不/没……"表示强调

50 "的"字短语

五、句子成分类语法点的选取

（一）主语

名词、代词、数词、"定语+名词性词语"偏正短语以及由名词、代词或名词与代词组合而成的联合短语、复指短语，在汉英两种语言中都可以做主语。因此，英语背景的汉语学习者不难理解汉语中由这些类别的词语充任主语的句子，没有必要再设置碎片化语法点专门讲解这些。

但汉语中特有的一些结构，如量词重叠式、数量短语、数量名短语、方位词、方位短语、"的"字短语等，它们在语法功能上与名词相同，也常常充当主语，这对于英语背景的学习者来说是陌生的。汉语中动词和动词性短语、形容词和形容词性短语也能充当主语，这也是相对于英语的特殊之处。教学中，我们发现如果对汉语主语与英语主语的这些不同之处不特别加以讲解和强调，英语背景汉语学习者往往会采取回避策略，一般情况下不会使用上述结构充当句子的主语。有鉴于此，我们有必要为英语背景学习者设置语法点，强调汉语中这些成分也能充当主语的事实。

同时，汉语的主语在语义上不限于动作的发出者，只要是可以作为谈论话题的人、事、物、动作行为、性质状态等都可以做主语，而如果是动作支配对象做主语，往往对应英语中的被动式，英语背景汉语学习者往往将其翻译成"被"字句，从而造成不该用"被"字句而滥用的偏误（刘振平，2014a）。因此，也有必要在碎片化语法点中对这些加以讲解，以深化和强化学习者对这些主语句的掌握。

51 特殊主语

　　51.1 量词重叠式做主语

　　51.2 数量短语和数量名短语做主语

　　51.3 方位词或方位短语以及处所词语做主语（"有"字存现句）：处所+有（+数量短语）+存在物

51.4 方位词或方位短语以及处所词语做主语（"是"字存现句）：处所＋是（＋数量短语）＋存在物
51.5 方位词或方位短语以及处所词语做主语（"V+着"存现句）：处所＋动词＋着（＋数量短语）＋存在物
51.6 "的"字短语做主语
51.7 动词和动词性短语、形容词和形容词性短语做主语
51.8 动作支配对象做主语（意义上的被动句）

（二）谓语

无论是在英语中还是在汉语中，动词、偏正短语（状语＋动词性词语）、动宾短语、联合短语（由动词组合而成）都经常充当谓语，因此，英语背景学习者对汉语中的这些现象不难理解。

但动补短语、连动短语、兼语短语充当谓语是汉语特有现象。主谓短语做谓语也被看作汉语中的特殊结构。汉语作为第二语言教学语法大纲和教材普遍将它们作为语法点。

英语中形容词或形容词性短语不能直接充当谓语，而是前加系动词做表语，而汉语中形容词和形容词性短语是可以直接做谓语的。前文已经指出，形容词能够做谓语是汉语语法的特点之一，英语背景汉语学习者因受母语的影响往往会出现在做谓语的形容词前加"是"的偏误。

英语中名词性词语是不能做谓语的，但在汉语中名词、代指事物或行为及状态的代词、数词和名词性短语却可以在口语中做谓语，而且这些词语做谓语有着较为复杂的条件限制，这些对于英语背景学习者来说都是陌生的，教学中较少见到学习者使用这类句子。

综上所述，动补短语、连动短语、兼语短语、主谓短语、形容词和形容词性短语以及名词、代指事物或行为及状态的代词、数词和名词性短语做谓语是汉语相对于英语而特有的现象，如果不加以特别讲解和强调，英语背景汉语学习者是难以理解和接受的。而且无论是动补短语、连动短语做谓语，还是兼语短语、主谓短语做谓语，都可以再进一步分为不同

的小类，有必要进行条分缕析。由于下面设立补语类语法点会涉及各类动补短语做谓语的结构，因此这里暂不选取这类语法点。对于其他各类，我们参考现有的汉语作为第二语言教学语法大纲和面向英语背景学习者的基础汉语教材进一步切分出小类，并考察各小类在基础汉语教材语料和母语语料中出现的频率，最终将以下语法点纳入碎片化语法资源库：

  52 特殊谓语

    52.1 连动短语做谓语（连动句）：表示前后动作先后发生

    52.2 连动短语做谓语（连动句）：前一个动作是后一个动作的方式

    52.3 连动短语做谓语（连动句）：后一个动作是前一个动作的目的

    52.4 兼语短语做谓语（兼语句）：主语＋叫/派/请/让＋宾语兼主语＋动词（＋宾语）

    52.5 形容词和形容词性短语做谓语（形容词谓语句）

    52.6 名词、代词、数词和名词性短语做谓语（名词谓语句）

    52.7 主谓短语做谓语（主谓谓语句）

（三）宾语

  汉语和英语中充当宾语的成分都主要是名词、代词、数词和名词性短语，英语中也有主谓短语做宾语，只不过英语语法书中往往称作句子做宾语。这些词语充当宾语，对于英语背景学习者来说并不难理解，只是汉语中宾语在语义上还有一些特殊之处，它不限于动作的支配对象，也可以是动作的发出者以及与动作有关联的其他成分，我们需要对这些情况加以说明。而且，汉语句子中的宾语还可以由动词性词语、形容词性词语充当，这是相对于英语的特点，也是英语背景汉语学习者的学习难点。因此，现有的汉语作为第二语言教学语法大纲和基础汉语教材都将其作为语法点。

  汉语和英语中都有双宾语句，双宾语的结构也基本一致，都是直接宾语通常表物，间接宾语通常表人，间接宾语在前直接宾语在后，而且两种语言中能带双宾语的也都主要是给予类和言说类动词。但是，两种语言中能带双宾语的动词并非完全对应，汉语中取得类、称呼类等动词可以带双宾语，而英语中表愿望、意图、原因等意义的动词可以带双宾语，这就使得英语背景学习者在学习汉语时常常搞不清楚到底哪些动词能够带双宾语。因此，现有的汉语作为第二语言教学语法大纲和基础汉语教材都设置语法点来特别介绍到底哪些动词能够带双宾语。

综合分析已有研究成果，针对英语背景汉语学习者的学习难点，并对应语法格局，我们拟在碎片化语法资源库中设置以下几个有关宾语的语法点，以进一步深化描写动词性词语和形容词性词语做宾语的句子中以及双宾语句子中谓语动词的语义特征，以帮助学习者组装出正确的句子：

  53 特殊宾语
    53.1 动词性和形容词性宾语
    53.2 双宾语（双宾语句）
    53.3 动词＋给＋双宾语

（四）定语

英语背景汉语学习者不难理解名词、代词、数词、数量短语、"定语＋名词性词语"偏正短语、名词性联合短语、形容词、形容词性短语等做定语的结构，因为英语中常做定语的也是这些词和短语，但对汉语中特有的动词或动词性短语、主谓短语、介宾短语和方位短语等做定语的现象感到难以理解，也轻易不去使用或者说不知怎么用，常常出现一些受英语表达方式影响的偏误，如只会将"学习文件、出租汽车"理解为动宾短语，而难以理解其还有偏正短语的用法；本应用方位短语做定语表示事物的处所，却使用了介宾短语，如："*我们失去了在生活中的情调。""*在桌上的花瓶被它打碎了。"本应将介宾短语放在名词前做定语而放在了名词后，如："*我们可以多看一些新闻<u>关于这一类现象</u>。""*手机多了，不文明行为的机会<u>被拍</u>也就增加了。"从目前的研究结果来看，这些无疑是需要在碎片化语法教学中加以详细讲解的。我们拟在碎片化语法资源库中设置以下有关定语的几个语法点：

  54 定语
   54.1 动词、动词性短语和主谓短语做定语
   54.2 介宾短语和方位短语做定语

 （五）状语

  副词、能愿动词、介宾短语做状语，是汉语和英语中都常见的语法现象。汉语和英语中，副词都是以充当状语为主要职责，也是状语位置上最常见的成分，只是汉语中它们做状语主要位于谓语动词之前，而在英语中主要位于谓语动词之后。英语背景学习者在学习这两类状语时，可借助已有的英语语法知识基础，再简单将它们的位置提到谓语动词之前，便可做到句法上基本正确。因此，从句法的角度来看，副词做状语对于英语背景学习者来说并非学习难点。副词做状语的难点主要体现在各个副词的语义较为复杂从而产生多种表达功能。英语中能愿动词做状语与汉语中能愿动词做状语都是位于谓语动词之前，只是各个能愿动词在词义上不完全对应，从而给英语背景汉语学习者带来负迁移。因此，我们在词类语法点中针对汉语中的一些常用副词和能愿动词设置了语法点，重在辨析和讲解其语义的复杂性以及由此造成的表达功能多样性，本部分就不再重复设置。

  代指事物或行为及状态的代词、象声词、数量短语做状语，分别在代词、象声词、量词和数量短语的语法点中有一定的介绍，同样不必再在这部分设置语法点。

  汉语中大多数介宾短语做状语的句子，跟英语中介宾短语做状语的句子有着明显的对应关系，只需将介宾短语从动词后移位到动词前即可，但也有几类介宾短语做状语的句子在结构和意义上都具有特殊性和复杂性，已经是汉语作为第二语言教学中公认的语法点。一类是由介词"把"引导动作支配对象做状语构成的"把"字句，一类是由介词"被"引导动

作发出者做状语构成的"被"字句,还有一类是由介词"比、跟"引导比较对象做状语构成的比较句。

英语表达时间、处所的词语,一般情况下要前加介词构成介宾短语才能做状语,而汉语中时间词、方位词和方位短语有时候可以直接做状语。学习者需要明确到底是哪些可以直接做状语、在什么情况下做状语,这需要在碎片化语法教学中详加介绍以让学习者掌握其中的规律。

形容词和形容词性短语、动词和动词性短语、主谓短语能够做状语是汉语相对于英语在语法上的特点。相对来说,形容词和形容词性短语做状语的现象比动词和动词性短语以及主谓短语做状语的现象更为普遍,且对于英语背景学习者来说是学习难点(刘振平,2015:1)。动词和动词性词语以及主谓短语做状语出现的频率较低,不必在基础汉语教学阶段深入学习,现有的汉语作为第二语言教学语法大纲和基础汉语教材也都没有将其作为语法点,而且我们也尚未见到有相关研究成果揭示其是英语背景汉语学习者的学习难点。

综上所述,为了帮助英语背景学习者更快地把握汉语状语的特点和顺利习得难点,我们拟设置以下几个有关状语的碎片化语法点:

55 状语

55.1 "把+动作支配对象"做状语("把"字句):S(动作发出者)+"把"+O(动作对象)+处置性动作(转移类动词)+在/到+处所(O的位置变化结果)

55.2 "把+动作支配对象"做状语("把"字句):S(动作发出者)+"把"+O(动作对象)+处置性动作(给予类动词)(+给)+O的接收者

55.3 "把+动作支配对象"做状语("把"字句):S(动作发出者)+"把"+O(动作对象)+处置性动作+趋向或状态变化结果

55.4 "被+动作发出者"做状语("被"字句):S(动作支配

对象）+"被"（+动作发出者）+动作行为+结果

55.5 "比+比较对象"做状语（比较句）：A比B+（更/还）形容词

55.6 "比+比较对象"做状语（比较句）：A比B+形容词+数量短语

55.7 "比+比较对象"做状语（比较句）：A比B+动词+得+形容词

55.8 "比+比较对象"做状语（比较句）：A不比B+形容词

55.9 "比+比较对象"做状语（比较句）：A+动词+得+比B+形容词

55.10 "比+比较对象"做状语（比较句）：A比B+多/少/早/晚+动词+数量短语

55.11 "跟+比较对象"做状语（比较句）：A跟B一样/相同

55.12 "跟+比较对象"做状语（比较句）：A跟B一样+形容词

55.13 时间词语做状语

55.14 处所词语做状语

55.15 形容词和形容词性短语做状语

（六）补语

　　前文已经指出，补语是汉语中的一种特殊句法成分，也因其在结构和语义上的复杂性，成为汉语作为第二语言学习者的学习难点。汉语作为第二语言教学中补语的教学内容较多，形成了一个较为庞大的补语系统（胡炳忠，1987；吕文华，2001）。我们需要做的工作是从这个系统中选择一些结构作为面向英语背景学习者基础汉语教学阶段的碎片化语法点。根据"格局+碎片化"语法编排思路所主张的语法点的选取原则，只需将满足基本交际需要的、使用频率较高的补语结构作为基础汉语教学阶段的语法点。为此，我们首先考察各个大纲所收录的各类补语语法点，在此基础上参考吕文华(2008：149—167)对各类补语使用频率的统计结果和等级切分结果，以及杨德峰(2003)对英语背景学习者使用趋向补语情况的统计结果，并考察前文指出的四部教材课文中各类补语的分布情况以及补语类语法点的设置情况，最终将以下有关补语的语法点纳入面向英语背景学习者基础汉语教学的碎片化语法资源库：

56 补语

  56.1 结果补语：动词+错/懂/干净/好/会/清楚/完

  56.2 结果补语：动词+到/住/走

  56.3 简单趋向补语的趋向意义用法：动词+来/去

  56.4 简单趋向补语的趋向意义用法：动词+上/下/进/出/起/过/回/开

  56.5 复合趋向补语的趋向意义用法：动词+出/过/回/进/上/下+来/去；动词+起来

  56.6 程度补语：性质形容词/心理动词+得+很；性质形容词/心理动词+极了

  56.7 情态补语：动词+得+形容词/形容词性短语

  56.8 数量补语：动词+时量补语（表示动作持续时间）

  56.9 数量补语：形容词+时量补语（表示状态持续时间）

  56.10 数量补语：动词+时量补语（表示动作结束到说话时的时间）

  56.11 数量补语：动词+动量补语（表示动作发生的次数）

  56.12 数量补语：动词+宾语+动量补语

  56.13 数量补语：形容词+比较数量补语

  56.14 结果补语的可能式：动词+得/不+动词/形容词；动词+得/不+了(liǎo)

  56.15 趋向补语的可能式：动词+得/不+趋向补语

  56.16 介宾补语：动词+在/于/向/自+宾语

六、单句类语法点的选取

单句从结构上分为主谓句和非主谓句。汉语主谓句中，主语和谓语的意义特征，以及充当主语和谓语的成分，在前面分析句子成分类语法点时都已得到较为清晰的呈现。不过，还有几类比较特殊的动词谓语句也普遍被选为基础汉语教学阶段的语法点，即由"动宾短语+动补短语"做谓语构成重动句，表示等同或类属、说明或特征的"是"字句，表示领有、评价、达到以及比较的"有"字句，"A没有B+形容词"和"A不如B(+形容词)"的比较句，强调时间、地点、方式、动作者的"是……的"句。另外，汉语中形容词做谓语不用"是"，但如果形容词前加了"是"往往是强调状态，这一点对于英语背景学习者来说也较难把握。这些都有必要作为碎片化语法点加以讲解。

英语中也有非主谓句，只不过在汉语的表达中非主谓句用得更多，有关这一点我们在语法格局中已加以说明。已有研究成果和我们的教学经验都表明英语背景学习者学习汉语非主谓句的难度不大，因而不必再单独作为碎片化语法加以讲解。

综上所述，我们拟将以下语法点纳入面向英语背景学习者基础汉语教学的碎片化语法资源库：

57 重动句：主语+动宾短语+动补短语
 57.1 重动句：补语描述动作状态
 57.2 重动句：补语描述主语受动作影响的结果
 57.3 重动句：补语描述"主语+动宾短语"所表事件造成的结果
58 "是"字句
 58.1 "是"字句：表示等同或类属
 58.2 "是"字句：表示说明或特征

还有一类"是"字句是表示存在的存现句，句子中的主语较为特殊，是方位短语或表示处所的词语，我们在"51 特殊主语"中已列出这种句式——处所+是(+数量短语)+存在物，此处不再重复列出。

  59 "有"字句

    59.1 "有"字句：表示领有

    59.2 "有"字句：表示评价、达到

    59.3 "有"字句：表示比较的"A 有 B(+那么/这么)+形容词"

  "有"字句中也有一个是表示存在的存现句，我们在"51 特殊主语"中已列出这种句式——处所+有(+数量短语)+存在物，此处也不再重复列出。

  60 比较句

    60.1 A 没有 B+形容词

    60.2 A 不如 B(+形容词)

  有关比较句的语法点，不只是这里所列出的两个，上文"55 状语"这类语法点下所列的"比+比较对象"做状语的 6 个语法点和"跟+比较对象"做状语的 2 个语法点，以及上文"59.3 '有'字句：表示比较的'A 有 B(+那么/这么)+形容词'"都是比较句式。

    61 "是……的"句：强调时间、地点、方式、动作者

    62 "是"用于形容词谓语句中强调状态：主语+是+形容词性谓语

  单句从功能上分为陈述句、疑问句、祈使句、感叹句和呼应句五大类。汉英两种语言中的陈述句、祈使句、感叹句和呼应句，在构造和功能上没有太大差别，英语背景汉语学习者利用母语正迁移大致能够把握住这四类句子。

  对于第二语言学习者来说，汉语疑问句的学习是个难点。虽然疑问句在汉语和英语中都主要用于提问，但结构和意义上的差别较大：一是句内的词序不一样；二是汉语中疑问句尾要用语气助词，且这些语气助

词的意义不易把握；三是汉英疑问代词的意义并不完全对应，汉语常用的疑问代词较多。已有的汉语作为第二语言教学语法大纲和基础汉语教材都设置了有关各个类别疑问句的语法点。我们在参考已有研究成果的基础上确定以下几个有关疑问句的碎片化语法点：

  63 疑问句

    63.1 是非疑问句：陈述句型＋疑问语调

    63.2 是非疑问句：陈述句型＋语气助词"吗"

    63.3 是非疑问句：陈述句型＋语气助词"吧"

    63.4 是非疑问句：陈述句型＋好吗／行吗／对吗／可以吗

    63.5 是非疑问句：用"是不是"提问

    63.6 特指疑问句：用"谁、什么、哪、哪些"提问

    63.7 特指疑问句：用"哪儿、哪里"提问

    63.8 特指疑问句：用"多、多少、几"提问

    63.9 特指疑问句：用"怎么"提问

    63.10 特指疑问句：用"什么时候、什么样、怎么样、怎样、为什么"提问

    63.11 选择疑问句：用"（是）……还是"连接选择项

    63.12 正反疑问句：V 不 V(O)；VO 不

    63.13 正反疑问句：V 没（有）V(O)；V(O) 了没（有）

    63.14 正反疑问句：Adj ＋ 不 ＋ Adj；Adj ＋ 不

    63.15 省略式疑问句：代词／名词／名词性短语＋呢？

  64 反问句表示强调：不是……吗？／难道……吗？

七、复句类语法点的选取

  （一）并列复句

  并列复句各分句表示并存或对立的几种情况，这些情况之间没有先后顺序。有关并列复句的分类及常用关联词语，很多汉语作为第二语言

教学参考语法著作都给出了界定和例示，虽有一些认识上的不同，但所指出的典型并列复句基本上是一致的（齐沪扬主编，2005：342—344；刘月华、潘文娱、故𬀩，2019：859—860）。

当前对汉语作为第二语言学习者并列复句习得偏误的研究还不是很系统，主要揭示的是一些常用关联词语的使用偏误，涉及的关联词语主要有"又……，又……""既……，又（也）……""一边……，一边……""一会儿……，一会儿……""一方面……，（另）一方面……""不是……，而是……""……，也……"。主要的偏误就是前后分句的语义关系不符合要求，如"一边……，一边……"要求前后分句必须是可以同时进行的两个具体动作，学习者却造出了诸如"*我们一边参加比赛，一边加强友谊。"的偏误句（佟慧君，1986：294—295；张利蕊，2019）。

现有的大纲和教材在基础汉语教学阶段普遍设置了有关这些关联词语的语法点，并专门强调了不用关联词语的并列复句。影响较大的教学参考语法著作，如齐沪扬主编（2005：342—344）和刘月华、潘文娱、故𬀩（2019：859—860）等在讲解并列复句的用法时也都用了不少的篇幅。

我们针对英语背景学习者的学习难点，考察现有大纲和教材中有关并列复句语法点的设置情况，拟将以下几个语法点纳入碎片化语法资源库：

65 并列复句

    65.1 并列复句：不用关联词语

    65.2 并列复句：一边……，一边……

    65.3 并列复句：一会儿……，一会儿……

    65.4 并列复句：一方面……，（另）一方面……

    65.5 并列复句：（又）……，又……

    65.6 并列复句：（也）……，也……

    65.7 并列复句：既……，又／也……

    65.8 并列复句：不是……，而是……

(二) 承接复句

目前理论语法学界在承接复句的认识上还有一定的分歧,但汉语作为第二语言教学语法作为一种规范性语法,对承接复句的界定基本一致(齐沪扬主编,2005:344;施春宏,2011:199—200)。

张利蕊(2018)系统考察了欧美留学生汉语有标记复句的习得顺序,认为承接复句是学习者最后习得的。英语背景学习者有关承接复句的习得偏误主要集中在:(1)不必用关联词语而赘加,如:"*在曼谷,我待过两天,然后我去过泰国的北方。"(2)"先……再……"与"一……,就……"的混淆,如:"*我先念课文,就做练习。"(3)"然后"和"后来"的混淆以及"然后"的位置有误,如:"*我先不想聊天儿,我也害羞一点,但是然后我跟别人成了好朋友。"(4)"先……然后……"中"先"与其他词的混用及位置有误,如:"*先我给他看我的校园,然后请他吃饭。"(5)"再"误代"又"以及误加和错位等,如:"*我先把衣服洗了洗,再自己洗了澡。"(程美珍主编,1997:293—296;张利蕊,2019)。现有的大纲和面向英语背景学习者的基础汉语教材,也普遍将这些偏误点所涉及的承接复句设置为语法点(杨德峰,2018)。因此,我们拟将有关这些偏误的承接复句收入碎片化语法资源库:

66 承接复句

  66.1 承接复句:不用关联词语

  66.2 承接复句:……,再/然后……

  66.3 承接复句:先/首先……,再/然后……

  66.4 承接复句:一……,就……

(三) 递进复句

有关递进复句的第二语言教学和习得研究还较为缺乏,但现有的一些研究成果已经反映出递进复句是汉语作为第二语言学习者的学习难点。梳理已有研究成果中指出的学习者偏误,并结合在全球汉语中介语语料库中的考察结果,我们发现英语背景汉语学习者在基础汉语教学阶段常出现的有关递进复句的偏误主要有以下几类(佟慧君,1986:285—286;程美珍主编,1997:296—301;张利蕊,2019):

一是单用"而且"出现的偏误。(1)误代转折连词"而",如:"*老师讲得很多,而且不管我们是不是能听懂。"(2)"而且"后的分句与前一分句之间在意思上没有更进一步,如:"*我真的喜欢汉语,而且学习汉语。"

二是关于"不但……,而且……"的偏误。(1)误用转折复句的关联词语(却、但是)代替"不但……,而且……",如:"*要想学好汉语,就得多说、多听、多看、多写,这样要认真听课,却要多跟中国朋友交流。""*以前中国交通不发达,出门要步行或骑自行车,浪费时间,但是很累。"(2)"不但"和"而且"后的成分颠倒,如:"*阿里在这次比赛中,不但给我们拿到名次,而且自己取得好成绩。"(3)"而且"后成分不是"不但"后成分意思的更进一步,如:"*他不但会说汉语,而且认识很多中国朋友。"(4)前后分句同一主语时"不但"错放在了主语前,如:"*不但北京的冬天很冷,而且还常常刮风。"(5)前后分句主语不同,却将"不但"放在了前一分句主语后,如:"*谢力不但爱打乒乓球,而且巴里亚也爱打乒乓球。"(6)"不但"后缺少"而且""还"或"也"照应,如:"*马老师不但教我们汉语,教玛丽她们汉语。"(7)误加"不但",如:"*我要去西安,不但我朋友在那儿住,而且西安很多有名的地方。"

三是关于"不仅……,而且/还/也……"的偏误。(1)"而且"后成分不是"不仅"后成分意思的更进一步,如:"*我不仅能吃中国菜,而且要喝中国酒。"(2)"而且"被"而是"误代,如:"*那本书不仅你没看过,而是我也没看过。"(3)"而且"被"而"误代,如:"*抽烟的人不仅影响他自己的健康,而附近的人也会受到影响。"(4)前后分句同一主语时"不仅"错放在了主语前,如:"*不仅他从星期一到星期六工作,而且星期天也工作。"(5)"不仅"与"而且"需搭配使用,却缺少了其中的一项,如:"*这次旅行长了见识,而且锻炼了身体。""*父母不仅把孩子养大,需要对他们进行教育。"(6)后一分句叠用"还"和"也",如:"*现在的汽车不仅方便,还也相当安全。"

四是关于"除了……以外,还/也/都……"的偏误。(1)"除了……以外"后的分句中该用"还"而未用,如:"*除了外国留学生以外,我们学校有中国学生。"(2)"除了……以外"后的分句中该用"也"却用了"还",如:"*除了你们班去长城以外,我们班还去。"(3)"除了……以外"后的分句中该用"都"而未用,如:"*除了她俩学习中国历史以外,别的同学学习中国文学。"

针对英语背景学习者的这些学习难点,考察现有大纲和基础汉语教材中有关递进复句语法点的设置情况,我们在面向英语背景学习者基础汉语教学的碎片化语法资源库中设置以下几个语法点:

  67 递进复句

   67.1 递进复句:不用关联词语

   67.2 递进复句:……,并且……

   67.3 递进复句:不但/不仅/不光……,而且/还/也……

(四)选择复句

张利蕊(2019)的统计结果表明"(是)……,还是……"和"(或者)……,或者……"是欧美留学生使用频率最高的选择复句,而出现的偏误主要是混淆"还是"与"或者",以及把"或者"和"还是"与非选择关系的关联词语错误搭配。程美珍主编(1997:313—315)列出的英语背景学习者在选择复句方面的偏误,主要是集中在"不是……,就是……"这类复句上。现有的大纲和面向英语背景学习者的基础汉语教材也都设置了有关这三类选择复句的语法点。因此,我们拟在面向英语背景学习者的碎片化语法资源库中设立上述有关选择复句的三个语法点。

另外,汉语中选择复句也可以不用关联词语,这是相对于英语选择复句的一个重要特点,我们需要让英语背景学习者了解这一特点,以便

在恰当的语境中进行简练表达,因此也专门设置一个碎片化语法点对此简单说明:

68 选择复句

  68.1 选择复句:不用关联词语

  68.2 选择复句:(是)……,还是……

  68.3 选择复句:或(者)……,或(者)……

  68.4 选择复句:不是……,就是……

(五)转折复句

  已有研究表明英语背景汉语学习者存在过度使用"但是"的现象(张利蕊,2019)。这其中的原因是汉语中转折复句可以不用关联词语,但英语转折复句往往要用"but"等关联词语,英语背景汉语学习者在词典和教科书中看到"但是"的翻译是"but"后,受母语的负迁移就误以为凡转折复句均应使用"但是",从而在母语者不用关联词语的轻度转折句中也用了"但是"。因此,我们有必要专门设置一个碎片化语法点,介绍汉语转折复句不用关联词语的情况。

  已有大纲和面向英语背景学习者的基础汉语教材中都收录的转折复句语法点,主要有"(虽然)……,但(是)/可是……""……,不过……""……X 是 X,就是/不过……"。对于这些语法点,英语背景学习者确实存在着较多的偏误,偏误主要集中在以下几个方面。(1)只用"虽然",后面没有"但(是)"照应,如:"*虽然简单,这是一个很好的办法。"(2)"虽然"后误用"也"来照应,如:"*虽然现在我国家的人有点儿穷他们也非常喜欢买东西。"(3)"但(是)/可是"前后分句之间没有转折关系,如:"*她是哥伦比亚人,但是她也在。""*有很多迷信,但我只要解释一下最有名的。""*他们大部分是外国人,可是中国人也有。"(4)"但"误代了"而",如:"*他不像我,喜欢中国书法,但迷上了中国功夫。"(5)表示因果关系却用了"可是",如:"*每天给它吃的、喝的,可是它没走。"因此,我们将这三种带有关联词语的转折复句也纳入面向英语背景学习者基础汉语教学的碎片化语法资源库。

69 转折复句

    69.1 转折复句：不用关联词语

    69.2 转折复句：虽然……，但(是)/可是……

    69.3 转折复句：……，不过……

    69.4 转折复句：……X是X，就是/不过……

（六）假设复句

根据张利蕊（2019）的统计，"如果……，就……"和"要是……，就……"是欧美留学生使用频率和偏误率最高的假设复句，而出现的偏误主要是"如果"的关联项使用失当。程美珍主编（1997：303—304）列出的英语背景学习者在假设复句方面的偏误，还涉及"如果……，就……"中"就"与主语的位置易颠倒、"要是……，就……"的否定情况易混淆等问题。此外，黄露阳（2009）指出，英语中假设复句均需使用连词，而汉语中假设复句可以不用关联词语，这是汉语假设复句的一个重要特点，受母语的影响，英语背景汉语学习者就出现了一些赘加或误加关联词语的偏误。

上述偏误研究成果表明，"如果……，就……""要是……，就……""……，就……"及不用关联词语的假设复句在英语背景学习者的基础汉语学习中不仅常用，而且常常出现偏误。再结合大纲和教材的考察结果——现有的大纲和面向英语背景学习者的基础汉语教材都设置了有关"（如果/要是）……，就……"的语法点，我们拟在面向英语背景学习者基础汉语教学的碎片化语法资源库中设置以下几个语法点：

70 假设复句

    70.1 假设复句：不用关联词语

    70.2 假设复句：……（的话），就……

    70.3 假设复句：要是……（的话），就……

    70.4 假设复句：如果……（的话），就……

（七）条件复句

条件复句就是以条件为依据推断某种结果的复句，这类复句一般都要成对使用关联词语，常用的关联词语可以分为两类：一是"只"类，如"只要……，就……""只有……，才……"等；二是"无论"类，如"无论（不论，不管）……，也／都……"等。汉语作为第二语言教学研究表明，外国学习者使用这几组关联词语组成的条件复句的频率都比较高，且都较容易出现偏误。我们梳理已有研究成果中指出的偏误，并结合在全球汉语中介语语料库中的考察结果，发现英语背景汉语学习者在基础汉语阶段常出现的有关条件复句的偏误主要有以下几类（程美珍主编，1997：305—311；张利蕊，2019）：

一是关于"只要……，就……"的偏误。（1）条件与结果颠倒，如："*只要学好汉语，就要有决心。"（2）分句的成分残缺，如："*同学们只要努力，就一定学好汉语。"（3）关联词搭配不当，"才"误代了"就"，如："*我们只要一起想办法，这件事才能办好。"

二是关于"只有……，才……"的偏误。（1）遗漏关联词"才"，如："*只有努力学习，学习好中文。"（2）分句的成分残缺，如："*只有坐飞机去，今天晚上才到上海。"（3）关联词搭配不当，"才"被"就"误代，如："*什么事只有下功夫去做，就能成功。"

三是关于"不管／无论……，也／都……"的偏误。（1）"不管／无论"与主语的位置颠倒，如："*冬天不管怎么冷，小王都坚持锻炼。"（2）关联词搭配不当，"也／都"被"但是"误代，如："*不管学习上有什么困难，但是我们应该努力克服。"

现有的大纲和教材在基础汉语教学阶段普遍设置了条件复句的语法点，影响较大的教学参考语法著作，如齐沪扬主编（2005：352）和刘月华、潘文娱、故韡（2019：868）等也专门讲解了条件复句的典型句式及用法。

综合分析大纲、教材中语法点的设置情况和英语背景学习者使用条件复句的情况，我们拟在碎片化语法资源库中设置以下语法点：

71 条件复句
  71.1 条件复句：只要……，就……
  71.2 条件复句：只有……，才……
  71.3 条件复句：不管/无论……，也/都……

（八）因果复句

  因果复句是表达自然界中因果关系的一种重要语言手段。英语中的因果复句分为两种：一种以表示原因为主，原因状语从句通常修饰整个主句；另一种以表示结果为主，结果状语从句通常修饰整个主句。而汉语因果复句只有一种：一个分句表示原因，另一个分句表示结果。梳理已有研究成果指出的学习者偏误，并结合在全球汉语中介语语料库中的考察结果，我们发现英语背景汉语学习者在基础汉语阶段常出现的有关因果复句的偏误主要有以下几类（程美珍主编，1997：315—320；张利蕊，2019）：

  一是搭配不当。因果复句中可以只在一个分句中使用表原因或表结果的关联词语，形成"因为……，……""……，所以……""由于……，……""……，因此……"等格式，但更常见的是表原因和表结果的关联词语成对使用，这种情况下，应该注意搭配的习惯性。通常需要使用固定、合理的搭配格式，若搭配不当，容易出现偏误，如："*父亲因为人生经历丰富，而应对儿女加以纠正。"

  二是关联词语的误用。关联词语的误用主要是因为学生对词义的理解和用法产生了偏差。(1)非因果关联词的误用，学习者常常把因果关系表述为非因果关系，把非因果关系又表述为因果关系，如："*因为我学习努力，但我的成绩不好，差一点没上好高中。"(2)近义因果关联词的误用，如："*因为这个原因，很多人都喜欢他，自然，他结识了很多朋友。"(3)因果关联词语混用，如："*因此在公共场所吸烟会影响旁人的健康，所以我们人类最好不要吸烟。"(4)与形近的非因果关联词语混用。有些因果关联词与表示其他语义关系的关联词语在词形上比较接近，学习者在学习过程中就把两者混淆了,如:"*现在的生活中,我不认识隔壁的人。既然跟他们见了面,也不打招呼。"

三是关联词语的遗漏。由于漏用了必要的关联词语,分句的语义关系就变得不清楚了,如:"*他的鼓励和关怀,我鼓足勇气继续学习了。""*我认为流行歌曲让人开心,可是现在媒体的发展,副作用也不少。"

现有的大纲和教材在基础汉语教学阶段普遍设置了因果复句的语法点,影响较大的教学参考语法著作,如吴勇毅、吴中伟、李劲荣主编(2016:221)和刘月华、潘文娱、故韡(2019:864)等,也专门讲解了因果复句的典型句式及用法。总之,综合分析已有的研究成果、英语学习者的偏误以及现有教材和大纲,我们拟将以下几个语法点纳入碎片化语法资源库:

72 因果复句

72.1 因果复句:不用关联词语

72.2 因果复句:因为/由于……,所以……

72.3 因果复句:由于……,因此……

(九)目的复句

汉语作为第二语言教学大纲从《等级大纲1988》开始便将目的复句作为一类独立的复句。目前有关这类复句教学的研究成果虽不够全面,但也大致揭示了学习者学习这类复句的一些难点。我们在梳理已有研究的基础上,进一步在全球汉语中介语语料库中检索,发现学习者常见的偏误有以下几类:

一是"为了"误代"因为"或"为"。这类偏误在全球汉语中介语语料库出现得较多,228条"为了"的使用偏误中超过一半(119条)都是这类偏误,如:"*我现在在北京学习一切是为了他鼓励我。""*为了快餐的文化,美国人一年比一年胖。"

二是误加"为了"。全球汉语中介语语料库中误加"为了"的偏误有

87条，占到"为了"偏误总量的38.2%，如："*我们有很多习惯，为了环保的习惯和好几个方法，比如说垃圾分类。""*做功课累了，我和男朋友出去为了散步。"

三是"好"与"要"混用。"好"具有"以便于"之义，"好"所在的分句表示说话人希望实现的目的。能愿动词"要"的语义中有"需要""应该"之义，具有警惕、提醒之义，后面的内容往往也是说话人希望的，跟目的复句中的目的分句所表达的意义（希望实现的目标）有相似之处。第二语言学习者分不清两者之间的区别，从而出现了混用，如："*我们考虑吃绿色食品和不挨饿这个问题时候，好注意：用每个人的本领找方法生存。"

四是关联词语的位置不对。两个分句主语一样，关联词语一般应放在主语之后，英语背景的汉语学习者出现了将"为了"放在主语之前的偏误，如："*为了她顺利通过期末考试，她牺牲了很多周末来学习。"（张利蕊，2019）

据张利蕊（2019）统计，欧美汉语学习者最常使用的目的复句主要是"为了……，……"，这种目的复句占到了所出现的全部目的复句的85.1%，这种复句的偏误率也比较高，达14.9%。在我们考察的面向英语背景汉语学习者的基础汉语教材中，普遍只设置了这样一个目的复句的语法点。因此，我们在碎片化语法资源库中只设置这一个。

73 目的复句：为了……，……

（十）紧缩复句

我们通过梳理已有研究成果，并结合在全球汉语中介语语料库中的考察结果，发现英语背景汉语学习者在基础汉语教学阶段常出现的有关紧缩复句的偏误主要有以下几类：

一是关于"一……就……"的偏误。(1)关联词"就"的遗漏，如："*大脑的工作一停止，生命结束了。"(2)关联词"一"与主语的位置颠倒，如："*一我做完练习就去找你打球。"(3)误加其他时间词，如：

"*我一吃过晚饭以后,咱们就一起散步。"

二是关于"越……越……"的偏误。(1)关联词搭配混淆,如:"*你一催她,她越想不起来。"(2)关联词遗漏,如:"*你厉害,我越高兴。"

三是关于"不……不……"的偏误。(1)误加其他关联词,如:"*你尝尝这西瓜,老板说不甜就不要钱。"(2)其他成分残缺,如:"*我一定不到黄河不死。"(3)关联词搭配混淆,如:"*林白霜手里的笔,无知无觉就停下来了。"

四是关于"……也……"的偏误。(1)关联词"也"的遗漏,如:"*我再饿不吃面包。"(2)缺乏必要的前项关联词,如:"*从此以后,那个壶里的水喝也不干。"

此外,无标记紧缩句也是学习者的难点,这样的紧缩句通常没有固定格式,两个分项间没有联结成分,没有停顿,通过意合的方式直接联结。意合方式形成的紧缩句,其紧缩程度更高,使得语义间的联系更加紧密,很好地反映汉语语句的"意合"特征。我们拟将其纳入碎片化语法资源库中。

总之,针对英语背景学习者的学习难点,考察现有大纲和教材中有关紧缩复句语法点的设置情况,我们拟在碎片化语法资源库中设置以下几个有关紧缩复句的语法点:

74 紧缩复句

 74.1 紧缩复句:不用关联词语

 74.2 紧缩复句:一……就……

 74.3 紧缩复句:不……不……

 74.4 紧缩复句:……也……

第二节 碎片化语法点的描述

为了方便教学者的教学和教材编写,我们不仅需要确定哪些语法现象作为碎片化语法点,还应对每个碎片化语法点进行清晰、准确而又简洁的描述。对于语法点的描述，从第三章我们对已有研究成果的梳理结果中可以看出，要从结构、意义和用法三个方面对其描述，以揭示该语法点能够表达什么意义、具有什么表达功能为出发点，进而说明其在什么条件下能够表达这样的意义或发挥这样的功能。要使得学习者具有依据具体情境生成恰当表达的能力，即以实用为原则，以使得学习者获取正确、恰当使用该语法点进行交际能力为最终目的。

对每个语法点的描述，不必面面俱到，应针对学习者的学习特点和难点，这就要求我们在描述语法点时要注重汉语语法与学习者母语（英语）语法的对比，以使得学习者能够明确两者之间的差异，避免简单地移用母语的表达。同时，还要注重语言表达的简明、易懂和准确性，对两者之间相同的部分一笔带过或略去不说，少用语法术语，用简明易懂的语言提示该语法点在运用上的主要特点。描述基础汉语教学阶段的语法点时可以用学习者的母语来解释，并提供一些日常生活中使用频率较高的典型的用例，以帮助学习者理解。

我们在遵循已有研究成果的共识的基础上，广泛参阅当前影响较大的教学参考语法著作和面向英语背景学习者的汉语教材对各个语法点结构、意义及用法的描述，构建"基于表达的碎片化语法描述体系"，来针对英语背景学习者的学习特点和难点尽可能简明而又准确地描述每个碎片化语法点。

我们将分类别、名称、形式、意义、用法五个板块来描述每个语法点。语法点的"类别"是对相同语法功能的语法点进行归类而得出的，分出语法点类别不仅方便教师和学习者从碎片化语法资源库中检索出希望参考的语法点，还可以将同类语法点附带呈现出来，方便教师和学习者加以对比，从而更准确地把握所要参考的语法点。同一类别下的语法点再根据形式、意义和用法的不同，进行二级命名得出"名称"。我们对语法点"形式、意义和用法"的描述，往往是描述它所组合的高一级语法单位，以呈现其用于言语表达时常见的句法结构、表达功能和使用条件等。

另外要说明的是，我们始终坚持"基础汉语教学阶段的语法点应该用学习者母语来描述"的观点，为方便英语背景学习者理解，基础汉语教材对每个碎片化语法讲解应采取中英文对照的方式，但限于篇幅，在此仅展示用中文描述碎片化语法点的结果。

一、描述词缀和词类语法点的方法及示例

（一）描述词缀的方法及示例

首先，通过语法点的命名来反映词缀的主要功能。面向第二语言学习者来讲解词缀，关键是要让学习者明确为什么要用这个词缀（用途）以及怎样用。我们在对词缀类语法点进行命名时尽可能地表明其用途。

词缀往往能够标明其所构成的词的词性，反映出其构词功能。我们收入面向英语背景学习者基础汉语教学的碎片化语法资源库中的几个词缀，如"第-、初-"用于构造序数词，"老-、小-、阿-、-儿、-头、-子、-们、-家、-员、-者"主要用于构造名词性成分，且"-们、-家、-员、-者"主要用于构造称人的名词或代词。因此，我们在给它们命名时，分别将"第-、初-"称作"序数词前缀"，将"老-、小-"称作"名词前缀"，将"-儿、-头、-子"称作"名词后缀"，将"-们"称作"人称代词和称人名词后缀"，将"-家、-员、-者"称作"称人名词后缀"。通过这些名称，学习者便可大致了解这些词缀的功能，有助于把握这些词缀所构造的词语的词性，并明确了为什么使用这些词缀——构造序数词和名词。

其次，描写其形式时，不是单独描述词缀本身是什么，而是尽可能详细说明其会附着在什么样的词根上，即给出每个词缀所出现的语言环境，以帮助学习者不仅能够理解由词缀附着于词根上构造而成的词，还能够生成正确的表达形式。这种做法针对的是汉语作为第二语言教学语法"不仅是分析的语法更是组装的语法"（赵金铭，1994）这一基本特点。

例如：描述词缀"第"和"初"的形式时，我们并不是仅仅展示"第"和"初"的形式，而是具体展示了它跟什么样的词根相结合——"第+

'一'及其以上的整数""初+一/二/三/四/五/六/七/八/九/十",学习者仅根据这样的描述便明确了"第"和"初"所能出现的语境:词缀"第"出现在"一"及其以上的基数词之前、词缀"初"只出现在"一、二、三、四、五、六、七、八、九、十"之前。

再次,在意义描述上,由于词缀主要体现的是语法意义(构词功能),所具有的语义并不能独立用于言语表达,也就是说,其所具有的语义仅是存在于静态的语言层面,而第二语言学习者更关注的是言语表达层面上的意义和规则,要明确在什么场合下表达什么意义时应该用什么样的结构形式。因此,我们在对词缀类语法点命名时尽可能传达出词缀的语法意义,而在意义描述板块则主要描述的是其与词根组合而成的、可用于言语交际的高一级语法单位——词的意义。

例如:对"1.2 序数词前缀:初-"这个语法点的意义,我们的描述为"农历每月前十天的称呼",这实际上是"初一、初二、初三、初四、初五、初六、初七、初八、初九、初十"这些序数词所表达的意义。对"4.1 名词后缀:-儿"这个语法点的意义,我们的描述为:"(1)名词性语素/名词+儿,表示小的事物,或者轻松、亲切地称说某个事物;(2)动词+儿,表示跟动词所表动作相关的某种事物;形容词+儿,表示具有形容词所表性状的某种事物。"其中有非常明确的提示:"名词性语素/名词+儿""动词+儿""形容词+儿",这就更为清晰地表明"意义"板块所描述的是后缀"儿"与前面词根组合而成的词的意义。

最后,在"用法"这一板块,主要描述"形式"板块所呈现的结构的用法,即词缀与词根组合而成的词用于表达所能充当的句法成分及使用条件。

例如:对"1.1 序数词前缀:第-"的用法描述为"可直接放在名词前做定语""'第+整数词+名量词'最常见的用法是做定语""'第+整数词+动量词'最常见的用法是做状语""'第一'往往表示最好或者最优先的"。这些实际上描述的是"第+'一'及其以上的整数"的句法功能、常出现的语言环境以及表达功能。

示例：

语法点类别：1 序数词前缀

语法点名称：1.1 序数词前缀：第-

语法点形式：第＋"一"及其以上的整数

语法点意义：表示某个或某类事物在众多同类事物中构成的序列中的位置。

语法点用法：

①可直接放在名词前做定语，如：第三世界、第二小组。

②最常见的用法是构成"第＋整数词＋名量词/动量词"短语，其中"第＋基数词＋名量词"最常见的用法是做定语，如：第一种方法；"第＋整数词＋动量词"最常见的用法是做状语，如：第一次来上海。

③"第一"往往表示最好或者最优先的，如：第一名、得了第一。

语法点名称：1.2 序数词前缀：初-

语法点形式：初＋一/二/三/四/五/六/七/八/九/十

语法点意义：农历每月前十天的称呼。

语法点用法：功能上等同于时间名词，可以做定语、谓语、主语和宾语，较常见的是做状语，如：我们初一去看望父母。

（二）描述词类语法点的方法及示例

词用来构成短语和句子。从帮助学习者生成表达的角度来看，描述词构成句子以及常见短语的能力和条件更为实用。因此，我们在对词类语法点的形式和用法描述过程中，重点描述的是词构成句子的能力和条件。而有些词更常见的用法是构成某一类短语，如方位词、量词更常见的是构成方位短语、数量短语，对于这些类别的词，我们重点描述其构成短语的能力及所构短语在意义和用法上的特点。

我们首先按照词性对词类语法点进行分类，进而通过命名和展现形式来大致反映出语法点的结构和意义。如"5 表示方位的方位词"下面有两个语法点,分别命名为"5.1 表示方位的单纯方位词:东、西、南、北、左、右、上、下、里、外、前、后"和"5.2 表示方位的复合方位词:东/西/南/北/左/右/上/下/里/外/前/后+边;旁边;中间",从命名中可以看出这两个语法点所包含的内容和所能表达的意义。

然后,再进一步在"形式"板块具体描述这些方位词的功能主要是构成方位短语,以及构成方位短语的具体条件——置于名词之后,并呈现了方位短语的结构特点——单音节方位词(单纯方位词)与名词之间不能加"的"、双音节方位词(复合方位词)与名词之间可以加"的"。复合方位词还可以做定语,做定语一般需要在其与所修饰的名词之间加"的"。

在"意义"板块进一步表明两种形式的方位短语的表达功能,明确表明在什么情况下使用这些形式:当人们要表达某个事物的方位,旁边正好有一个较为明显的参照物,便可用"名词+东/西/南/北/左/右/上/下/里/外/前/后"或"名词(+的)+东边/西边/南边/北边/左边/右边/上边/下边/里边/外边/前边/后边/旁边/中间"的形式来表达,其中的名词表达的是确定方位的参照物。而如果仅是为了表明事物所在的方位,则常常构成复合方位词做定语的结构。

最后,在"用法"板块较为详细地说明了如何才能构成一个方位短语,方位短语的句法功能,目的是使得学习者不仅能够生成一个正确的方位短语,还能够将方位短语恰当地运用到句子当中。

示例:

　　语法点类别:5 表示方位的方位词

　　语法点名称:5.1 表示方位的单纯方位词:东、西、南、北、左、右、上、下、里、外、前、后

　　语法点形式:

　　　(1)名词+东/西/南/北/左/右/上/下/里/外/前/后

　　　(2)东/西/南/北/左/右/上/下/里/外/前/后+名词

语法点意义：
(1) 以名词所表物体为参照来确定事物所处的具体方位。
(2) 以方位限定指称的对象。

语法点用法：
(1) 无论是单音节方位词还是双音节方位词都属于名词性词语，具备普通名词所具有的功能。方位词做主语构成的是一种特殊句式——存现句，见语法点 51.3、51.4、51.5。
(2) 单音节方位词最常见的功能是直接接在名词后面构成方位短语，前面的名词作为参照物，后面的方位词来说明具体方位。如：桌子上、树下、房间里、门外、楼前、门后。
(3) 单音节方位词做定语构成的偏正短语不自由，类似一个合成词，一般做主语、宾语。如：东城、西房、前门、后院、外屋。

语法点名称：5.2 表示方位的复合方位词：东／西／南／北／左／右／上／下／里／外／前／后＋边；旁边；中间

语法点形式：
(1) 名词（＋的）＋东边／西边／南边／北边／左边／右边／上边／下边／里边／外边／前边／后边／旁边／中间
(2) 东边／西边／南边／北边／左边／右边／上边／下边／里边／外边／前边／后边／旁边／中间＋的＋名词

语法点意义：
(1) 以名词所表物体为参照物来确定事物所处的具体方位。
(2) 表明名词所表物体所在的方位。

语法点用法：
(1) 双音节方位词放在名词后，两者中间可以加"的"，加了"的"有突出后面的方位词的作用。如：桌子上边、书包里边、教学楼的前边、图书馆的南边。
(2) 双音节方位词做定语与所修饰的名词之间加上"的"，方位词表明名词所表事物的方位。如：东边的书店、里边的桌子。

二、描述短语类语法点的方法及示例

相对于语素和词，短语的结构较为复杂。该类语法点的内部结构、组成成分与短语整体意义之间的关系，以及外部功能（充当的句子成分及其使用条件）等都有可能成为第二语言学习者的学习难点。短语的学习已经不能像学习语素、词那样逐个记忆，而是要抽象出其中的规则，依据规则的扩展性和类推性来成类学习。同类的短语自然在结构、意义和用法上有大量的相同之处。因此，我们在语法格局中首先对短语做了结构分类——主谓短语、偏正短语、动宾短语、动/形补短语、联合短语、介宾短语、数量短语、方位短语、复指短语、"的"字短语、连动短语、兼语短语，又对短语做了功能分类——名词性短语、动词性短语、形容词性短语。

为了能够帮助学习者借助语法格局奠定的基础来学习碎片化语法点，同时使得描述的碎片化语法点能够连缀到语法格局中，丰富、细化和深化通过语法格局学习到的相关知识，我们给短语类语法点分类和命名时，尽量表明其属于格局中所说的哪一类短语或由哪一类短语构成的。

由于汉语短语的构造原则与句子的构造原则基本一致，而句子是最基本的表达单位，因此，我们更为注重的是：某类短语用于句子当中是基于什么样的表达需求，以及如何用于句子当中（需满足的条件）。在这样的理念下，大量的短语类语法点实际上可以与句子成分类合二为一，如"表示方位的方位短语"主要放在了"51 特殊主语"中加以描述，"连动短语"和"兼语短语"主要放在了"52 特殊谓语"中加以描述。真正作为短语类语法点的主要是一些用法相对特殊、较为复杂、用于句子当中并没有形成较为固定句式的语法点。

第二语言学习者能够根据交际的需求生成恰当的表达形式，自然是能够理解其所使用的表达形式。出于方便学习者生成正确结构或表达的考虑，我们在描述存在变项的短语时，在对其形式描述上尽可能明确交待其中变项的性质或特点。例如，常见的大纲、教学参考语法著作和教材中呈现的"又……又……""不……不……"这两个联合结构，在形式上没有反映出结构中变项是什么性质的成分。既然两个"又"和两个"不"后面能够出现的成分呈现出明显的规律——两个"又"后面可以出现动词性或形容词性词语、两个"不"后面以单音节形容词为典型成分，那么在形式描述时就不如直接明确指出。因此，我们对这两个语法点的形式分别描述为"又+动词性/形容词性词语+又+动词性/形容词性词语""不+单音节形容词+不+单音节形容词"。学习者通过形式可以首先掌握这两个结构中成分的性质，再进而阅读"用法"板块对两个变项之间语义关系的描述，也就不难生成正确的结构了。

由上可见，我们描述语法点时，不在任何一个板块传达无用信息，而是尽可能地做到信息的足量，从而分担了"用法"板块的负担，力求内容的精炼准确。如果按照传统的描述方法，依然采用"又……又……""不……不……"这样的形式来描述这两个语法点，那最终还是要在"用法"板块来说明其中的变项往往是动词性或形容词性词语、单音节形容词等信息。内容的描述全部集中在"用法"板块，会给学习者一种该语法点较为复杂的感觉。

示例：

　　语法点类别：48 介宾短语组成的常用格式

　　语法点名称：48.1 从+时间词语+起

　　语法点形式：从+时间词语+起

　　语法点意义：表示从某个时间点开始发生新情况。

　　语法点用法：

　　(1) "起"可以替换为"开始"。

　　(2) 当要表示从某个时间点开始，主语所表人物从事某件事情或发生新情况时，便可用"从+时间词语+起/开始"做状语。

(3)做状语时,可以放在句首,书面上用逗号与后面表示事情的句子隔开,如:"从明天起/开始,我要努力学习了。"也可以放在主语与谓语之间,如:"他从去年起/开始身体就一直不好。"

语法点名称:48.2 对/对于+表人词语+来说

语法点形式:对/对于+表人词语+来说

语法点意义:表示从某(类)人的角度来看问题。

语法点用法:如果要表达从某(类)人的角度看待某个问题而得出的结论,就可以把"对/对于+表人词语+来说"放在句首,表明是从谁的角度看问题,后面的语句陈述结论。书面上,"对/对于+表人词语+来说"后常常用逗号与表达结论的内容隔开。如:"对/对于英国留学生来说,汉语拼音并不难。"

三、描述句子成分类语法点的方法及示例

描述句子成分离不开特定句子,实际上描述的是特殊结构的句子,因此在"形式"板块呈现的多是具体的句式。如在"51 特殊主语"这一类别的语法点下,有"51.1 量词重叠式做主语""51.2 数量短语和数量名短语做主语""51.3 方位词或方位短语以及处所词语做主语('有'字存现句):处所+有(+数量短语)+存在物"等。

量词重叠式、数量短语、数量名短语、方位词、方位短语以及处所词语做主语,这些都是汉语相对于英语的特殊语法现象。它们构成的句子在形式、意义和用法上也有特殊之处,只有将这些特殊之处揭示出来,学习者才能构造出正确的句子、明确其表达功能并进而恰当地运用于言语交际之中。否则,只是了解汉语中量词重叠式、数量短语、数量名短语、方位词、方位短语以及处所词语有做主语的功能,这对于第二语言学习者来说并没有多大意义。有鉴于此,我们在描述句子成分类语法点的形式时,列出的是具体的句式,描述的意义和用法也是该句式的意义和用法。

示例：
  语法点类别：51 特殊主语
  语法点名称：51.1 量词重叠式做主语
  语法点形式：
  （1）量词重叠式 + 都 + 动词性词语
  （2）量词重叠式 + 都 + 形容词性词语
  语法点意义：量词重叠式做主语，表示量词在语境中所联系的事物全部进行某个动作行为或具有某种性状。
  语法点用法：量词重叠式做主语是将量词在语境中所联系的事物全部作为陈述对象，整个句子用于强调量词所代表的事物无例外地进行某个动作行为或具有某种性状，往往用"都"做状语。如："次次都迟到。""个个都又大又圆。"

  在句式的形式描述上，已有大纲、教学参考语法著作和教材更关注的是各个句子成分的位置分布，如将"把"字句描述为"S+ 把 +O+V+其他成分"或者"主语 + 把 + 宾语 + 动词 + 结果补语 / 趋向补语 / 情态补语"。我们则立足服务表达，突破这种模式，力求做到使得学习者不仅明确句中每个成分的语法性质，而且能够清楚地看到每个成分所表达的意义。因此，我们将基础汉语教学阶段所需讲解的三类"把"字句的结构分别描述为："S（动作发出者）+ '把' +O（动作对象）+ 处置性动作（转移类动词）+ 在 / 到 + 处所（O 的位置变化结果）""S（动作发出者）+ '把' +O（动作对象）+ 处置性动作（给予类动词）(+ 给)+O 的接收者""S（动作发出者）+ '把' +O（动作对象）+ 处置性动作 + 趋向或状态变化结果"。

四、描述单句类语法点的方法及示例

  单句是最基本的表述单位。基于表达的需要，第二语言学习者在这个层面首先关注的是不同类型的句子所具有的独特表达功能，进而选词造句。因此，对于单句的描述需要重点关注其表达功能及其与相关句式的差异。例如，汉语的疑问句与英语的疑问句在结构上相差较大，是需要特别详加描述的一类句子。汉语疑问句有多种类型，功能都是用来提问，然而各个类型之间都还有或多或少的差别，如有些是不知情况而咨询，有些是有所怀疑而确认，有些是无疑而问，我们需以展现各类疑问句的形式、意义和用法差异为重点。

示例：

　　语法点类别：63 疑问句

　　语法点名称：63.1 是非疑问句

　　语法点形式：陈述句型 + 疑问语调

　　语法点意义：向听话人确认句中陈述的信息是否真实。

　　语法点用法：当说话人不了解某个事件是否发生或某种情况是否正确，希望得到确认时，就可以直接在陈述事件或情况的陈述句后加上疑问语调（升调）构成这种疑问句式，来向听话人提问。说话人提问时往往对事件的发生和情况的正确性持有怀疑态度。如："你去北京？""你是英国人？""她很漂亮？"

　　语法点名称：63.2 是非疑问句：陈述句型 + 语气助词"吗"

　　语法点形式：

　　　　(1) 肯定式的陈述句型 + 吗？

　　　　(2) 否定式的陈述句型 + 吗？

　　语法点意义：

　　　　(1) 因为心中有疑而提问。

　　　　(2) 为了排除怀疑而提问。

　　语法点用法：

　　　　(1) 用"肯定式的陈述句型 + 吗？"提问时，如果问话人对答案没有预设，那么提问是中性的，目的是寻求需要的信息；如果问话人对答案有预设，提问时往往表示怀疑，目的在于消除心中的疑问。

例如：

　　A：请问您有时间吗？

　　B：有，什么事？

　　A：假期有什么打算？

　　B：先预习预习下学期的课程，然后多弹弹琴。写写画画也少不了。对了，还要多学几道菜！

　　A：那你还有时间玩儿吗？

　　B：我也不知道。

（2）用"否定式的陈述句型＋吗？"提问时，问话人预设着肯定的答案，提问多是为了澄清怀疑，请听话人加以确认。如："今天星期三，你不是有课吗？""你脸色不太好，昨天晚上没睡好吗？"

五、描述复句类语法点的方法及示例

　　如果想构造出一个正确的、满足交际需求的复句，首先是要具有生成各种类型单句的能力，然后要明确两个或以上单句之间的语义关系，以及这些单句连接起来是否能够将自己的意思表达清楚。在此基础上，还要进一步判断出这些单句连接成复句是否需要关联词语以及使用什么样的关联词语。也就是说，还要明确什么情况下必须使用关联词语，而什么情况下不必使用关联词语；如果使用关联词语，则需要使用哪些关联词语，这些关联词语的位置应该放在哪儿（李晓琪，1991）。另外，还要注意的是：如果前后分句的主语相同，一般情况下，其中一个分句将省去主语。这些信息便是我们在描述复句类语法点时必须提供给教师和学习者的。

示例：

　　语法点类别：65 并列复句

　　语法点名称：65.1 并列复句：不用关联词语

　　语法点形式：……，……。

　　语法点意义：各分句表示并存或对立的几种情况。

语法点用法：各分句所表示的情况之间存在明显的并存或对立关系，不用关联词也不会误解为其他关系，则可构成不用关联词语的并列复句。如："我们每天复习生词，写汉字，做练习。""我喜欢看电视，弟弟喜欢打球。"

语法点名称：65.2 并列复句：一边……，一边……

语法点形式：一边……，一边……

语法点意义：表示不同的动作行为伴随或交替进行。

语法点用法：

(1)"一边"后只能跟动词或动词性短语，表示两种以上的动作同时进行。如："孩子们一边唱歌，一边跳舞。"

(2)"一边"只能用在主语后边，不能用在主语前边。如："*一边我上班，一边准备考试。"

(3)否定副词、能愿动词要放在"一边"的前边。如："你别一边开车一边打电话。"

(4)当两个分句的主语相同时，"一边"要放在主语之后，第二个分句主语通常省略。如："我一边上班，一边准备考试。"

(5)"一边……，一边……"也可以有两个不同的主语，表示主语1做的动作1与主语2做的动作2同时进行。如："老师一边弹钢琴，孩子们一边唱歌。"

第三节　碎片化语法点慕课教学课件的整理和设计

选取和描述碎片化语法点，主要考虑的是学习者的学习难点，要把学习者不易把握的语法现象选出来在教学和教材中加以讲解。而提供碎片化语法点慕课教学课件，则更多地是为教师的教学提供方便。当然，我们进行课件整理和制作的过程也是检验和进一步打磨语法点描述结果的过程。

一、碎片化语法教学课件的作用

有些语法点虽是学习者的学习难点,但本身并不是很复杂,只要描述清楚,教师还是能够比较清楚地知道该怎么讲练的。有些语法点则比较复杂,或内含多个小类,如"把"字句、"被"字句、比较句、存现句等;或意义和用法多样,如"就"和"才"都可以用于表示范围、时间、关联、语气,"还"可以用于表示程度、时间、关联;或与相关语法点的意义和用法有交叉,需要辨析,如"能、会、可以"意义和用法都有某些相似之处,很容易混淆。对于这些语法点,教师并不能轻而易举地搞清楚并设计教学活动,尤其对新教师来说,迫切需要相关的参考资料或得到一定的指导。

正是基于上述认识,学界一些长期从事汉语作为第二语言语法教学的专家、学者和教师便编制了一些教学设计。随着教育技术的发展,近些年来汉语作为第二语言语法教学的多媒体课件也越来越多,这就更加方便了教师的教学,优质课件的开发也成为了汉语作为第二语言语法教学研究的一个重要着力点。"课件运用于汉语语法教学的最大长处是使抽象、虚渺的规则和意义关系形象具体,可及度高、可感性强,能够将抽象概括的规则借助形象具体的图示或情景印记到脑海中;有利于语句的大量展示,从而有效地促进规则的类推、概括和归纳,认知类别和关系,在众多事物中探寻共有特点与个性,强化认知理据;由于内容丰富,信息量大,可促使学生加速反映,激活知识,加量运用,从而更好地促进语言的习惯性和思维的自动化。"(卢福波主编,2016:Ⅷ)

二、碎片化语法教学课件的收集和增补

我们广泛收集已公开出版的汉语作为第二语言语法教学课件,共得到117个。这些课件主要有以下三个来源:一是卢福波主编的《汉语语法点教学案例研究——多媒体课件设计运用》(2016),共有52个课件;二

是北京语言大学汉语学院初级综合教研室录制的《初级汉语语法点微课62讲》(2022)，共有62个课件；三是国际汉语课堂教学研究课题组编的《国际汉语课堂教学参考案例·初级综合课》(2016)，有3个课件。这些课件中，有91个与我们所构建的碎片化语法资源库中的语法点相对应。

初步分析我们收集到的这些课件，不难发现几乎都不是专门服务于面向英语背景成人汉语教学的，绝大多数课件的设计者都只是概括地表明服务于面向外国人的汉语教学。但是，已有的课件至少为我们确定到底应该为教学者尤其是新手教师提供哪些语法点的课件奠定了基础。

除此之外，我们还远程访谈了20名在美国和英国从事汉语教学的教师(包括英语为第一语言的本土教师8名，汉语为第一语言的教师12名)，征询他们对我们所收集到的课件的修改意见，以及确定是否还需要增补一些课件和应该增补哪些语法点的课件。具体的过程是：

首先，请他们简单分析一下我们收集到的课件，尽可能详细地谈一谈，哪些课件是面向英语背景学习者基础汉语教学应该提供的，这些课件如何进一步修改会更具面向英语背景学习者汉语教学的针对性。

然后，将我们构建的碎片化语法资源库中的所有语法点展示给他们，请他们确定其中的哪些语法点需要做出教学课件，以及做这些语法点的教学课件需要注意的问题。

在访谈结果的基础上，结合我们团队的教学经验，我们最终确定在收集到的课件的基础上制作64个课件，新增自己设计的20个课件，共计84个课件。

三、碎片化语法教学课件的整理、修改和完善

(一)整理、修改和完善的过程

由于我们收集到的课件来源于不同的作者，就会出现同一个语法点有多个课件的现象，如卢福波主编(2016)和北京语言大学汉语学院初级综合教研室(2022)中都制作了"语气副词'就'和'才'""动态助词

'过'""能愿动词'想'和'要'""递进复句：不但……而且……"等语法点的教学课件。我们将相同语法点的已有课件进行对照，融合两者的优点作为进一步修改的基础。

我们还将一些表达功能有交叉、学习者易混淆的语法点放在一起对比，进而将已有的两个课件合并为一个。例如：英语背景学习者常常出现将"只要……，就……"与"只有……，才……"混淆的偏误（刘振平，2014b：158—159；张利蕊，2019），主要是因为搞不清楚"只要"和"只有"之间的区别，以及"只要"与"就"搭配而"只有"是跟"才"搭配，这就有必要对比这两组关联词语。然而，我们收集到的课件是分别对这两组关联词语进行教学设计的，于是我们将收集到的两个课件合并成一个课件，命名为：73.1—2 条件复句："只要……，就……"与"只有……，才……"。

同时，同样是为了加强易混淆语法点的对比，我们在针对一个语法点设计的已有课件中，增加另一个与其表达功能有交叉、学习者易混淆的语法点，并将两个语法点的结构、意义和用法加以对比。例如：我们收集到了因果复句"因为……，所以……"的课件，但是没有见到"为了……，……"的课件，而"为了……，……"不仅可以构成目的复句，还可以构成因果复句，在表达功能上与"因为……，所以……"有交叉。我们就在已有的"因为……，所以……"教学课件里加上了"为了……，……"的教学内容。

最后，也是最为关键的，如何对这些课件的内容加以修改和完善，使其更具面向英语背景学习者基础汉语教学的针对性。我们坚持从学习者需求出发，充分利用学习者已有的母语语法基础，加强汉英语法对比，突出汉语语法特点，针对英语背景学习者的语法学习特点和难点，参考访谈得到的建议，结合我们团队多年来的教学经验，修改和完善在已有课件基础上整理出来的 64 个课件，并独立设计需要增补的 20 个课件。

为了进一步检验这些课件用于教学中的效果，课件制作完成后，课题组成员将其用于 2022 年（两个学期）的教学实践中，根据教学中发现的问题做进一步修改。最终将这 84 个课件纳入了面向英语背景学习者基础汉语教学的碎片化语法资源库，并在其对应的语法点后建立链接。资源库的使用者搜索某个语法点后，不仅能够看到该语法点的描述，也能看到这个语法点是否配有慕课教学课件，如果需要参考课件则可进一步点击链接进行浏览。

（二）内容修改的示例

为了表明我们在修改已有课件的过程中，不断朝着使其更能满足英语背景学习者基础汉语教学需求的方向努力，下面以"10.1 动宾式离合词"这个课件为例，说明我们修改中所注重的一些问题。

一是以英语背景学习者的偏误情况为导向，确定课件中需要增加的内容和需要进一步强化练习的方面。

我们检索全球汉语中介语语料库发现，英语背景学习者在汉语离合词的学习中会出现以下偏误：(1) 离合词带动态助词"着、了、过"，如"*昨天他跳舞了一个小时。""*我们见面过。"等；(2) 离合词带宾语，如"*聊天儿朋友""*见面同学""*打针我"等。对于第一种偏误，原有课件中没有特别指出"离合词后一般不能带动态助词"这一特点，更没有设计相关的练习题来强化这一点；对于第二种偏误，虽然原有课件中有这方面的讲解，但是没有设计相关的练习题。为了加强对英语背景学习者的针对性，我们在对这两种偏误加以分析的基础上，分项对比了汉语离合词与英语相关表达的对应关系，并进而列出不同对应关系造成的偏误，引导学习者深入了解偏误的原因，并设计改错练习来强化他们的认识。

二是针对基础汉语教学阶段学习者汉字量不足的状况，接受已有研究成果的基本共识和基础汉语教材的一般做法，适当利用学习者的母语（英语）来解释语法点及一些生词较多的例句，并加注汉语拼音，以帮助学习者更好地理解语法点，增加其在汉语学习初始阶段的"安全感"，一定程度上消除其学习过程中的畏难情绪。

三是精心挑选例句。尽力做到例句在英美人生活中具有常用性、典型性，并控制例句中词语的等级，一般情况下使用《等级标准2021》初等词汇大纲中的词语和初等语法大纲中的例句。同时，例句中的人名、地名、场景以及所讲述的事件都以英美国家学习者所熟知的为主。

四是注重成人学习者抽象思维能力强、注重类推等认知特点。我们对语法的讲解更加偏重逻辑，有意识地引导学习者对知识点进行总结和归纳。例如：在展示例句"她们聊了四个小时的天儿。""她游了一个小时的泳。"等之后，我们引导学习者归纳语法格式——"S+V+表示时段的名量短语(+的)+N"，把具体例子抽象化，让学习者可以借助公式进行类推性学习，提高学习的效率。

五是课件增加了大量图片来帮助学习者理解例句。原有图片也均换成英美国家学习者所熟知的人、物或场景，为学习者营造轻松熟悉的氛围，增强亲切感。

六是以情景式练习和活动为主。我们按照"机械练习—半机械半交际化练习—交际化练习"的顺序设计练习题。练习和活动所展现的是英美国家学习者熟悉的生活、学习、工作场景，便其更快进入情境，在情境中学习。活动设计充分考虑英美国家学习者的性格特点，增强交际互动性。

七是增加课后作业。原课件没有设置课后作业，不利于学习者课后进一步操练和巩固本节课所学知识。因此，我们增加了课后作业，并明确要求学习者要运用所学的语法格式，以使得学习者做到即学即用、学用结合。

第七章

结　语

　　梳理第二语言教学法的发展历史，我们不难看出，语法曾长期作为第二语言教学的核心内容，20世纪出现的一些教学法将语法教学抛弃或边缘化，但是随后开展的大量的教学实验又较为充分地证明了语法教学在第二语言教学中的重要性。汉语作为第二语言教学则历来都重视语法教学，学者们普遍认为，一些西方学者依据印欧语的教学实践和实验得出的不必进行显性语法教学的结论并不适用于汉语教学，汉语有其自身的特点，汉语教学法也应有别于西方语言的教学法，在汉语作为第二语言教学中应通过语法教学解决学习者语言学习中遇到的语法问题，帮助学习者在最短的时间内掌握汉语语法规则，习得并重构一套新的语法系统（汉语语法系统），形成一个比较纯熟的汉语语法感，进而正确有效地使用这些规则，理解和生成语言结构。

　　汉语作为第二语言教学中开展语法教学，首先要明确的是教学哪些内容、这些内容如何编排以及如何进行教学设计等问题。其中，教学哪些内容以及如何编排内容，属于教学语法研究的范畴，也是本课题研究的重点。

第一节　发现问题并确定研究目标

　　在如何编排教学语法内容方面，目前的基本做法是：(1)把汉语语法框架中的基本语法点都安排在基础汉语教学阶段，希望学习者在头脑中尽快构建起汉语语法的基本系统；(2)将教学语法体系中的语法事实和语法规律切分成一个一个具体的语法点,一课安排几个语法点,秉持由易到难、循序渐进的原则编排语法点的顺序,围绕语法点编写课文内容。

这种做法的直接来源可追溯到1958年出版的《汉语教科书》。这是新中国成立后正式出版的第一部对外汉语教材。其后,学界一直参考这本教材来编写汉语作为第二语言教材,该教材编排语法点的模式也就被延续下来。然而,随着研究的深入,一些学者逐渐发现采取这种语法编排模式,有两个难以解决的瓶颈问题:(1)语法点的难易顺序难以确定,由于学界一直没能在语法点难易度的判断标准上达成共识,也就一直没能研制出一个被普遍接受的、终极合理的语法点难易顺序,而且从目前人类对认知过程的认识水平来看,短期内想解决这个问题尚属不易;(2)由于课文要配合语法点的出现,内容上很难做到独立性,往往不够生动活泼,语言也不够自然,难以满足学习者交际的需要。

针对当前汉语作为第二语言教学语法编排模式存在的上述两个瓶颈问题,我们主张采取"格局+碎片化"语法编排模式。所谓"格局"就是一个在与学习者母语对比基础上尽显汉语语法特点的、符合外国人学习汉语语法认知过程的、服务于汉语作为第二语言教学的、简约的汉语语法框架。所谓"碎片化"就是依据交际需要选取语料所编写的课文中包含的、需要显性教学的一个个语法点。

语法格局需呈现于语法教学的起始阶段,可以用学习者的母语进行介绍,一般安排在课文学习前的一课或几课学完。随后就可以根据交际需求编写课文,这样就不必强求按照由易到难的原则来安排课文中语法点的出现顺序,也避免了语言不够生动、自然的弊端。

为使得"格局+碎片化"语法编排思路落实到教学和教材编写实践中,首要的工作是构建一个适用于初学者的汉语"语法格局"和一个支撑该格局的"碎片化语法"资源库。由于汉语学习者的语言背景不同,语法学习的难点也会不尽相同,因此适用于不同语言背景学习者的汉语语法格局和碎片化语法也不可能完全相同。为了使得研究成果能够有针对性地用于教学，本课题把构建一个面向英语背景学习者（默认为初学汉语的成人）的汉语作为第二语言教学语法格局和一个支撑该格局的碎片化语法资源库，作为最终的研究目标。

第二节 梳理和分析已有成果从中获取启示

构建面向英语背景学习者的汉语"语法格局"和"碎片化语法资源库"需要有以下几方面的信息作为基础：汉语作为第二语言教学中需要教学的语法内容、汉语作为第二语言教学语法的基本框架、英语背景学习者汉语语法学习的特点和难点、满足基本生活交际语料中出现的语法点、选取语法点的原则和方法、描述语法点的原则和方法，等等。为了从已有的教学实践成果和相关研究中获取语法格局和碎片化语法资源库建设的相关信息，我们依次做了以下三项工作：

第一项，分析各个时期的代表性汉语作为第二语言教材，梳理其中教学语法体系和语法编排方式的发展变化，为提高教学语法点选择和描述的科学性、针对性奠定基础，为"格局+碎片化"的语法编排思路提供历史和现实依据。

目前见到的最早以语法为主要内容的汉语教材是意大利传教士卫匡国于1653年写成的《中国文法》。随后，又有西班牙传教士瓦罗于1682年写成的《华语官话语法》、法国传教士马若瑟于1728年写成的《汉语札记》，等等。虽然17、18世纪汉语作为第二语言教材迭出，其中的语法内容也不断发生变化，但基本上都是以拉丁语语法框架为基础来构建汉语教学语法体系。梳理这些教材所编写的语法内容，让我们对西方人汉语学习中比较关注哪些语法点、哪些语法点是其学习难点（教材中未正确阐述的内容）以及他们的汉语学习特点（注重语法对比、借助母语语法术语）等有了较深入的了解。

进入19世纪后，来华外交官、商人和汉学家也加入了汉语教材的编写队伍之中。教材编写者普遍以本民族语言的教学语法框架为基础来构建汉语作为第二语言教学语法体系，出现了大量以英语教学语法框架为基础构建汉语语法体系的、面向英语背景学习者的汉语教材。这些教材为我们了解面向英语背景学习者的汉语教学语法内容、学习特点和难点等提供了丰富的材料。另外，19世纪中期以后，越来越多的教材开始围绕语法点编写课文，教材体例与当今汉语综合教材已经基本一致，这为我们认识"分课编排语法点、课文围绕语法点来编写"这种语法编排模式的优缺点提供了素材。

1948年赵元任出版了《国语入门》，这是一部影响较大的、面向英语背景学习者的基础汉语教材。新中国成立后出版的第一部对外汉语教材——《汉语教科书》(1958)深受其影响，而《汉语教科书》又成为了之后汉语作为第二语言教材编写的基础，因此这部教材也可谓当今汉语教材的奠基之作。梳理《国语入门》和《汉语教科书》中的语法内容及其编排方式，进而将其与之前以及当今的汉语作为第二语言教材进行对比，为我们深入认识汉语作为第二语言教学语法体系的发展变化，进而分析其中的原因以明晰何为汉语作为第二语言教学语法内容选取和编排的合理内核，奠定了扎实的基础。

梳理汉语作为第二语言教学语法体系构建和编排的发展历史，我们在构建语法格局和碎片化语法资源库方面得到了以下几点认识：(1)语序和虚词在汉语语法中的重要性应在汉语作为第二语言教学中得到凸显。(2)为了使教学语法内容更有针对性，我们应分别面向不同语言背景的学习者考量教学语法内容的选择问题。(3)进行语言对比，将汉语与学习者母语对比而表现出来的特点作为汉语作为第二语言教学语法的重点内容。(4)"格""数""级""时态"等语法范畴在汉语中的表达方式是学习者普遍关注的，需要作为汉语作为第二语言教学语法内容。(5)语法点描述时，可以直接借用学习者母语语法的一些术语，不必对术语做过多的解释。(6)汉语词法不能反映句法，因此在汉语作为第二语言教学中不能沿袭西方语言教学重词法、轻句法的传统，应构建词法、句法并重的汉语作为第二语言教学语法体系。(7) 并不是每部教材构建的语法体系中都出现了"语素""词组""复句"这些语法单位，因此构建汉语作为第二语言教学语法框架时到底要不要设立这三个层级，以及是否从语素入手开展语法教学，还需进一步讨论。(8) 单纯呈现语法知识的编排方式已不被人们所接受，语言教学中不应大讲特讲语法，而应以语言材料（课文）的学习为主，而到底要学习哪些语法内容应依据日常交际的需求来选择。(9)《语言自迩集——19世纪中期的北京话》和《国语入门》中已有"格局+碎片化"语法编排理念的萌芽，启发我们有必要进一步探讨"先介绍语法的轮廓，再随文教学具体语法点"编排思路的合理性。

第二项，分析截至目前出台的、含有基础汉语教学语法点的9个汉语作为第二语言教学语法大纲，梳理它们的内容及其发展变化情况，从中了解各个大纲所构建的语法框架，了解哪些语法点是公认的教学语法内容、哪些语法点作为教学语法内容还存在争议等。通过分析这些语法大纲，我们得到了以下几点认识：(1) 词、词组（短语）和句子（单句和复句）是各个大纲所构建语法框架中都有的语法单位。(2) 各个大纲都认识到了汉语词类的一些特殊性，基本上做到了依据汉语的特点来构建词类系统。(3) 各个大纲都非常重视汉语与印欧语对比而体现出来的一些语法特点。(4) 各个大纲都以结构主义语法学的层次分析法来分析句子，根据位置来判定句子成分。(5) 在基础汉语教学阶段展现汉语语法的基本框架是多数等级大纲的主张。(6) 各个大纲在以下问题上还存在分歧：是否有必要将大量的语素作为语法点？句群（语段）和篇章应不应该作为教学语法内容？语法点选择、分级的标准是什么？如何描述语法点才能满足教学的需要？

第三项，系统梳理和分析有关选择、描述和编排语法点的研究成果，一方面较为全面地把握了已有研究所取得的成绩和存在的不足，明确了学界的一些共识和分歧；另一方面进一步了解了当前教学、教材和大纲在语法点选择、描述和编排上的一些具体问题。

从整体上来看，有关语法点选择、描述和编排的已有研究都主要是以如何做到由易到难、循序渐进地分课编排语法点为出发点。汉语作为第二语言教学语法的基本内容有哪些、基础阶段到底应该教学哪些，以及哪些语法点对于学习者来说容易学、哪些较难，哪些语法点在前、哪些在后等，是汉语作为第二语言教学语法领域集中探讨的核心问题。对于这些问题，学界的一些共识是：(1)教学语法内容的选择应以培养学习者基本的汉语交际能力为目标。能够体现汉语语法特点的、常用的、语法系统中最基本的、能体现语法系统整体特征且为学习者学习难点的语法点，应是汉语作为第二语言教学语法的基本内容。(2)教学语法点的描述，应以实用为原则，要以培养学习者的交际能力为出发点，不仅要描写其结构，还要注重说明其意义和用法。应注重学习者的特点和学习难点，注重与学习者母语的对比，突出汉语语法特点，使用简明、易懂和准确的语言和直观形象的手段。基础汉语教学中可用学习者的母语来解释语法点，从意义表达出发来描写语法内容，少用语法术语，并提供一些典型用例。(3)基础汉语教学阶段要完成基本语法内容的教学，使得学习者掌握汉语语法的基本框架；应遵循由易到难、循序渐进的基本原则来编排语法点的顺序；要注重语法点的使用频率，常用、急用的优先编排；对复杂语法点应进行切分，分散编排于不同课当中；初级汉语教学阶段编排的语法点通常在64—210个之间，每课编排的语法点在3个左右。

争论的焦点是：语素、句群（语段）或篇章是否应该作为教学语法内容，汉语作为第二语言教学语法体系到底以哪个句法单位为核心、哪种语法理论为理论基础，以及采用什么样的标准来判断语法点的难易度。

已有研究揭示出当前大纲和教材在汉语作为第二语言教学语法内容选择和描述上存在以下几个主要的问题：(1)如何选择语法点的理论研究不足，主要靠教学经验选择语法点，过于追求语法知识的系统性，求全求细,将一些不必要的语法现象纳入教学中。(2)语法点的描述上,汉语与外语的对比意识不足,对意义和用法重视不够,对语法术语的使用和讲解过多,对一些语法点尤其是虚词的意义和用法的描述还不够准确。(3)每课编排几个语法点,课文围绕语法点的教学来编写,造成课文出现了内容不够生动活泼、语言不够流畅自然的问题。(4)基础汉语教学阶段所选择的有些语法点不够典型、所配的有些例句交际性不强。(5)尚未建立起一套科学的、比较完善的语法项目排列系统。

以上三项工作的完成,使得我们更加清楚地认识到了当前汉语作为第二语言教学语法编排模式所存在的瓶颈问题,也为我们构建汉语语法格局和建设碎片化语法资源库增强了自信心和紧迫感。

第三节 深掘"格局+碎片化"语法编排思路的理据

"格局+碎片化"语法编排思路的提出,主要是为了解决当前汉语作为第二语言教学中课文语言受语法编排束缚而出现的实用性、交际性、灵活性和趣味性等不足的问题。其合理性以及相对于当前汉语作为第二语言教学语法编排模式的优越性,仍需进一步论证。因此,本课题在完成上述三项工作之后,进一步阐述了"格局+碎片化"语法编排思路的内涵及其所具有的解决当前瓶颈问题的针对性。在此基础上,进一步论证了其符合人类认知倾向、具有历史基础和现实需求的特点。我们的核心观点是:

观点1:语法格局能够使得学习者对汉语语法系统有个简单的了解,为今后语法的学习提供框架和节点,后面各课教学的碎片化语法零碎点儿也没关系,不必再严格按照由易到难、循序渐进的原则进行编排,完全可以依据学习者的交际需求来选择使用频率高的话题和语言材料来编写课文。语法格局为碎片化语法的学习提供了基本的框架,碎片化语法是对语法格局的丰富、补充和细化，学习者在学习碎片化语法的过程中不断将其连缀于语法格局之中，最终构建起一个满足基本交际需求的汉语语法系统。

观点2："格局+碎片化"的语法编排思路，符合人类希望借助系统定位构成元素的认知倾向。语法格局提供的是一个简约的汉语语法系统，而碎片化语法是该系统中的构成元素。有了语法格局，碎片化语法得以定位。借助语法系统学习碎片化语法，学习难度将大大降低。

观点3："格局+碎片化"语法编排思路也符合人类以简驭繁的认知方式。语法格局简洁、明了，简而有序，是用最简单的方法呈现汉语作为第二语言学习者所需的汉语语法基本组织和结构，为碎片化语法提供了节点而能够统摄碎片化语法，学习者能够借助简约的语法格局驾驭纷繁复杂的、大量的碎片化语法。

观点4："格局+碎片化"语法编排思路满足了人类通过类比获取新知的需求，汉语作为第二语言的成人学习者已掌握其母语语法系统，在接触汉语时将以旧系统类推新系统，将新旧两个系统加以对比，我们在其一开始接触汉语时就为其展现一个简约的汉语语法系统，为其类推和对比提供了大致对等的对象。

观点5："格局+碎片化"语法编排思路的提出，还有着较为坚实的历史基础。威妥玛（1886）"先通读语法章再学习课文"的建议、Chao（1948）"先介绍汉语语法再编课文"的理念、吕叔湘（1972）"语法的轮廓+课文所附语法"的教材编排理念、《初级语法大纲》"语法概要+语法条目"的内容设计等，表明在汉语作为第二语言教材发展史上"格局+碎片化"语法编排思路一直也是学者们探索的一个方向，只不过因理论探讨不足而未引起人们的广泛关注。

观点6："格局+碎片化"语法编排思路的提出，还有着强烈的现实需求。我们分别对英语背景学习者和国际中文教师进行了问卷调查和访谈调查，综合分析调查结果，我们能够非常明确地得出这样的结论：无论是学习者还是教学者，都对采用"格局＋碎片化"语法编排思路来编写教材持有较高的认可度和期望值。

第四节 构建汉语语法格局

在充分论证"格局＋碎片化"语法编排思路合理性和优越性之后，我们着手构建汉语语法格局。

首先，全面对比汉英两种语言的语法系统，分析两者在语素、词类、短语、句子各方面的异同，明确汉语语法的特点。

其次，深入分析有关英语背景汉语学习者语法学习特点和难点的研究成果，总结了他们学习汉语语法的诸多特点和难点。

再次，综合汉语理论语法体系和教学语法体系的研究成果，在以上通过汉英语法对比确定的汉语语法特点和英语背景汉语学习者语法学习特点及难点的基础上，最终确定了适用于英语背景汉语学习者的汉语语法格局的基本内容，涵盖了应有的语法单位及其基本的组合和聚合关系。

最后，综合上面的研究结果，我们构建了一个突出汉语语法特点的、完整而又简洁明了地反映汉语语法基本组织与结构的、满足英语背景学习者汉语学习需求的语法格局。整个格局采用汉英对照的形式呈现，置于供英语背景学习者使用的汉语教材的课文之前。

第五节 建设碎片化语法资源库

在语法格局构建之后，我们又进而着手建设面向英语背景学习者基础汉语教学的碎片化语法资源库。由于"格局＋碎片化"语法编排思路主张依据学习者的交际需求来编写课文，因此首先要确定的是学习者最常用的语料中会出现哪些语法现象，而这些语法现象中又有哪些是必须作为碎片化语法点特别加以讲解的。为了确定满足英语背景学习者基础

汉语教学的碎片化语法点,我们在遵循已有成果研究得出的共识的基础上,采取了以下的技术路线来选取碎片化语法点:

第一步,梳理《等级标准2021》中的初等语法点,分析这些语法点与我们所构建的语法格局中各个部分的对应关系,也就是把这些语法点连缀到语法格局中。

第二步,进一步参考《等级大纲1988》和《等级大纲1996》中的甲级和乙级语法点、《初级大纲1999》和《专业大纲2002》中的一年级语法项目表、《进修大纲2002》中的初等阶段语法项目以及《通用大纲2014》中的一、二、三级语法项目表。

第三步,进一步参考被认为所收语法点较为全面的《语法大纲1995》,删去该大纲未论及的语法点。再进一步参考面向英语背景成人学习者的基础汉语综合教材中的语法点设置情况,大纲中未收而教材中设置为语法点的,我们增补为碎片化语法点。

第四步,分析有关英语背景汉语学习者的相关研究成果,并在全球汉语中介语语料库中检索英语背景学习者习得一些语法点的偏误情况,力求将英语背景学习者基础汉语学习阶段的语法难点都收入碎片化语法资源库。

经过上面四步,并进而逐类论证每个碎片化语法点的选取依据,最终确定了74类292个碎片化语法点,尽可能地保障了这些语法点是英语背景汉语学习者日常交际使用频率较高的、真实的语料中出现的且有必要加以讲解或操练的语法点。

在确定了碎片化语法点之后,我们进而依据已有研究成果的一些共识,并广泛参阅当前影响较大的教学参考语法著作、面向英语背景学习者的汉语教材对各个语法点的描述,构建了"基于表达的碎片化语法描述体系",针对英语背景学习者的学习特点和难点,分类别、名称、形式、意义、用法五个板块对各个碎片化语法点做了简明、准确的描述。

虽然碎片化语法点的讲练过程并不是本课题研究的重点,但是为了方便教学者的教学和学习者的学习,更是为了体现我们对碎片化语法点描述的科学性,我们选取了一些对于新手教师来说不易做出教学设计的碎片化语法点,展现对其操练的教学设计。我们不追求全面展现所有碎片化语法点的教学设计,只是主要做以下三项工作:一是收集、整理相关语法教学参考资料中的一些课件,并积极将其用于面向英语背景成人汉语学习者的慕课教学实践,进而根据教学实践中的反馈来加以改进,使得相关课件对英语背景学习者的汉语语法教学更具针对性;二是结合我们的教学实践,挑选一些需要对英语背景汉语学习者多加操练而目前市面上还没有合适教学课件的语法点,来制作教学课件;三是将这些课件集中起来做成一个容易检索的数字化资源库,方便汉语教师提取出来用于教学或作为教学参考。为了进一步加强课件的必要性和针对性,我们还向20名英美国家的汉语教师征集了建议。

最终,我们建设了一个涵盖面向英语背景基础汉语教学语法点的,介绍语法点形式、意义和用法并带有一定数量例句的,某些语法点还附有慕课教学课件的,便于检索和根据教学中发现的问题进行动态调整的碎片化语法资源库。

限于时间和水平,我们构建的语法格局或许还存在内容针对性不强、语言不够精炼等问题,所建设的碎片化语法资源库或许还存在没能完全覆盖基础汉语教学语法难点、对语法点描述尚不能完全满足学习者需求、慕课教学课件的可操作性还有待提高等问题。因此,我们对语法格局和碎片化语法资源库的调整持开放的态度,将结合我们今后的教学实践进一步修正与完善,也恳请学界同仁批评指正、惠赐宝贵意见建议。

参考文献

艾约瑟(1857)《汉语官话口语语法》,董方峰、杨洋译,北京:外语教学与研究出版社,2015年版。

白　荃(2000)"不"、"没(有)"教学和研究上的误区——关于"不"、"没(有)"的意义和用法的探讨,《语言教学与研究》第3期。

北京大学外国留学生中国语文专修班(1958)《汉语教科书》,北京:时代出版社。

北京语言大学汉语学院初级综合教研室(2022)《初级汉语语法点微课62讲》,北京:北京语言大学出版社。

布龙菲尔德(1933)《语言论》,袁家骅、赵世开、甘世福译,北京:商务印书馆,1997年版。

陈　刚(1980)试论"着"的用法及其与英语进行式的比较,《中国语文》第1期。

陈　珺、周小兵(2005)比较句语法项目的选取和排序,《语言教学与研究》第2期。

陈满华(1995)从外国学生的病句看方位词的用法,《语言教学与研究》第3期。

陈若凡(2002)留学生使用"能"、"会"的偏误及教学对策,《语言教学与研究》第1期。

程美珍主编(1997)《汉语病句辨析九百例》,北京:华语教学出版社。

程　棠(1996)关于结构——功能——文化相结合的教学原则的思考,《世界汉语教学》第4期。

程　棠(2008)《对外汉语教学目的、原则、方法》(第二版),北京:北京语言大学出版社。

崔希亮(2003)试论教学语法的基础兼及与理论语法的关系,载国家汉办教学处编《对外汉语教学语法探索——首届国际对外汉语教学语法研讨会论文集》,北京:中国社会科学出版社,20—31页。

崔希亮(2005)欧美学生汉语介词习得的特点及偏误分析,《世界汉语教学》第3期。

崔永华(1989)对外汉语语法课堂教学的一种模式,《世界汉语教学》第2期。

崔永华(1990)关于对外汉语教学语法体系的思考,载胡盛仑主编《语言学与汉语教学》,北京:北京语言学院出版社,11—20页。

崔永华(2015)汉语作为第二语言教学需要什么样的语法研究——一个汉语教师的视角,《国际汉语教学研究》第1期。

戴梦霞(1999)对外汉语名量词选用教学的一点探索,《汉语学习》第4期。

邓守信(2003)对外汉语语法点难易度的评定,载国家汉办教学处编《对外汉语教学语法探索——首届国际对外汉语教学语法研讨会论文集》,北京:中国社会科学出版社,102—111页。

邓守信(2015)教学语法在教材编写中的功用,《国际汉语教学研究》第1期。

狄考文(1892)《官话类编》,上海:美华书馆。

丁安琪主编(2019)《走遍中国》,北京:外语教学与研究出版社,英国:麦克米伦出版集团。

丁声树等(1961)《现代汉语语法讲话》,北京:商务印书馆,1999年版。

董　明(2002)《古代汉语汉字对外传播史》,北京:中国大百科全书出版社。

董淑慧(2006)朱德熙、张荪芬编著《汉语教科书》评介,《世界汉语教学》第4期。

杜　荣(1993)汉语被动意念的表达和英语被动句的比较,载王还主编《汉英对比论文集》,北京:北京语言学院出版社,75—96页。

范　晓(2015)"三维语法"视角下的汉语句子教学,《国际汉语教学研究》第1期。

方清明(2012a)介词"随着"的句法、语义特点及教学策略探析,《华文教学与研究》第1期。

方清明(2012b)再论"真"与"真的"的语法意义与语用功能,《汉语学习》第5期。

房玉清(1992)动态助词"了""着""过"的语义特征及其用法比较,《汉语学习》第1期。

房玉清(2008)《实用汉语语法》(第二次修订本),北京:北京语言大学出版社。

房玉清(2015)吕叔湘先生谈对外汉语教材写法的一封信,《北京语言大学校报》10月10日第4版。

丰国欣(2016)《汉英词汇对比研究》,北京:清华大学出版社。

冯胜利、施春宏(2011)论汉语教学中的"三一语法",《语言科学》第5期。

冯胜利、施春宏(2015)《三一语法:结构·功能·语境——初中级汉语语法点教学指南》,北京:北京大学出版社。

冯亦代(2013)漫话读书,载安棐编《阅读的危险:大师的读书经验》,南昌:江西教育出版社,35—36页。

傅　由(1997)小议语气助词"嘛",《中国人民大学学报》第6期。

高第丕、张儒珍(1869)《文学书官话》,载《大清文典》(金谷昭训点本),东京:青山清吉,1877年版。

高桥弥守彦(1988)关于"连……也/都……"格式的一些问题,载第二届国际汉语教学讨论会组织委员会编《第二届国际汉语教学讨论会论文选》,北京:北京语言学院出版社,235—242页。

高顺全(2005)《对外汉语教学探新》,北京:北京大学出版社。

高顺全(2006)从语法化的角度看语言点的安排——以"了"为例,《语言教学与研究》第 5 期。
高顺全(2016)关于汉语(二语)教学语法体系及标准建设的几个问题,《国际汉语教学研究》第 1 期。
缑瑞隆(2004)方位词"上""下"的语义认知基础与对外汉语教学,《语言文字应用》第 4 期。
郭风岚(1998)论副词"在"与"正"的语义特征,《语言教学与研究》第 2 期。
郭利霞(2017)《华英文义津逮》导读,载禧在明《华英文义津逮》(第三版),北京:北京大学出版社,影印本,1—12 页。
郭　熙(2002)理论语法与教学语法的衔接问题——以汉语作为第二语言教学为例,《汉语学习》第 4 期。
郭晓麟(2010)对外汉语教材语法教学示例的基本原则——以趋向结构为例,《语言教学与研究》第 5 期。
国际汉语课堂教学研究课题组(2016)《国际汉语课堂教学参考案例·初级综合课》,北京:北京语言大学出版社。
韩礼德(2012)教外国学习者汉语要略,《国际汉语》第二辑。
何　薇(2006)对象类介词"向"的分析与教学,《湖北社会科学》第 12 期。
贺　麟(2017)读书方法与思想方法,《政策》第 9 期。
胡炳忠(1987)基础汉语语法点的针对性及试分类,《世界汉语教学》第 2 期。
胡明扬(1990)《语法和语法体系》,北京:人民教育出版社。
黄伯荣、廖序东主编(2017)《现代汉语》(增订六版),北京:高等教育出版社。
黄露阳(2009)外国留学生多义副词"就"的习得考察,《语言教学与研究》第 2 期。
黄南松(2017)对外汉语教学语法体系之反思与探讨,《国际汉语教学研究》第 1 期。
黄南松、胡文泽、何宝璋(2015)《对外汉语教学语法疑难解析》,北京:北京大学出版社。
黄晓红(2015)语气副词"反正"的使用环境及其教学问题研究,《华文教学与研究》第 1 期。
黄月圆、杨素英(2004)汉语作为第二语言的"把"字句习得研究,《世界汉语教学》第 1 期。
黄瓒辉(2001)介词"给""为""替"用法补议,《暨南大学华文学院学报》第 1 期。
霍凯特(1958)《现代语言学教程》,索振羽、叶蜚声译,北京:北京大学出版社,2002 年版。
甲柏连孜(1881)《汉文经纬》,姚小平译,北京:外语教学与研究出版社,2015 年版。
姜丽萍主编(2010)《图解基础汉语语法》,北京:高等教育出版社。

蒋祖康(1995)语法习得次序与语法教学,《外语教学与研究》第2期。
金海月、应晨锦(2021)中文水平等级标准的语法等级大纲研制原则,《国际汉语教学研究》第3期。
金立鑫(2003)漫谈理论语法、教学语法和语言教学中语法规则的表述方法,载国家汉办教学处编《对外汉语教学语法探索——首届国际对外汉语教学语法研讨会论文集》,北京:中国社会科学出版社,46—56页。
金立鑫主编(2005)《对外汉语教学虚词辨析》,北京:北京大学出版社。
靳洪刚(1993)从汉语的"把"字句看语言分类规律在第二语言习得过程中的作用,《语言研究》第2期。
竟　成(1999)我们究竟需要什么样的语法大纲,《世界汉语教学》第3期。
柯彼德(1991)汉语作为外语教学的语法体系急需修改的要点,《世界汉语教学》第2期。
柯彼德(2000)汉语作为外语教学语法体系革新的焦点——汉语动词词法,《汉语学报》第2期。
赖　鹏(2006)汉语能愿动词语际迁移偏误生成原因初探,《语言教学与研究》第5期。
雷　雨、王思奇(2014)对外汉语教学语法内容的选择原则,《汉语应用语言学研究》第3辑。
黎锦熙(1924)《新著国语文法》,北京:商务印书馆,1992年版。
李大忠(1996)《外国人学汉语语法偏误分析》,北京:北京语言文化大学出版社。
李德津、程美珍(2008)《外国人实用汉语语法》(修订本),北京:北京语言大学出版社。
李德津、金德厚(2009)《汉语语法教学》,北京:北京语言大学出版社。
李芳杰(2000)句型为体、字词为翼——关于对外汉语教学语法体系的思考,载《第六届国际汉语教学研讨会论文选》编辑委员会编《第六届国际汉语教学讨论会论文选》,北京:北京大学出版社,307—314页。
李计伟(2006)量词"副"的义项分立与对外汉语教学,《语言教学与研究》第6期。
李景蕙(2008)《北京语言大学对外汉语教学名师访谈录·李景蕙卷》,北京:北京语言大学出版社。
李　强(2018)基础阶段对外汉语教材语法项目解释内容与呈现形式的考察与分析,《海外华文教育》第6期。
李　泉(2003)基于语体的对外汉语教学语法体系构建,《汉语学习》第3期。
李　泉(2015)体系内语法与体系外语法——兼谈大语法教学观,《国际汉语教学研究》第1期。

李　泉(2016)对外汉语教学语法体系：目的、标准和特点，《国际汉语教学研究》第1期。
李　泉(2017)对外汉语课程设置：总反思与再规划，《语言战略研究》第2期。
李　泉(2018)语法知识教学与语法事实教学——语法教学的深化与拓展，《语言文字应用》第4期。
李　泉、金允贞(2008)对外汉语教学语法体系研究纵览，《海外华文教育》第4期。
李　荣(1952)《北京口语语法》，北京：开明书店。
李　蕊、周小兵(2005)对外汉语教学助词"着"的选项与排序，《世界汉语教学》第1期。
李先银(2014)表达导向的对外汉语语法教学模式探讨——以"了"的教学为例，《国际汉语教学研究》第3期。
李晓亮(1996)对外汉语教材的几个问题，《世界汉语教学》第4期。
李晓琪(1991)现代汉语复句中关联词的位置，《语言教学与研究》第2期。
李晓琪(1994)介词"给、为、替"——兼论对外汉语虚词教学，载《第四届国际汉语教学讨论会论文选》编辑委员会《第四届国际汉语教学讨论会论文选》，北京：北京语言学院出版社，333—342页。
李晓琪(2002)母语为英语者习得"再"、"又"的考察，《世界汉语教学》第2期。
李晓琪(2004a)关于建立词汇—语法教学模式的思考，《语言教学与研究》第1期。
李晓琪(2004b)"做不到""做不好"与"做不了"，载《第七届国际汉语教学讨论会论文选》编辑委员会《第七届国际汉语教学讨论会论文选》，北京：北京大学出版社，244—251页。
李晓琪(2004c)汉语初级教程语法项目分布考察及思考，载中国人民大学对外语言文化学院编《汉语研究与应用》（第二辑），北京：中国社会科学出版社，60—73页。
李晓琪(2005)《现代汉语虚词讲义》，北京：北京大学出版社。
李晓琪主编(2013)《博雅汉语》（第2版），北京：北京大学出版社。
李亚男(2021)《国际中文教育中文水平等级标准》解读，《国际汉语教学研究》第1期。
李　艳(2000)与范围副词"都"相关的一个问题，《语言文字应用》第2期。
李　英、邓小宁(2005)"把"字句语法项目的选取与排序研究，《语言教学与研究》第3期。
李英哲、郑良伟、Larry Foster 等(1990)《实用汉语参考语法》，北京：北京语言学院出版社。
李　真(2005)《汉语札记》对世界汉语教学史的贡献，《世界汉语教学》第4期。
李　真(2014)《马若瑟〈汉语札记〉研究》，北京：商务印书馆。

李　珠(1997)建立三维语法教学体系——初级阶段对外汉语语法教学研究的回顾与展望,《世界汉语教学》第2期。
利玛窦、金尼阁(1983)《利玛窦中国札记》,何高济、王遵仲、李申译,北京:中华书局。
梁　霞(2020)《美国大学汉语教育研究》,北京:北京语言大学出版社。
林戴祝念(1986)汉语语法之难点——谈以英语为母语学生在学习句型结构时之困难,载第一届国际汉语教学讨论会组织委员会编《第一届国际汉语教学讨论会论文选》,北京:北京语言学院出版社,349—359页。
林　焘(2004)序,载李晓琪著《现代汉语虚词讲义》,北京:北京大学出版社,1—2页。
刘颂浩(2003)论"把"字句运用中的回避现象及"把"字句的难点,《语言教学与研究》第2期。
刘苏乔(2015)对法国别化初级汉语教材的考察与分析——以《汉语双轨教程》和《新实用汉语课本》为例,《国际汉语教学研究》第2期。
刘　威(1995)外国留学生在短时记忆中理解汉语句子的实验报告,《世界汉语教学》第3期。
刘　珣主编(2010)《新实用汉语课本》(第2版),北京:北京语言大学出版社。
刘　珣、邓恩明、刘社会(1982)试谈基础汉语教科书的编写原则,《语言教学与研究》第4期。
刘月华(2003)谈对外汉语教学语法,载国家汉办教学处编《对外汉语教学语法探索——首届国际对外汉语教学语法研讨会论文集》,北京:中国社会科学出版社,1—19页。
刘月华(2004)关于中文教材课文的一些思考,载《第七届国际汉语教学讨论会论文选》编辑委员会编《第七届国际汉语教学讨论会论文选》,北京:北京大学出版社,16—24页。
刘月华、潘文娱、故　铧(2019)《实用现代汉语语法》(第三版),北京:商务印书馆。
刘振平(2010)两种等比句式的用法差异及语义制约因素,《语言教学与研究》第1期。
刘振平(2013)《汉语拼音经典方案选评》,北京:北京语言大学出版社。
刘振平(2014a)新加坡中学生使用汉语常用介词的特点与偏误,《华文教学与研究》第4期。
刘振平(2014b)《新加坡华文教学研究》,南京:南京大学出版社。
刘振平(2015)《形容词做状语和补语的认知语义研究》,北京:商务印书馆。
刘振平、李倩颖(2021)明末清初汉语二语教学语法:理论框架、特点和局限性,《北华大学学报》(社会科学版)第6期。
刘振平、杨绪明(2018)格局+碎片化:汉语国际教育专业《现代汉语》教材编写之思路——兼评马洪海先生的《现代汉语教程》,《贺州学院学报》第 3 期。
刘振平、杨延宁(2012)从学习者偏误看汉语程度副词的教学,《汉语作为第二语言研究》第 1 期。
龙青然(1990)对外汉语语法教学的重点和难点,《汉语学习》第 3 期。
卢福波(2000)谈谈对外汉语表达语法的教学问题,《语言教学与研究》第 2 期。
卢福波(2002)对外汉语教学语法的体系与方法问题,《汉语学习》第 2 期。
卢福波(2003)对外汉语教学语法的层级划分与项目排序问题,《汉语学习》第 2 期。
卢福波(2005)对外汉语教学基本句型的确立依据与排序研究,《语言文字应用》第 4 期。
卢福波(2007)语法教学与认知理念,《汉语学习》第 3 期。
卢福波(2008)语法教学的基本原则与操作方法,《语言教学与研究》第 2 期。
卢福波主编(2016)《汉语语法点教学案例研究——多媒体课件设计运用》,北京:商务印书馆。
卢　伟(2005)美国常用汉语教材分析,载中国人民大学对外语言文化学院编《汉语研究与应用》(第三辑),北京:中国社会科学出版社,254—270 页。
鲁宝元(1988)直接组合的复句,载第二届国际汉语教学讨论会组织委员会编《第二届国际汉语教学讨论会论文选》,北京:北京语言学院出版社,327—332 页。
鲁健骥(1993a)汉语语法研究与对外汉语教学语法体系,载刘坚、侯精一主编《中国语文研究四十年纪念文集》,北京:北京语言学院出版社,76—82 页。
鲁健骥(1993b)状态补语的句法、语义、语用分析在教学中的应用,《语言教学与研究》第 2 期。
鲁健骥(1994)外国人学汉语的语法偏误分析,《语言教学与研究》第 1 期。
鲁健骥(1998)谈对外汉语教学历史的研究——对外汉语教学学科建设的一个重要课题,《语言文字应用》第 4 期。
鲁健骥(2007)一部值得研读的早期对外汉语教材——读朱德熙《华语教材》手稿,《国际汉语教学动态与研究》第 1 期。
鲁晓琨(2004)助动词"会"的语义探索及与"能"的对比,载《第七届国际汉语教学讨论会论文选》编辑委员会编《第七届国际汉语教学讨论会论文选》,北京:北京大学出版社,428—442 页。
陆丙甫(1992)从"短语本位"看"词"的地位和判别——谈必须给"词"在句法分析中留有一席之地,《汉语学习》第 2 期。
陆俭明(1980)关于汉语虚词教学,《语言教学与研究》第 4 期。
陆俭明(2000)"对外汉语教学"中的语法教学,《语言教学与研究》第 3 期。
陆俭明(2022)再论汉语词类问题——从沈家煊先生的"名动包含"观说起,《东北师大学报》(哲学社会科学版)第 4 期。
陆庆和(2006)《实用对外汉语教学语法》,北京:北京大学出版社。
吕明臣、刘海洋(2015)"是+名"的逻辑语义及汉语语法教学的可能途径,《国际汉语教学研究》第 4 期。
吕叔湘(1953)语法三问,《语文学习》第 8 期。
吕叔湘(1972)给王还同志的一封信,《北京语言大学校报》2015 年 10 月 10 日第 4 版。
吕叔湘(1979)《汉语语法分析问题》,北京:商务印书馆。
吕叔湘(1992)通过对比研究语法,《语言教学与研究》第 2 期。
吕叔湘(2005)《中国人学英语》,北京:中国社会科学出版社。
吕叔湘主编(1999)《现代汉语八百词》(增订本),北京:商务印书馆。
吕叔湘、朱德熙(1951)《语法修辞讲话》,北京:商务印书馆,2013 年版。
吕文华(1987)汉语教材中语法项目的选择和编排,《语言教学与研究》第 3 期。
吕文华(1992)对《语法等级大纲》(试行)的几点意见,《语言教学与研究》第 3 期。
吕文华(1993)关于中高级阶段汉语语法教学的构想,《世界汉语教学》第 2 期。
吕文华(2001)关于述补结构系统的思考——兼谈对外汉语教学的补语系统,《世界汉语教学》第 3 期。
吕文华(2002)关于对外汉语教学语法体系的若干问题,《海外华文教育》第 3 期。
吕文华(2008)《对外汉语教学语法探索》(增订本),北京:北京语言大学出版社。
吕文华(2010)"了"的教学三题,《世界汉语教学》第 4 期。
吕文华(2012)语段教学内容的选择和分布,《语言教学与研究》第 1 期。
吕文华(2013)"被"字句和意义被动句的教学构想,《语言教学与研究》第 2 期。
吕文华(2014a)《对外汉语教学语法讲义》,北京:北京大学出版社。
吕文华(2014b)主谓语教学与汉语句子的组织,《国际汉语教学研究》第 1 期。
吕文华(2015)修改对外汉语教学语法体系二题,《国际汉语教学研究》第 1 期。
吕文华(2016)汉语教材中语法教学失误举隅,《国际汉语教学研究》第 1 期。
吕文华(2019)漫议对外汉语教学语法体系研究,《国际汉语教学研究》第 4 期。
罗宾斯,R. H.(1997)《简明语言学史》,许德宝、胡明亮、冯建明译,北京:中国社会科学出版社。
罗伯特·马礼逊(1811)《通用汉言之法》,李焱译,厦门:厦门大学出版社,2018 年版。
罗杰瑞(1995)《汉语概说》,张惠英译,北京:语文出版社。
马建忠(1898)《马氏文通》,北京:商务印书馆,1983 年版。
牟世荣(2014)副词"倒"的语义语用探析及对外汉语教学策略,《汉语学习》第 6 期。
聂　丹(2004)语气副词"竟"及其教学,《语言教学与研究》第 5 期。

宁颖琦、施春宏(2017)对外汉语综合课教材语法术语安排的考察与思考,《海外华文教育》第 3 期。

彭小川、李守纪、王　红(2004)《对外汉语教学语法释疑 201 例》,北京:商务印书馆。

齐沪扬(2010)作为第二语言的汉语语法研究面临的问题,《对外汉语研究》第六期。

齐沪扬主编(2005)《对外汉语教学语法》,上海:复旦大学出版社。

齐沪扬主编(2007)《现代汉语》,北京:商务印书馆。

齐沪扬、丁婵婵(2006)反诘类语气副词的否定功能分析,《汉语学习》第 5 期。

齐沪扬、韩天姿、马优优(2020)与对外汉语教学语法体系建构相关的一些问题的思考,《杭州师范大学学报》(社会科学版)第 1 期。

齐沪扬、张旺喜(2018)革新对外汉语教学语法体系,满足时代需求,《中国社会科学报》11 月 27 日第 3 版。

钱旭菁(1997)日本留学生汉语趋向补语的习得顺序,《世界汉语教学》第 1 期。

钱玉莲(1996)偏误分析与对外汉语教材编写,《汉语学习》第 3 期。

任友梅、孟德儒(2018)《环球汉语——汉语和中国文化》,北京:华语教学出版社。

任　远(1985)基础汉语教材纵横谈,《语言教学与研究》第 2 期。

任　远(1995)新一代基础汉语教材编写理论与编写实践,《语言教学与研究》第 2 期。

沈家煊(2007)汉语里的名词和动词,《汉藏语学报》第 1 期。

沈家煊(2019)《超越主谓结构》,北京:商务印书馆。

沈　敏、范开泰(2011)基于语料库的"赶紧、赶快、赶忙、连忙"的多角度辨析,《语言研究》第 3 期。

沈庶英(2012)从朱德熙的《汉语教科书》看国别化汉语教材编写,《徐州师范大学学报》(哲学社会科学版)第 2 期。

施春宏(2011)《汉语基本知识(语法篇)》,北京:北京语言大学出版社。

施家炜(1998)外国留学生 22 类现代汉语句式的习得顺序研究,《世界汉语教学》第 4 期。

时卫国(2004)多/少+动词+量性成分,载《第七届国际汉语教学讨论会论文选》编辑委员会编《第七届国际汉语教学讨论会论文选》,北京:北京大学出版社,252—257 页。

史有为(1995)"没完"和"不停",《语言教学与研究》第 3 期。

宋连谊(2002)试析学生对学习汉语语法难点的感受,载张德鑫、李晓琪主编《对以英语为母语者的汉语教学研究——牛津研讨会论文集》,北京:人民教育出版社,74—81 页。

苏英霞主编(2015)《国际汉语教学语法教学方法与技巧》,北京:北京语言大学出版社。

孙朝奋(2018)从汉语"是"和英语"BE"的对比看汉语国际教学语法,《国际汉语教育》第 2 期。
孙德金(2002)《汉语语法教程》,北京:北京语言大学出版社。
孙德金(2006)语法不教什么——对外汉语语法教学的两个原则问题,《语言教学与研究》第 1 期。
孙德金(2007a)对外汉语语法教学中的形式与意义,《语言教学与研究》第 5 期。
孙德金(2007b)《让科学成就教学——对外汉语教学研究》,北京:北京师范大学出版社。
孙德金(2011a)传统语法:对外汉语教学语法的基础——黎锦熙先生诞辰 120 周年纪念,《语言教学与研究》第 6 期。
孙德金(2011b)对外汉语语法教学应慎用语法化理论,《语言文字应用》第 4 期。
孙德金(2012)对外汉语教学语法体系的历史和现状,《玉溪师范学院学报》第 5 期。
孙德金(2015)完善对外汉语教学语法的几点看法,《国际汉语教学研究》第 1 期。
孙德金(2016a)教育学视野下的对外汉语教学语法,《汉语应用语言学研究》第 5 辑。
孙德金(2016b)汉语作为第二语言教学语法体系研究中的两个理论问题,《语言教学与研究》第 2 期。
孙 群(2018)欧美学生汉语情状补语句习得研究,《海外华文教育》第 6 期。
唐曙霞(2004)试论结构型语言教学大纲——兼论汉语教学语法体系分级排序问题,《世界汉语教学》第 4 期。
唐为群(2008)副词"接连"和"接连"句,《新疆大学学报》(哲学・人文社会科学版)第 4 期。
佟秉正(1985)语法教学之理论与实际——动词词尾"了"与语气助词"了"之教学,载宗亮东主编《第一届世界华文教学研讨会论文集》,台北:世界华文教育协进会,185—202 页。
佟秉正(1991)初级汉语教材的编写问题,《世界汉语教学》第 1 期。
佟慧君(1986)《外国人学汉语病句分析》,北京:北京语言学院出版社。
佟乐泉、张一清(1994)外国留学生在快速显示条件下阅读汉语句子的实验报告,《世界汉语教学》第 3 期。
VanPatten, Bill(2007)《从输入到输出——第二语言习得教师手册》,北京:世界图书出版公司。
瓦 罗(1682)《华语官话语法》,北京:外语教学与研究出版社,2003 年版。
王鸿滨(2013)类型学背景下汉英介词对比及教学策略,《云南师范大学学报》(对外汉语教学与研究版)第 4 期。
王鸿滨、金海月、应晨锦等(2022)《国际中文教育中文水平等级标准・语法学习手册

（中等）》，北京：北京语言大学出版社。

王　还（1983）英语和汉语的被动句，《中国语文》第6期。

王　还（1984）汉语的状语与"得"后的补语和英语的状语，《语言教学与研究》第4期。

王　还（1986）有关汉外语法对比的三个问题，《语言教学与研究》第1期。

王　还（1994）对外汉语教学：汉语内部规律的试金石——以"反而"为例，《世界汉语教学》第1期。

王嘉天、彭　爽（2018）美国学生习得汉语动量补语的认知过程，《汉语学习》第6期。

王建勤（1997）"不"和"没"否定结构的习得过程，《世界汉语教学》第3期。

王景萍（1999）"并"的语义分析及其与"并且、而且"的异同，《福建师范大学学报》（哲学社会科学版）第3期。

王　力（1956）语法体系和语法教学，载张志公主编《语法和语法教学——介绍"暂拟汉语教学语法系统"》，北京：人民教育出版社，42—51页。

王若江（2006）美国与澳大利亚两部汉语教材的对比与分析——《中文听说读写》和《汉语》的考察报告，《语言文字应用》第S1期。

王　松、刘文攀（2015）外国学生程度补语句习得顺序考察，《海外华文教育》第1期。

王晓钧（1983）从留学生的语病看汉语助动词的特点和用法，《语言教学与研究》第1期。

威妥玛（1886）《语言自迩集——19世纪中期的北京话》，张卫东译，北京：北京大学出版社，2002年版。

卫匡国（1653）《中国文法》，白佐良、白桦译，上海：华东师范大学出版社，2011年版。

温晓虹（1995）主题突出与汉语存在句的习得，《世界汉语教学》第2期。

温晓虹（2008）《汉语作为外语的习得研究——理论基础与课堂实践》，北京：北京大学出版社。

吴明隆（2003）《SPSS统计运用实务——问卷分析与应用统计》，北京：科学出版社。

吴勇毅（1994）语义在对外汉语句型、句式教学中的重要性——兼谈从语义范畴建立教学用句子类型系统的可能性，《汉语学习》第5期。

吴勇毅（2016）汉语二语教学语法系统的反思与构建，《国际汉语教学研究》第4期。

吴勇毅、吴中伟、李劲荣主编（2016）《实用汉语教学语法》，北京：北京大学出版社。

吴中伟（2000）对外汉语教学语法体系中的主语和主题，《汉语学习》第4期。

吴中伟（2007）《怎样教语法——语法教学理论与实践》，上海：华东师范大学出版社。

吴中伟（2016）CSL教学语法体系献疑，《国际汉语教学研究》第4期。

吴中伟、傅传凤（2005）"倒"字句的含义及教学，《汉语学习》第4期。

吴宗济（2008）序，载石锋《语音格局——语音学和音系学的交汇点》，北京：商务印书馆，1—2页。

武　果(2005)疑问句中的"呢"，载中国人民大学对外语言文化学院编《汉语研究与应用》(第三辑)，北京：中国社会科学出版社，72—90页。

武惠华(2004)"一再"和"再三"用法考察与辨析，载中国人民大学对外语言文化学院编《汉语研究与应用》(第二辑)，北京：中国社会科学出版社，134—148页。

武惠华(2006)评《新实用汉语课本》的针对性，《海外华文教育》第2期。

禧在明(1913)《华英文义津逮》(第三版)，北京：北京大学出版社，2017年影印本。

相原茂(1992)汉语比较句的两种否定形式——"不比"型和"没有"型，《语言教学与研究》第3期。

萧国政(2004)量词"把"的分类及使用——面向第二语言教学的再研究，载《第七届国际汉语教学讨论会论文选》编辑委员会编《第七届国际汉语教学讨论会论文选》，北京：北京大学出版社，311—316页。

肖奚强(2002)"正(在)""在"与"着"功能比较研究，《语言研究》第4期。

肖奚强(2017)关于教学语法的思考——以句式教学体系为例，《语言教学与研究》第6期。

肖奚强(2018)关于对外汉语教学语法体系的再思考，《广西师范大学学报》(哲学社会科学版)第5期。

肖奚强等(2009)《外国学生汉语句式学习难度及分级排序研究》，北京：高等教育出版社。

肖奚强、颜明、乔倓等(2015)《外国留学生汉语偏误案例分析》，北京：世界图书出版公司。

邢福义主编(2010)《现代汉语》，北京：高等教育出版社。

邢公畹主编(1992)《现代汉语教程》，天津：南开大学出版社。

熊文新(1996)留学生"把"字结构的表现分析，《世界汉语教学》第1期。

徐晶凝(2004)语气助词"吧"的情态解释，载《第七届国际汉语教学讨论会论文选》编辑委员会编《第七届国际汉语教学讨论会论文选》，北京：北京大学出版社，361—367页。

徐家祯(2002)探讨以英语为母语的学生学汉语时难点的阶段性问题，载张德鑫、李晓琪主编《对以英语为母语者的汉语教学研究——牛津研讨会论文集》，北京：人民教育出版社，1—13页。

徐家祯(2010)谈谈对外汉语教学实践和课本编撰上语法教学的若干问题，载《第九届国际汉语教学研讨会论文选》编辑委员会编《第九届国际汉语教学研讨会论文选》，北京：高等教育出版社，507—514页。

徐凌志韫(1993)汉语与英语对比分析在汉语教学上的功能，载王还主编《汉英对比论文集》，北京：北京语言学院出版社，13—55页。
杨从洁(2003)副词"不"和"没(没有)"用法辨析，载中国人民大学对外语言文化学院编《汉语研究与应用》(第一辑)，北京：中国社会科学出版社，227—232页。
杨德峰(1997)试论对外汉语教材的规范化，《语言教学与研究》第3期。
杨德峰(2001)初级汉语教材语法点确定、编排中存在的问题——兼议语法点确定、编排的原则，《世界汉语教学》第2期。
杨德峰(2003)英语母语学习者趋向补语的习得顺序——基于汉语中介语语料库的研究，《世界汉语教学》第2期。
杨德峰(2009)《对外汉语教学核心语法》，北京：北京大学出版社。
杨德峰(2018)对外汉语语法教材中篇章教学内容存在的问题及对策，《海外华文教育》第3期。
杨德峰、范鏖京(2016)对外汉语教学语法体系反思及构建原则刍议——从三本语法教材谈起，《国际汉语教学研究》第2期。
杨　慧(2012)从TESL教材反观对美汉语教材编写策略，载《第十届国际汉语教学研讨会论文选》编辑委员会编《第十届国际汉语教学研讨会论文选》，沈阳：万卷出版公司，222—228页。
杨惠元(2003)强化词语教学，淡化句法教学——也谈对外汉语教学中的语法教学，《语言教学与研究》第1期。
杨寄洲(2000)对外汉语教学初级阶段语法项目的排序问题，《语言教学与研究》第3期。
杨联陞(2013)《哈佛遗墨》(修订本)，北京：商务印书馆。
杨　平(2000)副词"正"的语法意义，《世界汉语教学》第2期。
杨素英、黄月圆、孙德金(1999)汉语作为第二语言的体标记习得，*Journal of the Chinese Language Teachers Association*，34(1)，31—54。
杨万兵(2011)"根本"的历时演变及其教学启示，《华文教学与研究》第3期。
杨雪梅(2012)副词"实在"的语义分析及教学应用，《世界汉语教学》第1期。
杨玉玲、吴中伟(2013)《国际汉语语法与语法教学》，北京：高等教育出版社。
叶　锋(2014)17—19世纪欧美汉语语法专著研究——以官话为中心，浙江大学博士学位论文。
叶盼云、吴中伟(1999)《外国人学汉语难点释疑》，北京：北京语言文化大学出版社。
应晨锦、王鸿宾、金海月等(2022)《国际中文教育中文水平等级标准·语法学习手册(初等)》，北京：北京语言大学出版社。
于树华(1989)谈语言对比在对外汉语教材编写中的运用，《语言教学与研究》第4期。

张宝林(2006)《汉语教学参考语法》,北京:北京大学出版社。
张宝林(2010)回避与泛化——基于"HSK动态作文语料库"的"把"字句习得考察,《世界汉语教学》第2期。
张　斌(2021)副词"纷纷"和"陆续"的差异及其教学建议,《华侨大学学报》(哲学社会科学版)第2期。
张　斌主编(2010)《现代汉语描写语法》,北京:商务印书馆。
张利蕊(2018)欧美留学生汉语有标复句习得顺序研究,《华文教学与研究》第3期。
张利蕊(2019)欧美留学生汉语有标复句习得研究,华中师范大学博士学位论文。
张玲瑛(2009)现代汉语句末助词"吗、啊、吧、呢"的教学语法,《华语文教学研究》第2期。
张旺熹(1991)"把字结构"的语义及其语用分析,《语言教学与研究》第3期。
张旺熹(2003)关注以句子为核心的三重关系研究——谈对外汉语教学语法的建设,载国家汉办教学处编《对外汉语教学语法探索——首届国际对外汉语教学语法研讨会论文集》,北京:中国社会科学出版社,169—178页。
张旺熹(2010)对外汉语教学语法研究概说——课题与路向,《对外汉语研究》第六期。
张旺熹(2019)基于认知语法研究的汉语教学语法体系建构,《对外汉语研究》第十九期。
张维耿(1993)词语的次序,载王还主编《汉英对比论文集》,北京:北京语言学院出版社,108—116页。
张卫东(2002)译序,见威妥玛《语言自迩集——19世纪中期的北京话》,张卫东译,北京:北京大学出版社。
张卫国、安　莉(2007)与程度副词修饰"名词"教学有关的问题,载中国人民大学对外语言文化学院编《汉语研究与应用》(第五辑),北京:中国社会科学出版社,298—320页。
张文贤、张　易(2015)副词"真"的主观性及其在汉语教学中的应用,《汉语学习》第6期。
张新明(1999)现代汉语"再+能愿动词"句探析,《上海师范大学学报》(社会科学版)第3期。
张志公(1982)关于建立新的教学语法体系的问题,载全国语法和语法教学讨论会业务组编《教学语法论集——全国语法和语法教学讨论会论文汇编》,北京:人民教育出版社,62—69页。
赵金铭(1985)简化对外汉语音系教学的可能与依据,《语言教学与研究》第3期。
赵金铭(1994)教外国人汉语语法的一些原则问题,《语言教学与研究》第2期。

赵金铭(1996)对外汉语语法教学的三个阶段及其教学主旨,《世界汉语教学》第3期。
赵金铭(1998)论对外汉语教材评估,《语言教学与研究》第3期。
赵金铭(2002)对外汉语教学语法与语法教学,《语言文字应用》第1期。
赵金铭(2010)汉语句法结构与对外汉语教学,《中国语文》第3期。
赵金铭(2012)现代汉语词中字义的析出与教学,《世界汉语教学》第3期。
赵金铭(2015)序,载刘振平《形容词做状语和补语的认知语义研究》,北京:商务印书馆,1—2页。
赵金铭(2017)汉语作为第二语言教学的教学基本单位,《国际汉语教学研究》第3期。
赵金铭(2018)汉语作为第二语言教学语法:格局+碎片化,《语言教学与研究》第2期。
赵金铭主编(2019)《对外汉语教学概论》(修订版),北京:商务印书馆。
赵立江(1997)留学生"了"的习得过程考察与分析,《语言教学与研究》第2期。
赵淑华(1977)动词词尾"了"的一些用法,《语言教学与研究(试刊)》第1集。
赵淑华(1979)关于"是……的"句,《语言教学与研究》第1期。
赵淑华(1981)关于"还"的对话,《语言教学与研究》第1期。
赵淑华(1992)句型研究与对外汉语教学——兼析"才"字句,《语言文字应用》第3期。
赵淑华(2001)基础汉语教材中语法点的选择、安排和注释,首届国际对外汉语教学语法研讨会,北京,2001年8月10—12日。
赵淑华(2011)《北京语言大学对外汉语教学名师访谈录·赵淑华卷》,北京:北京语言大学出版社。
赵万勋(2003)留学生"被"字句言语表达调查研究,载中国人民大学对外语言文化学院编《汉语研究与应用》(第一辑),北京:中国社会科学出版社,113—130页。
赵万勋(2004)"了₂"的一种教学设计,载中国人民大学对外语言文化学院编《汉语研究与应用》(第二辑),北京:中国社会科学出版社,173—182页。
赵贤州(1988)建国以来对外汉语教材研究报告,载第二届国际汉语教学讨论会组织委员会编《第二届国际汉语教学讨论会论文选》,北京:北京语言学院出版社,590—603页。
赵永新(1992)《汉语语法概要》,北京:北京语言学院出版社。
赵元任(1968)《汉语口语语法》,吕叔湘译,北京:商务印书馆,1979年版。
郑家平(2017)对外汉语语法教学前置的可行性考察——以"了""过""把"为例,《云南师范大学学报》(对外汉语教学与研究版)第5期。
郑梦娟(2008)试论19世纪上半叶西方汉语语法研究的历史背景,《江汉大学学报》

（人文科学版）第 3 期。

郑艳群（2006）中介语中程度副词的使用情况分析，《汉语学习》第 6 期。

郑懿德（1995）外国留学生汉语专业高年级语法教学的实践与思考，《语言教学与研究》第 4 期。

郑懿德、马盛静恒、刘月华等（1992）《汉语语法难点释疑》，北京：华语教学出版社。

钟　梫（2010）《北京语言大学对外汉语教学名师访谈录·钟梫卷》，北京：北京语言大学出版社。

周继圣（1986）"以谓语动词为中心"的语法教学，载第一届国际汉语教学讨论会组织委员会编《第一届国际汉语教学讨论会论文选》，北京：北京语言学院出版社，95—101 页。

周文华（2014）重复类频率副词句法语义分析，《南京师范大学文学院学报》第 3 期。

周小兵（1999）频度副词的划类与使用规则，《华东师范大学学报》（哲学社会科学版）第 4 期。

周小兵、王　宇（2007）与范围副词"都"有关的偏误分析，《汉语学习》第 1 期。

周小兵、朱其智、邓小宁等（2007）《外国人学汉语语法偏误研究》，北京：北京语言大学出版社。

朱德熙（1982）《语法讲义》，北京：商务印书馆。

朱德熙（1985）《语法答问》，北京：商务印书馆。

朱德熙（1987）关于中学语法教学，《语文教学通讯》第 2 期。

朱光潜（2017）读书是一种训练，载胡适等著《怎样读书好》，北京：北京联合出版公司，190—196 页。

朱京津（2018）认知视野下趋向补语"过来"习得统计分析，《汉语学习》第 4 期。

祝韶春（1994）副词"总"和"老"的区别，《语言与翻译》第 4 期。

祖人植（2002）对外汉语教学句型系统的审视与前瞻，《海外华文教育》第 3 期。

Bai, Jianhua (2009) *Chinese Grammar Made Easy: A Practical and Effective Guide for Teachers*［对外汉语言点教学 150 例］. New Haven and London: Yale University Press.

Bright, J. (1965) *Patterns and Skills in English*. Arusha, Tanzania: Longman Press.

Brumfit, C. J. (1981) Notional syllabuses revisited: a response. *Applied Linguistics*, 2(1), 90–92.

Chao, Yuan Ren. (1948) *Mandarin Primer: An Intensive Course in Spoken Chinese*. Cambridge: Harvard University Press.

Ellis, R. (1993) The structural syllabus and second language acquisition. *TESOL Quarterly*, 27(1), 91–113.

Ellis, R. (2006) Current issues in the teaching of grammar: an SLA perspective. *TESOL Quarterly*, 40(1), 83–107.

Fries, C. C. (1945) *Teaching and Learning English as a Foreign Language*. Ann Arbor: University of Michigan Press.

Garrett, N. (1986) The problem with grammar: what kind can the language learner Use?. *The Modern Language Journal*, 70(2), 133–148.

Jonassen, D. H., Peck, K. L. & Wilson, B. G. (1998) *Learning with Technology: A Constructivist Perspective*. Columbus: Merrill Publishing Company.

Lado, R. (1957) *Linguistics Across Cultures: Applied Linguistics And Language Teachers*. Ann Arbor: University of Michigan Press.

Li, Charles N. & Thompson, Sandra A. (1981) *Mandarin Chinese: A Functional Reference Grammar*. Berkeley, Los Angeles & London: University of California Press.

Liu, Yuehua & Yao, Tao-chung et al. (2009) *Integrated Chinese*〔中文听说读写〕(3rd ed.). Boston: Cheng & Tsui Company.

Marshman, J. (1814) *Elements of Chinese Grammar*. Cambridge: Cambridge University Press.

Murray, Lindley (1795) *English Grammar*. York: Thomas, Wilson & Sons.

Paradowski, Michał, B. (2006) Uczyć, aby nauczyć-rola języka ojczystego w gramatyce pedagogicznej i implikacje dla dydaktyki języków obcych. In Krieger-Knieja, Jolanata & Urszula Paprocka-Piotrowska (Eds), *Komunikacja Językowa W Społeczeństwie Informacyjnym-nowe Wyzwania Dla Dydaktyki Języków Obcych*. Lublin: Towarzystwo Naukowe KUL, 125–144.

Prémare, Joseph (1728) *The Notitia Linguae Sinicae*. Translated into English by J. G. Bridgman. Canton: the Office of the Chinese Repository, 1847.

Pyles, T. & Algeo, J. (1982) *The Origins and Development of the English Language*(3rd Edition). New York: Harcourt Brace Jovanovich.

Sasaki, M. (1990) Topic prominence in Japanese EFL students' existential constructions. *Language Learning*, 40(3), 337–367.

Sperber, D. & Wilson, D. (1995) *Relevance: Communication and Cognition*(2nd Edition). Oxford: Blackwell.

Weinreich, U. (1953) *Languages in Contact: Findings and problems*. The Hague: Mouton.

Wen, Xiaohong. (1997) Acquisition of Chinese aspect: an analysis of the interlanguage of learners of Chinese as a foreign language. *ITL-International Journal of Applied Linguistics*, 117–118(1), 1–26.

附录

对"格局+碎片化"语法编排模式需求的调查问卷

Hello! Thank you very much for participating in this survey. In order to know your satisfaction with the practicability of the current Chinese textbooks, your acceptance of the textbooks compiled according to the "framework + fragmentation" grammar arrangement pattern, and a comparative analysis of your demands for the two types of textbooks, we sincerely invite you to help to complete the following questions.

This survey is anonymous. The results are for scientific research only, and will not reveal any personal information. Please check each answer truthfully according to your own ideas (Put a "✓" on the option you agree with).

Thank you again for your cooperation. Wish you a happy study and a smooth life!

■ Satisfaction with the Practicability of the Current Chinese Textbooks

1. The textbooks I use now are very helpful for me to learn Chinese.
   A. Totally disagree   B. Partially disagree   C. Average   D. Partially agree
   E. Totally agree

2. The explanation of grammar items in the textbook is easy to understand.
   A. Totally disagree   B. Partially disagree   C. Average   D. Partially agree
   E. Totally agree

3. The example sentences of grammar items in the textbook are very useful and we can often see them in life.
   A. Totally disagree   B. Partially disagree   C. Average   D. Partially agree
   E. Totally agree

4. The earlier I learn grammar items, the more frequently I can use them in life.
   A. Totally disagree   B. Partially disagree   C. Average   D. Partially agree
   E. Totally agree

5. The text in the textbook is very interesting and useful.

   A. Totally disagree   B. Partially disagree   C. Average   D. Partially agree

   E. Totally agree

6. The texts in the textbook are what I want to learn.

   A. Totally disagree   B. Partially disagree   C. Average   D. Partially agree

   E. Totally agree

7. Many dialogues in the text can be encountered in life.

   A. Totally disagree   B. Partially disagree   C. Average   D. Partially agree

   E. Totally agree

8. Before I started studying, I knew what I could do in Chinese after learning this textbook.

   A. Totally disagree   B. Partially disagree   C. Average   D. Partially agree

   E. Totally agree

9. The sentences I want to say in life can be quickly looked up in the textbook.

   A. Totally disagree   B. Partially disagree   C. Average   D. Partially agree

   E. Totally agree

■ **The Acceptance of the Textbooks Compiled According to the "Framework + Fragmentation" Grammar Arrangement Pattern**

1. Before learning the textbook, I hope the teacher can give a brief introduction of Chinese grammar in my mother tongue.

   A. Totally disagree   B. Partially disagree   C. Average   D. Partially agree

   E. Totally agree

2. I hope the textbook will first tell me in my mother tongue what I can do in Chinese after learning the textbook.

   A. Totally disagree   B. Partially disagree   C. Average   D. Partially agree

   E. Totally agree

3. I hope the textbook will start with a simple comparison between the grammar of Chinese and that of my mother tongue to explain the similarities and differences between the two concisely.

   A. Totally disagree   B. Partially disagree   C. Average   D. Partially agree

   E. Totally agree

4. I hope that when I want to express an idea in Chinese, I can quickly look up different expressions in the textbook according to the general situation of Chinese grammar introduced at the beginning.

A. Totally disagree   B. Partially disagree   C. Average   D. Partially agree
E. Totally agree

5. I wish I could learn the grammar items which I usually use in life in the textbook first.

   A. Totally disagree   B. Partially disagree   C. Average   D. Partially agree
   E. Totally agree

6. I hope the text in the textbook is something that happens in life.

   A. Totally disagree   B. Partially disagree   C. Average   D. Partially agree
   E. Totally agree

7. I hope most of the sentences I learned in the textbook can be directly used in life.

   A. Totally disagree   B. Partially disagree   C. Average   D. Partially agree
   E. Totally agree

■ **Comparison of A Demand between the Traditional Textbook and the "Framework + Fragmentation" Textbook**

1. Do you want to have a general knowledge of Chinese grammar in your native language before you start learning Chinese?

   A. Yes   B. No

2. Do you want to know the main differences between Chinese grammar and native grammar in your native language before you start learning Chinese?

   A. Yes   B. No

3. Do you want to know what the textbook will teach you about Chinese grammar before you start studying?

   A. Yes   B. No

4. Do you want to know the differences between the Chinese grammar that appears in each textbook and the grammar of your native language before you start learning?

   A. Yes   B. No

5. Which of the following ways do you prefer to learn grammar?

   A. Before you begin to study, you know which grammar items appear in the textbook and how they relate to each other.

   B. When you learn a new grammar item, the teacher tells you that the grammar item is related to the previous ones.

6. Which of the following comparative sentences do you use often?

   A. yuè A yuè B. (For example: Yǔ yuè xià yuè dà. (It's raining harder and harder.))

   B. A bǐ B + adj. (For example: Niúròu bǐ zhūròu guì. (Beef is more expensive than

pork.))
7. Here are two language items. Which would you want to learn first?
   A. yuè A yuè B. (For example: Yǔ yuè xià yuè dà. (It's raining harder and harder.))
   B. A bǐ B + adj. (For example: Niúròu bǐ zhūròu guì. (Beef is more expensive than pork.))
8. Which of the following arrangements for learning about grammar do you prefer?
   A. Learn the useful ones first, which may be difficult.
   B. Learn the easy ones first, which may not be useful.
9. Which of the following text do you prefer?
   A. The sentences in the passage appear relatively few in life, but they are relatively simple to learn.
   B. The sentences in the passage appear more in life, but they are not very easy to learn.

后记

"格局+碎片化"是恩师赵金铭教授提出的一种新型汉语作为第二语言教学语法编排理念。依据这一理念,在基础汉语教学和教材中,先用学习者母语介绍一下汉语语法的基本框架,即"汉语语法格局",随后分课教学和编排语法时,就可以根据交际需求来选择使用频率高的语言材料来编写课文,而不必强求按照由易到难的原则来安排语法点的出现顺序。这就很好地解决了当前汉语作为第二语言教材课文内容必须围绕大纲中的语法点来编写而出现的实用性、交际性、灵活性和趣味性等不足的问题。承蒙垂爱,赵老师的大稿写就后我就得以先睹为快,并得到了大量的求教机会。赵老师告诉我限于篇幅有些东西还没有展开说,并希望有人能进一步做出语法格局和碎片化语法库。沿着赵老师的思路,我不揣浅陋,经过五年的学习写成35万余字初稿,并建成了10余万字的碎片化语法资源库。写作过程中,赵老师一直给予我指导和各方面的支持。每每遇到问题,赵老师总能为我拨云见日,问题随之迎刃而解。在书稿送交出版社前,赵老师又不辞辛苦通读了全稿,提出了许多高屋建瓴的意见。赵老师的恩情比山高似海深!

初稿写成后,我冒昧呈请国际中文教育名家、广西民族大学张小克教授审订。张老师不辞辛苦通读了全稿,给予了非常宝贵的修改意见,并订正了一些语句以及抽换了相关例句。在张老师的建议下,章节也做了一定程度的调整和删减。在此,对张老师的大力提携表达深深的谢意和敬意!

2010年我有幸拜会齐沪扬教授,从此我的人生道路上又多了一位恩师。齐老师时刻鼓励我、提携我。在我落魄时,齐老师会不辞舟车劳顿远道而来支持我;在我有些"飘"的时候,齐老师会幽默地鞭策我。我才疏学浅，却能得到齐老师的赏识，惠赐我参与他主持的国家社科基金重大项目、在连续两届对外汉语教学语法研讨会上做大会报告的机会。书稿完成后，齐老师又在百忙之中惠赐佳序。能得到齐老师的如此厚爱，实在是三生有幸！

因我们的水平有限，小书中可能还有不少需要进一步修正的地方，敬请专家不吝批评指正。

刘振平

2024 年 10 月

图书在版编目（CIP）数据

"格局+碎片化"的汉语作为第二语言教学语法研究／刘振平著 .—— 北京：商务印书馆，2025. —— ISBN 978-7-100-24771-9

Ⅰ. H195.3

中国国家版本馆CIP数据核字第2024B1E773号

权利保留，侵权必究。

"格局+碎片化"的汉语作为第二语言教学语法研究

刘振平 著

商 务 印 书 馆 出 版
（北京王府井大街36号 邮政编码100710）
商 务 印 书 馆 发 行
北京盛通印刷股份有限公司印刷
ISBN 978 – 7 – 100 – 24771 – 9

2025年2月第1版	开本 880×1230 1/32
2025年2月北京第1次印刷	印张 10⅞

定价：78.00元